语文教师专业成长必修课

主　编◎路桂荣
副主编◎梁建清

文化发展出版社
Cultural Development Press

图书在版编目（CIP）数据

语文教师专业成长必修课 / 路桂荣主编. — 北京：文化发展出版社，2020.11

ISBN 978-7-5142-3208-0

Ⅰ. ①语… Ⅱ. ①路… Ⅲ. ①中学语文课—师资培养—研究 Ⅳ. ①G623.202

中国版本图书馆CIP数据核字（2020）第201777号

语文教师专业成长必修课

主　　编：路桂荣

责任编辑：张　琪　　　　责任校对：岳智勇

责任印制：刘贝贝　　　　责任设计：言之凿

出版发行：文化发展出版社（北京市翠微路2号 邮编：100036）

网　　址：www.wenhuafazhan.com　　www.printhome.com　　www.keyin.cn

经　　销：各地新华书店

印　　刷：北京政采印刷服务有限公司

开　　本：787mm × 1092mm　1/16

字　　数：311千字

印　　张：17.25

印　　次：2022年6月第1版　　2022年6月第1次印刷

定　　价：45.00元

I S B N ：978-7-5142-3208-0

◆ 如发现任何质量问题请与我社发行部联系。发行部电话：010-88275710

编 委 会

主　编：路桂荣

副主编：梁建清

编　委：王美美　钟淑君　陈　敏　唐子慧　阳　苗
　　　　钟小玲　甘亚锋　马思轩　张　兰　李淑丽

目录

第一篇

走出来——规划与成长

第二篇

想明白——阅读与感悟

第三篇

做出来——实践与反思

第四篇

写出来——梳理与提炼

第五篇

说出来——分享与传播

01 第一篇

走出来

——规划与成长

在度己度人中成全教育生命

深圳市龙岗区布吉中学　路桂荣

各位领导、各位老师：

大家好！

不觉之间，到深圳已近一年，“来了就是深圳人”对我而言不仅仅是一句暖心的口号，更是一种真实的存在。因为我在布吉中学感受到了深圳海纳百川的气度，我接触到的每一位领导、老师，都给了我无私的帮助，你们的一个举动、一句赞赏、一个微笑都让我有回家的感觉，当有人问我来深圳的感受，我说：“不过是换了一间教室上课而已。”

一、度己

“我是谁？我从哪里来，要到哪里去？”作为一个哲学命题最早由柏拉图提出。作为名师，我们要想清楚：名师的角色特征、岗位职责和专业发展目标。因此名师不在于有名，而在于明白。名师的学识与修养，决定一个团队的走向，名师的进取与思考，引领团队的方向。我个人认为名师的发展之路是：想明白—做出来—说出来—写出来。

我不敢说我现在已经明白，而是在逐渐走向明白。怎么变明白？

1. 想明白

（1）读万卷书。

读教育理论——明白学理，读名家实践——明白方法，读文学作品——增加底蕴，读人物传记——明白方向，读哲学经典——涵养心灵。2015年喜马拉雅听书让我的阅读进入了互联网时代。

（2）行万里路。

2012年11月23日，我开启了为期21天的美国教育之旅，参观了麻省理工学院、耶鲁大学、哈佛大学等世界名校，我感受到了学术的庄严和文化的厚重。听取报告与考察学校使我们全方位了解和触摸了美国教育。美国以人为本的教育环境、无处不在的管理规范、分层开放的课堂教学、促进发展的课程设置、多元公正的课程评价、培养公民的教育理念、科学规范的专业标准、勤勉敬业的美国同行给我留下了深刻的印象。服务、务实、民主是我对美国教育的评价，干净、安静、明净是我对美国的感受。

2009年以来我参加了中央教科所举办的海峡两岸传统文化研讨会、北京大学承办的国培——培训者培训、河南大学承办的示范性项目培训、北京教育学院承办的省培计划、华东师范大学承办的市级培训、北京师范大学承办的河南省中原名师高级研修班培训、广西师范大学承办的国培计划——示范性高端工作坊研修、北京教育学院承办的市级培训，这些培训开阔视野，启迪思考，让我得到了众多名家的专业引领。

2. 做出来

程翔老师说：一线教师要注意积累自己的课堂作品。课堂作品体现了教师对所教内容的准确把握和深刻理解，体现了教师精心的设计和巧妙的构思，包含了师生双方情感的参与，体现了学生课堂生成的效果。教师专业发展在课堂，名师要把想明白的事情做出来。做出来其实就是研究课堂作品、开发课堂作品、积累课堂作品。

我的课堂作品体现在以下几个方面：

（1）进行传统文化与语文教学整合研究。

① 诗性文化开发。中国文化是“诗性文化”，辜鸿铭说，“汉语是一种诗的语言，它具有诗意和韵味”，中国人自古就以一种诗性的思维和诗性的态度来对待世界。因此我以诗性文化为原点，开发了一些较为成熟的作文指导案例。《巧用诗词添文采》我讲练结合，引导学生诗词入文，提高作文的文化底蕴。这个案例的课堂实录发表在2011年《新作文》，这个课我从濮阳讲到新乡、开封、信阳、驻马店、安阳、洛阳，去年又讲到甘肃、保定，

所到之处深受欢迎。《走过雨季》我指导学生结合古典诗词写自然的风雨、情感的风雨。《千古风流人物》我指导学生以教材文化名人为素材，结合诗文，表达感悟。

② 传统精神传承。语文教学不仅是知识、能力的传授与训练，更应该启迪智慧、润泽生命。《弟子规》总叙：入则孝，出则悌，谨而信，泛爱众，而亲仁，有余力，则学文。我梳理出六个主题：孝亲、友爱、严谨、诚信、博爱、学习，开发了诵读与作文教学整合六个案例。

（2）进行作文课程资源开发研究。

① 《感动中国》系列。《感动中国》栏目，有敬业模范、爱国志士、孝亲儿女、诚信公民、奉献英模、人民公仆、慈善义士、拼搏健儿、无畏警察……每一个人物都是一面镜子，照出人性的高贵。我以感动中国人物事迹为论据指导学生围绕主题写作议论文，如《爱国——永恒的主题》《有一种高贵叫敬业》《母爱的力量》《孝行天下》《带着梦想上路》《担当》……

② 课外拓展系列。学习《沁园春·雪》后，补充毛泽东诗词十多首，观看毛泽东事迹视频，写作《我眼中的毛泽东》；学习《乡愁》后，补充同主题诗词五首，观看两岸沟通视频，写作《回家！回家！》……

（3）高效课堂实践。

王荣生博士说：制约语文教学有效性的首先不是教学方法问题，而是教学内容问题。根据学情选择合宜的教学内容是语文教学的关键。因此近几年我上公开课，探索不同文体教学内容的选择与把握。

（4）语文教学管理实验——走组制。

① 分组：按照性别比例、学习态度相当、语文平均分相差无几的标准我把班里的学生分组，每组6人，组内基本上是优、中、差学生各占2名。

② 评价：团队评价。根据作业和平时检测及月考成绩，一周一总结，一月一汇总，一期一总评。

③ 措施：白喜报换红喜报，红喜报换奖状。成绩96分一张红喜报，100分以上两张红喜报。进步5分一张红喜报，进步10分以上两张红喜报。小组平均处于年级第一照相存档。

④ 成效：学生的学习态度、学习成绩发生了变化。

对初中生来说，关注过程比关注结果更重要，过程走得好，结果差不了。

（5）转化差班。

把好学生教好，也许不算本事。2008年我带的三年制实验班中考，与四年制学生同场竞技。28人报考市一高，平均分107.6分，其中两个115分。2009年4月份接了个差班，平均分比最好的平行班差20分，比兄弟班差7分。差得一塌糊涂的班首先应解决思想问题，于是我拟了份挑战书：“一样的老师，两样的成绩，不愿别人，只怪自己。我们错过了星星，不能再错过月亮。我们有信心超越自我，超越三班，人心齐，泰山移。我们要用事实证明三（四）班也是好样的。爱我四班，扬我声威！”我读完后，学生掌声雷动。后来这份学生签名的挑战书就贴在了班级黑板的正上方。接下来是日复一日的督促和软磨硬泡加上前面提到的激励措施：优秀奖和进步奖。除了激励学生，还要激励家长，形成合力。接班后的第一次家长会我外出开会，但写了份《告家长书》让班主任宣读。7月初升级考试，平均分与最好班相差3分，前十名成绩相差无几。不仅是成绩的提升，更重要的是精神的成长！毕业前，他们提出要升一次国旗，四年了他们没有机会，那是优秀班的专利。在我和班主任的争取下，他们终于站在了国旗班的位置，孩子们的班级介绍主题演讲超过了所有人的想象，泪水顺着我的脸颊流淌，他们终于有尊严地告别了生活四年的校园！

3. 说出来

从2006年起，我开始参与濮阳市继续教育、市骨干教师、市学科带头人、市新任教师、市地方课程业务、市教师资格证考试等培训的授课任务。2009年12月挂牌成立路桂荣名师工作室以后，我承包了濮阳市语文学科地方业务培训，最多的一年进行五期，每期五天，这些平台促使我不断梳理自己的教学经验并进一步上升到理论的高度，我是在培训别人的过程中拔高了自己。2010年以来四十多次应邀到河南师范大学、河南大学、天水师范学院参与国培、省培教学任务。应省教育厅师范处邀请在中原名师年度会议做经验介绍，应邀随河南大学、河南师范大学到林州、安阳、延津、封丘、宜阳、洛宁、清丰、内黄、泌阳、新县、濮阳县等地送教下乡。应邀到保定徐水、濮阳市市直、县区等学校做报告，十年来做报告300多场，所做的《作文课程资源开发》《名师工作室的建立与运作》《语文名师成长案例及启示》《中学语文学业水平评价》《信息技术在语文课堂教学的应用》《校本研修的途径与方法》等报告深受培训老师好评。有些老师动情地对我说："和您比起来，我20多年没做什么。"

中原名师工作室成立以后教育局领导多次在我校召开名师工作现场会，周口、安阳、平顶山、汤阴、南阳、河南师范大学等多家单位来我工作室参观考察。先后有《教育时报》、教育部的记者来工作室采访。

4. 写出来

写是我的短板，因此发表出版的内容有限。最近几年每年1篇：2015年9月《生命化语文的实践与探索》在《教育时报》发表，2015年5月《精选主题　丰富体验　表达真情》在《新作文》发表，2014年6月《追梦生命化语文》在《河南教育》发表，2013年5月《例谈板块式作文构思中发散性思维的培养》在《中学语文教学参考》发表，2011年《巧用诗词添文采》课堂实录在《新作文》发表。

编著出版的作品有：任副主编编写的《新概念快速作文教学案例创新设计》由文心出版社出版。2015年暑假，我研发的鲁教版六上、七上、八上教材50余万字的《学课文——攻考点语文教学创新设计》在北京易枫教育科技有限公司开发的平板上安装。

写的最多的还是培训感悟：参加的所有培训都有文字记录内心的触动。2012年美国境外研修，我执笔写了8千多字的考察团报告、个人8千字的培训感悟以及6万字的《一个语文教师的美国教育之旅》，记录了这段难忘的经历。

还有培训讲义：电脑里培训讲义材料有80多G，形成文字的大部分是个提纲。三个小时的报告如果字字都写下来，我真的做不到。很多时候就是看着课件讲。大象出版社找我联系，要出名师培训讲义，我说没有，只有提纲。

写出来的还有课堂作品，我编辑了7万字的生命化作文教学案例及5万字的学生优秀作文，还有50万字的《"学语文——攻考点"语文教学创新设计》

名师身兼优秀教师和兼职培训师的双重角色，名师除了度己，更要度人——成就学生，成就团队。

二、度人

1. 成就学生

一场赛事一夜之间让濮阳市第三中学成为龙城街谈巷议的热点，2014年我们工作室辅导的团队代表河南征战央视中国汉字听写大会，为濮阳争了光，教师节表彰会上市委书记段喜中亲自为我校颁奖，命名我校为语言文字突出贡献单位。

从2013年11月底开始，历经半年，我带领工作室成员从八年级各班推选的120名选手中遴选出6名参赛选手。期间经过120进60、60进36、36进12、12进6的残酷选拔，一词之差学生就会与大赛失之交臂。这6名选手从市级、省级冲到了央视的舞台。虽然我们没有挺进决赛，但这次经历让孩子们确信人生只要有高远梦想和扎实的行动，成功就会向自己招手。零距离面对央视主播并合影，是他们人生经历中充满华彩的一笔。2015年4月央视汉字听写大会组委会邀请我参加第三届中国汉字听写大会全国巡回赛启动仪式并作为教师代表发言。

开展丰富多彩的语文活动是我们工作室多年来的传统项目，中华经典背诵比赛、中秋诗词书写大赛、端午吟诵、我的好老师演讲比赛、经典诗词背诵比赛、带领学生走进博物馆及城乡规划馆，学生在丰富的语文实践中陶冶了性情、提升了能力、丰富了情感、涵养了人格，实现了精神生命的成长。

2. 成就团队

2009年12月濮阳市教育局挂牌成立了30个名师工作室，路桂荣名师工作室是其中之一，工作室设在我校，学员来自濮阳市五县两区。2010年，我们工作室被评为濮阳市优秀名师工作室，2011年，被评为濮阳市样板名师工作室，2012年，濮阳市举办了首届名师论坛，遴选了包括我在内的6位工作室主持人发言，发言的学员代表也来自我的工作室。

通过几年的实践我认为工作室的运行要处理好行政管理与个人价值实现之间的关系。要走行政搭台、自我建设之路，行政搭台会解决政策、人员、经费问题，那么专业引领、团队建设就是工作室自留地。

自我建设方面我们走过了导航—引领—展示—研究—反思之路。

（1）目标导航。

工作室成立之初，我们就把打造一流专业化成长的团队作为追求的目标，建设远离功利、超越小我的团队文化，与有为者相携，与有志者同行，与超脱者为伍。我向工作室成员发放调查问卷，通过搜集信息与个人思考，诊断我市初中语文教学面临的问题，确定工作室研究的方向。在借鉴其他地市工作室经验的基础上，我拟定了工作室三年发展规划和学期工作计划，制定了工作室章程及档案袋管理模式。

（2）专业引领。

常言说："喊破嗓子，不如做出样子。"几年来，我通过做公开课、做报告，把自己的实践和思考与成员分享。我要求工作室成员一专多能，一专指个人的特长要充分发挥并形成鲜明的教学风格，多能指会上课、会说课、会评课、会写报告、会做报告。2010、2011这两年，濮阳市语文学科的农村骨干教师培训、濮阳市地方业务培训由我牵头制定课程、聘请教师并组织实施。我把上级任务与工作室建设有机结合，把研究教材、研究考试作为工作室研究方向，打造高效语文课堂。工作室成员在一年中人人要在全市培训会上做公开课、说课示范、做评课专家，有能力的做专题讲座。因此在集中研修的基础上，每人就承担的任务自我准备，任务驱动式引领不是花拳绣腿，而是真枪真刀的比试。压力与动力同在，机遇与挑战并存！

2012年以后随着国培、省培项目的增多，市级培训减少。我因势利导，自我开发研修项目，先后开展了为期两个月的省优秀课例研讨活动，成员听课评课活动，假期读书、开学交流读书心得活动，"语文成绩提高策略研讨"沙龙活动，以及专业化成长、生命化论坛、嵌入式阅读、信息技术培训等专题活动，召开了生命化作文课题开题会议和生命化作文成果研讨会，组织成员编辑整理学生优秀习作。

（3）实践展示。

我们工作室承包了语文学科的地方课程业务培训，此外还组织工作室教师送教下乡、同课异构。我们在实践中练兵，每个成员一年中都要在培训会上为来自全市城乡的培训学员做示范课，进行说课展示、经验交流、现场互动，因此在这个舞台上每个人都找到了自己的位置，在培训别人的同时提高了自己。2010年每个成员都经历了讲课、说课、评课的历练。

2011年我给学有所长的成员压担子，安排董金刚老师经验介绍《教学反思案例分析》，因为他每年发表文章20余篇，可以现身说法；安排陈敬彩老师做诵读经验介绍，因为她多年担任国学课；安排白秀娟老师做生活化语文经验介绍，因为她把影视课引入语文教学。我们率先在工作室引入主体参与式培训模式，贾瑞芳老师做活动主持人。他们的讲座从一小时扩充到两小时，现在每个人都可以独立承担三个小时的报告。目前他们已经羽翼丰满，多次应邀外出讲学。工作室的核心成员大多在学校或县区也是工作室的主持人，他们会复制总室的工作模式引领团队。

（4）课题研究。

最初我们把打造高效课堂作为工作室的方向，研究考试、研究学情、研究课堂，呈现方式是培训展示。说是课题，并没有严格立项与结项，固化的成果是教学设计与反思。后来我们研究调动学生语文学习兴趣，通过组织活动在实践中习得语文、运用语文。目前我们追求生命化语文，以作文为突破口予以实施。2014年立项课题“生命化作文研究”，已经结题；2014年立项课题“信息技术环境下生命化作文研究”已到中期评估阶段，创办文学刊物《柿子红了》，今年结题。我个人作为核心成员参与了国家级课题“新概念快速作文实验研究”，已经结题，课题成果荣获省一等奖、教育部二等奖等多项奖励。“十一五”两项课题也都顺利结题。

（5）反思提升。

工作室创立室刊《成长之路》，六年来已经编辑到第17期，字数达106万；结集学生优秀习作16本，字数50万；暑假期间我带领10名骨干成员历时两月编写了50万字的《“学语文——攻考点”语文教学创新设计》，编写了语文实践活动案例4本，及时将培训中的过程材料结集。通过不断阅读，我们的反思意识和反思能力不断提升，发表的文章越来越多，质量越来越高。

省厅对中原名师工作室的定位是：教师培养的基地、名师展示的舞台、教学示范的窗口、科研兴教的引擎、教育改革的论坛。我知道我们的工作离理想状态很远，却得到了领导、媒体及同行的鼓励。

① 工作室的影响。评为中原名师之后，《濮阳日报》《教育时报》濮阳电视台均有报道，2014年《河南教育》第二期以《一路跋涉一路歌》，第六期用《追梦生命化语文》《同行在求实寻美的路上——“路桂荣名师工作室”教研活动综述》《一棵树摇醒了整个树林》一组稿件报道了工作室的情况。2014年9月10日《河南日报》以《语文教师一生只为三件事》报道了我的事迹。2015年9月、11月《教育时报》以《生命化语文的实践与探索》和《教学要注重“售后服务”》予以报道，12月教育部记者来我校采访了工作室情况。

我个人认为来自培训学员的评价更让我们欣慰。在天水师范学院我上午示范课，下午做专题报告，一个老师休息时送给我一张纸，用楹联表达感悟：“神闲气静，胸中千竿竹长；手动唇启，眼下一片诗声。”我回家后，学员在QQ群里写诗：风雪秦州地，培训市六中。开辟中原路，帅将派桂荣。作文模板化，语境诗意浓。天公有意留，倾吐万金重。主导货源足，本体尽不同。多元须在境，才满造就工。《风雪天感名师路桂荣诗化作文》。我带的研究生王利丹微信上发给我一首藏头诗，还写了两篇文章表达实习感悟。市级培训每一次学员感悟都让我们信心倍增，有个老师甚至用“南学洋北学郎，不如培训到濮阳”做题目，肯定是溢美之词。

② 学员的成长。白秀娟被提拔为副校长，经常在省内外应邀讲学，自己的工作室有声有色，分管的工作卓有成效。

董金刚是一位80后教师，目前已在《教育时报》《语文学习》《语文报》《中学语文教学参考》《语文报》《写作》《河南教育》《湖北教育》《班主任》等国家级、省级报刊发表论文80余篇。

王莹莹也是80后，曾应邀到北京、广东做观摩课。

③ 个人成长。25年教育生涯从省“百千万工程”专家到省级名师再到中原名师，行走成为一种姿态，付出铸成一腔情怀，省委书记的接见和作为教师代表发言以及校门口悬挂的工作室标牌对我而言是鼓励更是鞭策。

我负责两个班的语文课并兼任学校的教研主任，再加上工作室及培训常常忙得不可开交，2014年某周五下午5点培训结束后，司机7点送我到新乡，周六在新乡上了一天课，连夜搭过路车赶回濮阳，周日上午继续培训。夜里我就开始发烧，吃了点药周一继续上班。2014年我在漯河担任高级评委结束后发烧38度，打了一针，第二天照常上班了，嗓子哑得说不出话。我输了两次液，嗓子缓解了一些，第三天就颠簸5小时赶往驻马店泌阳送教下乡，上午报告结束后，没来得及吃饭返程，到濮阳直接去诊所输了第三次液，两天后又出现在河南师范大学的培训现场。2015年底，一个周除了学校正常上课，我辗转三地，周五上午接待了教育部记者对我的采访，下午两节作文课后，我坐汽车到鹤壁，乘高铁到郑州，转卧铺周六早晨7：30到天水，9点开始上课一天，下午6点返程。周一正常上班，周四下午濮阳县送教下乡，周五上午12点37分赶往保定，2点讲课，6点返程，夜里10点到家。第二天下午濮阳县送教下乡第二场。这之前开封市第二十五中学的刘老师要来工作室看看，但是我实在抽不出哪怕一个小时来接待，一直愧对刘老师。他计划来濮两次均未成行，另一次因为雾霾高速封路。

虽然取得了一些成绩，但我觉得自己的工作仍在低端徘徊，工作中也面临许多困惑。球王贝利踢进了100个球，别人问他哪个球最满意，他说：“下一个。”对我来说，也是如此，如果你问我前进的方向，我指向我们共同的远方。

三十而定，逐梦前行

深圳市龙岗区布吉中学　陈　敏

再过29天，就是我来龙岗的第六个年头。一眨眼的工夫，六年弹指而过。夜深人静，回望来时路，那些经历过的彷徨，那些曾有过的倦怠，那段不知所措的瓶颈期，那种不服输的劲头，那些一个个记录成长轨迹的脚印，回忆如潮水般涌来。

一、选择

“选择了教师，你就选择了一种生活方式！”那年我三十岁，我选择了留下。

2017年，于我是不平凡的一年。那年的九月，我正式转正，可谓完成了三十而立的一大使命。这一年，我选择留在深圳，这个教育前沿的大都市，选择留在布中，这个城乡接合部的片区学校。

来了就是深圳人，在这座包容性极强的城市，我看到了特区教师热爱教育事业的精神风貌，领略到了令人赞叹的教育智慧，感受到了深圳教育温暖包容的人文气息。她吸引着无数的优秀教师从全国各地而来，带着令我动容的教育故事，不断地启迪鼓舞着我，我知道我选择留下是对的。

六年前，我怀着满腔热忱踏上布中的讲台，准备大展身手一番，可理想虽丰满，现实却很骨感。那松散的课堂纪律、不良的学习习惯让我这个新手班主任焦头烂额。后来不经意间看到的一句话“每个学生都是限量版”，我知道我要做的就是要像挖掘宝藏一样，发现它蕴藏于内的光芒，要懂得欣赏“原石”的美。于是，我选择放下成见，不再怨怼，用欣赏的眼光看待学生，发现他们其实各怀技能，天性淳朴，可咸可甜，只是在等待着老师们的关注、信任和引领。是的，我不再等待着学生们来适应我的教学方式，而是选择改变，主动和他们站在同一频道上，以心换心，琢石成玉。

在三年班主任的磨砺下，我迅速成长。从初任职的彷徨，备课的焦虑，被班级琐事烦扰得不知所措，到班级平均分跻身年级前列，班级荣誉奖项贴满墙面，孩子们团结的默契和贴心的问候，我知道我的努力没有白费。这一年，我也有幸被评为优秀班主任，这是我和孩子们共同努力的结果。

在教学中，我也在不断地摸索前行，积极参加区和学校组织的各种教学科研活动，获得了大家的认可，取得了一些荣誉。但当光环褪去，我却时常感到困惑，不知道自己下一步该如何拓展，应该在哪个方面发力。此时我知道，我迎来了所谓的职业瓶颈期。都说教师这个行业是个一眼望得到头的职业，那每年重复同样的课件，工作将是多么无趣。

我觉得不该如此，我要选择寻求突破。为了更好地用更专业的知识服务于学生，这一年，我自学考取了国家心理咨询师二级证书。每个人都有自己的机缘，这一年，我遇到了名师，毫不犹豫地选择加入了她麾下有专业导向的团队，有幸成为路桂荣名师工作室的一员，更有机会参加越来越高端、越来越专业的工作室活动。在路老师身上，我看到了热爱，看到了激情，看到了责任，看到了奉献，更看到了希望。路老师为学为人的态度无时无刻不在感染激发着我，坚守足下讲台，甘于无私奉献，保有教学本色，这就是我们教师的标杆，更是我要选择的奋斗方向。

二、行动

“行动会让选择变得正确。”村上春树说，这个世界上根本没有正确的选择，我们只不过是要努力奋斗，使当初的选择变得正确。

努力的道路注定不那么平坦。但职业的成就、人生的满足定要有所负重，结果看起来才会那么光彩照人。对于我们学校的学生而言，能有机会参加深圳市中学生汉字听写大赛就已经很难得了，但在路老师的带领下，我们和初一的孩子们不仅参赛了而且还摘得了奖项，这期间所面对的困难和挑灯夜战的辛苦，在紧张而精彩的比赛现场中，都被坚定的眼神和自信的笑容吹散。原来，我们的学生也可以做到精彩。活动驱动，既调动了学生的积极性，也锻炼了教师的应变和组织力。在接下来的教学中，我积极尝试开展不同的教学活动，绘制思维导图，自编复习资料，改编课本剧，每周新闻播报，创办班级期刊等等。当学生说喜欢我的语文课不枯燥乏味时，当学生说因为我的开导而大有改观时，当毕业的学生说梦到我站在他们高中的讲台上时，我知道那些默默的付出值了，也意识到唤醒学生的兴趣，给予更多、更丰富的课本之外的知识的重要性。

“要给学生一碗水，老师须有一江水。”因为对这份职业的热爱，我需认真求索，学习不止。不照本宣科，不重复课件。在知识爆炸的今天，唯有用新的教学方法和理念来武装自己，方能不被学生嫌弃，不被社会淘汰。在路老师的推动和带领下，我们在假期不断给自己充电，研读案头的名师课例，从膜拜到模仿，从模仿到创新，不断地推翻旧有的教学设计，查阅资料，立足当下学情，设计更符合我们学生的教学流程。教师要进步，就需要有十本书一节课的精神。看着路老师为我们量身配备的学习资料，我不再迷茫，在不断的阅读和学习中，开始重新学习、重新思考、重新出发。在找寻方向的过程中，我越发觉得教学是件有趣的事情，每次备课都有新的收获，看到那些令人拍案叫绝的设计都迫不及待地想要带进自己的课堂。

今年的疫情，猝不及防地将教育推向新的改革，教学从线下到线上，从现场到虚拟，我们一直呼吁的互联网+的翻转课堂一夜之间成了教学的主流模式。未来已来，我们教师要做的就是顺应改变，积极应对，与时俱进。上学期末，我们工作室成员在路老师的引领下，参加了龙岗区第六届手机微课大赛。由赛前的无知，到赛中的认真学习、积极准备、大胆尝试，再到赛后的总结反思，我想过程远比结果更意义深远。这次尝试，这种改变，让我们在应对突如其来的教学形式的改变时更从容。语文是最古老的学科，但这并不意味教学形式必然保守，我乐意接收创新的教学方式，愿意尝试新鲜的教学设计，希望在改革这条路上越走越有信心。

面对语文学习的效率低、训练模块不成体系等问题，路老师从专题整合的方向引领我们开展语文学科的教学研究活动。我们先从最难啃的硬骨头——作文专题入手，将部编版七年级的作文单元分为十二个小专题。路老师率先示范打样，以《巧用诗词添文采》为内容，提出从诵读积累入门，学以致用，辅以相应技巧，从唐诗素描、宋词写意、情景再现等多个角度，激发学生的诗意表达，这对于写作语言的提炼和学生的作文升格大有裨益。同时诗词新解、巧解，开发诗性作文课程，对于我们教师的专业提升也提出了更高要求。路老师从素材选取到篇章设计，从教学流程到课堂活动设计，针对我们每位学员的专题内容，给予有针对性的指导意见。在我讲授《想象类作文构思指导》这一作文专题时，路老师不厌其烦地帮我五易手稿，引导我挖掘有效素材，凸显本课中心，要学会大胆舍弃看似丰富实则无用的教学内容，要有所舍弃才能有所得到，切忌眉毛胡子一把抓。经过路老师的提点，我将原有的三十多张课件删减至十张，抓住“想象”这一教学内容和写作技巧展开练笔，课堂节奏紧凑而充实。

“学然后知不足，教然后知困。”《学记》中如是记载，告诉我们“知不足然后能自反，知困然后能自强”。反思是促进有效教学的一大法宝。所以，在每次教学活动结束，路老师都要求我们填写观课、议课记录表，撰写听课感悟。每一次填写我都不敢大意，课堂是动态的，课堂上的即时生成是再好不过的教学素材了。我在磨课、观课之余，及时进行教学反思，记录下课堂上的灵动瞬间，捕捉那些闪现智慧的火花；写下学生独特的见解，课后方便拓宽我今后的教学思路；思考教学中的不足，课后及时向前辈交流请教；标记教学中的成功点，那些突出重点、分散难点的方法，引领学生达到不愤不启的教学手段，设计独特、条理清晰的板书……都是促使我教学技巧日臻完美的法宝。

通过不断地培训学习，我明白教师不仅仅是“教书匠”，更应是教育教学教研的复合型人才，教研能力与教育教学能力同等重要。它能让我们加深对教学理论的研究，开启对教学的创造性思考，锻炼一种批判性精神。在路老师的带领下，我们工作室成员开展了“初中生命化作文研究”的区级课题研究，在研究过程中我们提升了专业素养。同时，我还申报了以“初中语文教学中如何引导学生有效‘悦读’”为题的校级课题研究，结合当下前沿的教学理论及名家经典课例，联系我校学生的实际，积极开展教学实践，努力将枯燥的阅读过程转化为快乐的学习体验。

但我们的教育使命还不止于此。

教育不是死搬硬套的说教育人，早在100多年前，杜威便提出“教育即生活”。教师要学会从生活中获取教育资源，引导学生发现生活的诗意与浪漫。我们的每一堂课、每一次交流、每一条评语都会在学生的内心留下印记。也许我们的工作水平要靠成绩来评定，但美好的教育却要靠未来去证明。我希望自己可以成为那样的人：立足讲台，永葆热情，坚守本性，热爱生活，可以引领学生走得更长，走向更远。

在困惑懵懂中，美好的青春时光已过三分之一，但往回细数，往前探路，哪一年不懵懂、不困惑，其实正是这些大大小小的困惑，变成了闪耀的成长。这就是我的成长故事，愿每一个我们都永葆逐梦的勇气，不忘初心，以梦为马，逐梦前行！

过去的那些年

深圳市龙岗区万科城实验学校　甘亚锋

我做语文教师的经历大致可以分为两个阶段。

大学毕业的那年，我应聘到一所学校做临聘教师，教初一年级两个班的语文，一个重点班，一个普通班，兼普通班的班主任，每个班级学生将近70人。正式上班后，有处于同一阶层的老临聘教师告诉我，学校对临聘教师实行末位淘汰制，意思就是说一年后的期末考试如果班级成绩排名倒数第一，我将会被淘汰、被解聘，学生的成绩决定着我的“进退留转”。

年级组织的第一次月考告诉我，普通班的成绩可以普通到什么程度，举起一只手就能数完全班的及格人数。面对这样的成绩，顶着可能会被淘汰的压力，快速提高学生成绩成了我的最高目标。评判成绩好与坏的唯一标准就是学生试卷上那大红的数字。我立即着手分析考卷题型、主要考点、学生得分情况，寻找最容易取得突破、最容易提高分数的题型和考点。

很清楚地记得，当时试卷的第一题是把一首古诗从左边誊写到右边的方格内，分值4分。但普通班能够拿到3分或4分的学生也是少之又少。要么漏字，要么错字，要么前后顺序颠倒，要么涂涂改改，即使不错不漏、不颠不倒、不涂不改，书写起来那也是龙飞凤舞、行书不像行书、草书不像草书的天书。这不需要记忆、不需要理解，抄一抄、写一写就能提高分数的第一题，自然成了我选取的第一个突破口。我要求学生人人购买字帖，每天练字、描摹，反复强调不求数量，只求质量，哪怕每天只练习一两个字，写一两行也行，关键在于写一个，过关一个。

试卷中的看拼音写汉字是我选取的第二个突破口。我要求学生在预习时，必须把课后的字词全部注上拼音，然后抄写，同样不论遍数，只问结果，一遍能记住就只写一遍，不做无用的重复抄写，写到入心入脑为止。每天的课前三分钟，我都用来听写，检查学生的落实情况，学生互批互改。下一次的课前三分钟，则重新听写学生出错率较多的字词。

试卷中的古诗文默写是我选取的第三个突破口。这道题分值很大，刚开始是6分，后来变成了10分，苦恼的是相比前面两道题学生的得分率更低，甚至很多学生考卷一片空白，直接得零分。因为他们根本不读、不背，即使背了，默写时也是错字连篇，等于零。于是，我制定了一张学生古诗词、文言文背诵计划表，学生按4～5人一组分为若干小组，每小组挑选一名小组长，负责抓组员的背诵。我自己则利用早读、课前三分钟、集体留堂过关、小测验等方式检查，利用午写时间组织学生默写，既记忆古诗词又练习书写，一举两得。

这些笨办法，最大限度地保证重点班的学生“不该丢的分一分不丢”，最大限度地让普通班的学生“拿到可以拿到的每一分”。一年后的期末考试，按当时学校的考评规则，我任教的两个班级成绩都有了比较可喜的提升。

现在回想起来，除了这些笨办法，做班主任也给我带来了诸多好处。班主任会获得更多的时间与学生相处，更熟悉他们的秉性、缺点与强项，更容易因人而异，因材施教；有更多可以利用的“边角料”时间，见缝插针地完成一些任务。班主任是学生最怕又最亲的老师，他们更愿意去完成班主任老师交代的学习任务。这些都是做班主任带来的附加值。因此，我劝年轻的教师们一定要主动争取当班主任。我的第一块“小豆腐”说的就是做班主任的小事。我现在的老师路桂荣老师虽已是正高、特级但仍然坚持做班主任，这真的值得我们好好学一学。我还要劝教师们不要害怕教暂时落后的班级，因为让更多的人获得进步比让少数人学得更好更有价值，他们会因为进步而改变命运。我们也会收获同等的喜悦。

很幸运，第3年，经过笔试、面试，我成了一名在编教师，改变了自己的身份，离开了原来的学校，作为临聘语文教师的阶段也就结束了。这就是我的第一个阶段，以成绩为导向，用笨办法站稳脚跟的阶段。

我的第二个阶段是从现在的学校开始的。那时，学校还刚开办不久。因为是新学校，老师还不多，除了学校领导、主任们年龄比我大一些以外，绝大多数老师都是应届毕业生，平均年龄很小。我戏称按年龄排序我是这所学校的中坚力量。也许正是这个原因，我被学校领导高看一眼、厚爱三分，被挑选担任年级组长，教两个班的语文。

新学校与老学校相比有太多的不同，节多、周多，活动一个接一个。我需要极大的精力去组织完成这些任务，不能再像以前那样“只扫门前雪”，也没有那么多“边角料”的时间可以利用，早读需要去看看别的班级，午写需要到处转转，课余需要协助处理学生矛盾纠纷，等等。全面推行的平行分班，不复存在的班主任优势，暂时不用管的饭碗之忧和被委以“重任”的双重喜悦，这些都让我无法再全盘复制以前的套路，必须寻求教学上的突破。

亲其师，信其道。我告诉自己，我要“做一名学生喜欢的老师”，让学生因为喜欢我而爱上语文学习。

历史是最好的老师。我首先想到了我的老师们，回想当年他们的课堂，探寻他们如何赢得我们的喜爱与尊重。我想到了“从不拿书和教案进教室，能脱口说出某几个字在课本多少页、哪一行”的地理老师湛老师；想到了“眼睛特别‘毒’，观察食盐形状就能判断我们称量食盐动作是否规范”的化学老师赵老师；还想到了同样教地理，“一张蜡纸就能刻下整本书重点、难点”的彭老师；等等。后来，我把老师们的事迹写成小文《我的三位绝活老师》发在《教师博览》上，表达我的感激之情。

回想自己的老师，我明白了，想做一名学生喜欢的老师就得“有两把刷子”。我把突破口放在了教学设计上，规定自己每个月月初、月中一定要去教师阅览室坐坐，看看《中学语文教学参考》《中学语文教学通讯》《语文学习》等书刊。（至今我仍然保持着这一习惯，关注它们的公众号，让学习随时随地发生）因为这些书刊都会根据教材提前刊登一些名家名师和竞赛获奖者的优秀教学设计、课堂实录、文本解析、备课参考等。看到人家好的创意、好的设计，要是正赶趟，我就马上拿去自己的课堂；如果遗憾错过，我就依葫芦画瓢用在其他篇目上。成为一名在编教师后，外出学习的机会也变多了，每次外出，我都会认真听讲、认真记录，及时思考“回去我该怎么用”，也会认真总结、梳理自己的所得所想，形成文字记录。例如，香港学习归来，我撰写了《寻找香港教育中的感人细节》，后来发在《特区教育》上。这样的“拿来主义”让我的课堂增色不少。

“始于模仿，终于创新”，经过这样一段时间的模仿，我更加熟悉了每种文体的教学并初步有了一些自己的想法。于是，我尝试不再借助任何工具书和教参教案，开始裸读文本，独立进行教学设计，以期形成自己的教学风格，慢慢也总结出了一些具体做法，并形成文字，偶尔见诸报端。例如，《高效语文课堂的教学设计可巧入问题设置》发表在《教育艺术》上等。

在博采众长的同时，我也尽力发挥自己的“长处”。在一次学校组织的学生对教师课堂评价调查中，有学生给我提了一个建议，“老师朗读课文的声音很好，老师多朗读、带读，我们会更喜欢”。我欣然接受了学生的这个建议，在后来的教学中我坚持让课堂充满琅琅读书声。这样《读出韵味　生发画面　挖掘意境》一文顺理成章地发表在了《深圳教学研究》上。

互联网就是一把“双刃剑”，在带来便利的同时，也给一些人投机取巧提供了空间。极少数的人不再认真备课，而是随意从网上下载一个课件就匆匆走进了教室。但我始终坚持多看几个别人的教学设计，再结合自己的思考，形成教学设计；始终坚持下一年绝不拿上一年的教学设计、课件走进教室；始终保持对课堂的敬畏与热爱，无论多累，走进课堂就能忘我地投入。

历经磨砺，我成了区骨干教师。有些许缺憾的是，有段时间我因故离开了教学一线，但我始终没有放弃学习，现在师从路老师。三年来，路老师带领我们一起阅读名家名著、做课、做课题、写心得等，砥砺前行，从未停止研习的脚步。

这就是我做语文老师的第二个阶段，一个成长与收获并存的阶段。

感恩所有给予我帮助、指导的领导、老师和学生。

来处是长安

深圳市龙岗区平湖中学　马思轩

2012年夏天，收到师范大学的录取短信时，我高兴地在原地跳了三下，跳完之后，自己也疑惑了，又不是第一志愿，何至于这么激动？闲来无事的时候，我总是忍不住揣测，如果那年19岁的我知道日后会成为一名教师，会做何感想。

高考分数出来填报志愿的那段时间，我母亲多次劝我了解一下师范大学，我没有听进去。年少总是轻狂，当年和父亲两人抱着对未来的极大野心，填写了北京一所重点大学，学习农村经济，想象着如电视剧里那些回到家乡的大学生一般，反哺生我养我的那片土地。照我的打算，填完第一志愿后，其他都是不用填写的。只是母亲不住地唠叨，说起那所坐落在古城中的师范大学，谈起往年带着我从那里路过时，看到进进出出的年轻姑娘们，总是艳羡不已，常想着若有一天自己的女儿也可以在这所校园里进进出出，成为这里的一员，该多好。最后，我母亲说："姑娘，你好歹填上吧，就当是了我一个心愿吧。"没成想当初的无心之举，让我和师大结下了七年的缘分。

我记得小时候老师问大家长大了都想做什么，我总是说想做语文老师，那时老师在我印象里常穿着漂亮裙子，笑盈盈地从远处走来，她的到来宛如仙女下凡，照亮了黑黢黢的走廊。而之所以是语文老师，一是因为我最喜欢语文；二是因为语文老师总是班主任，于我最为熟悉。后来长大了就不再说做老师了，老师在我心里褪去了所有光环，变成了讲台上板着脸讲课，连厕所也不让去的严厉形象。更现实一点的原因，无外乎发现老师的收入竟然是一点点，这一点点到底是从何而知，已不记得，总之有那么一个印象，并且因为这个印象，看低了老师。

初进师大时，喜忧参半，喜的是可以学我自己喜欢的中文；忧的是发现周围同学的理想竟然出奇的一致——做老师。我就像是身在孤岛，四周被“成为老师吧”的海水包围，就连远处的风，带来的也是关于教师的信息。这种“恶劣”的生存状况，激起了我的逆反心理，如果人人都要做老师，那我宁愿不做人。带着与命运抗争到底的决心，我坚持了四年，在找工作时，却差点崩溃。来学校里面校招的企业少之又少，往往来了，也并非与我们专业对口。而大批的中小学校摇摆着彩旗，欢迎中文系。但在这中间，又有一点细微差别，师范类院校的中文系，分为师范班和非师范班，师范班直接对口教师，培养的是专业人才；而非师范班则和普通院校的中文教育没有太大差别。即使是应聘教师，我们和师范生也是不同的待遇。

最终很多同学如愿以偿成了一名教师，也许那些同学本人是满意的，但是对我来说却大失所望，那一阵子我经常满脑袋问号：才华横溢的她/他，竟然回老家做了老师？难道你们都贪图稳定？学校工作的乏味、平淡，能否滋润你那颗诗人的心？别人说世界那么大我想去看看，怎么你们却选择将自己困在那三尺讲台？你的拼搏、你的努力、你的理想、你的才华，你将何处安放？

带着失望、疑惑、不解，我又继续在师大读研。彼时的我没有了二十一二岁的狂妄，四年的沉淀让我在面对生活中不理解的问题时，多了一丝耐心和理性。和本科时不一样的是，研究生时大家未来的职业理想变得多样了，这反而给了我思考的空间，教师这份职业到底有什么吸引力？当我不再戴着有色眼镜去看待教师时，我发现了一片新天地。我不再排斥教师，我开始理解那些愿意成为教师的同学，我不再把做教师和平庸联系起来。我知道，只要我们愿意付出努力，每份职业都是伟大的，每个人在平凡的岗位上，都能做出不平凡的事情。慢慢地，我也觉得做教师是一个不错的选择，但我不想进学校，我觉得学校这个舞台太小了，我把自己定位到教育培训，我要创业！

找工作的时候刚好有一个新创办的培训机构招老师，我兴冲冲地去参加面试，结果门庭冷清，寥寥几个应聘者。和负责人略一交谈，发现他对于未来的学科培训没有任何规划，仅仅是前期在培训上赚到了第一桶金，如今想扩大规模，而如何扩大规模，老板自己也没想明白，甚至将来怎么安排我，他还不清楚。这次经历之后我放弃了年轻的培训学校，转而关注那些比较成熟的品牌，几次面试之后，我发现这些成熟的企业都有自己的企业文化和制度化的教学模式，对于新人来说，成长得快，但是自由发挥的地方也少。还记得有次面试，我和面试官大谈特谈我的教育理想，我说我以后要专注于作文教学，我甚至做了一份作文教学设计，并告诉对方我以后要出一本写作的书，面试官耐心地听我讲完，然后礼貌地说："我想你更适合学校。"那一刻我觉得我把一切想得太简单了。

我不再叛逆，老老实实听从了前辈的经验，开始留意学校招聘。这一次我的要求比较简单，我想只要能留在本地就好了，其他的等立稳脚跟再说。然而，本地的招聘我只参加了一次就放弃了。我参加的是小学语文教师招聘，只有一个岗位，前前后后有二十个人参加，竞争激烈倒是其次，主要是学校对于老师的选择让我非常失望，一次教师应聘，未免太过复杂。外地的、刚结婚的、年纪稍大的被列在末尾，而好不容易冲出重围的幸运儿，还被告知要实习三个月才能决定是否录取，在这期间，学校还会一次一次地去各大院校继续招聘，寻找合适的实习生。这次面试，我深深地被刺伤了，我满以为一群重点院校的研究生去应聘小学语文教师，应该是轻而易举的事情，却被现实泼了一盆冷水。那一刻我觉得固执地想要留在本地的我们，就像市场上被贱卖的蔬菜瓜果，毫无价值可言。寒窗苦读近二十年，参加了中考、高考、研究生入学考试等一系列选拔性考试，毕业找工作时，竟只能如此吗？

好在室友的一句话给我指了一条明路，她说："思轩，你怎么不考虑一下去深圳做老师呢？"深圳？我竟然可以去深圳？一瞬间豁然开朗，去掉了所有枷锁。其实，8月份盐田区来陕西校招的时候，我是参加了的，那时候并没有重视，仅仅将之看作一次热身，什么也没有准备，迷迷糊糊地走了一次过场。等到我决定专攻深圳教师招聘的时候，已经10月份了，那时候福田区刚好要来，我带着初生牛犊不怕虎的心情，果断报了名，但是如何准备这场即将到来的面试，我一无所知。面试当天，我连衣服都没有换，就那样随随便便去了。那次招聘让我认识了许多专门从广东过来参加应聘的学生，从他们那里我才知道深圳各个区教育局来我们学校校招，对我们本校的学生来说是多么幸运的一件事。备考的时候，看到他们大冬天脱掉厚厚的棉袄，换上正装，默背着一沓沓资料时，我已对这次的面试结果有了准备。

失败并没有打击到我，反而激起了我的斗志，我喜欢深圳教育局的公平公正，我喜欢招聘的老师们对陕西师大的另眼相待，我知道那是对我以往所有努力的肯定。那一场面试之后，我买了正装，学习礼仪，在网上买了专门的复习资料，日日背诵，很快机会又来了。龙岗、龙华教育局接连来师大校招，面试龙岗时，我没有了迷茫，面对招聘的流程从容不迫，当天回去，我就知道这次稳了，果然晚上就收到了录取的短信。

之前听到别人讲，有个女孩子工作签到了外地以后，哭着跑回了宿舍，收到龙岗教育局的短信时，眼泪在我眼里转了一圈又退回了泪腺中，我想那时我们的心境一定是类似的。对于我们这些在大西北长大的孩子来说，辽阔的黄土地上吹来的风所造就的红脸蛋，反映的不是生存环境的恶劣，而是对家的眷恋。现在我在深圳工作已经一年，乡愁是常有的，但是我不后悔来深圳。

回首向看萧瑟处，亦曾风雨亦曾晴

深圳市龙岗区布吉中学　唐子慧

“人生下来，并不是为了像无人问津的尘埃那样无影无踪地消失，人生下来，是为了在自己身后留下痕迹。”还在上大学的时候，第一次读到苏霍姆林斯基的这句名言，我就深深地思考：未来的我，将要成为一名怎样的教师？将要如何为自己、为他人留下痕迹？

2013年6月深圳大学汉语言文学师范专业毕业后，我来到了布吉中学任教，至今已经七个年头了，也连续做了七年的班主任。犹记当初，我刚刚接手新班，看着一群青春期的孩子，从最初的兴奋不安、焦虑紧张到现在的从容不迫、游刃有余，自己一路的成长与历练离不开学校前辈的支持，更离不开专业的有效指导。

一、教学

“路桂荣老师将要在龙岗区设立名师工作室！”2017年9月，我得知这个消息的时候，是一个有着非凡意义的秋天。路老师是中原名师，是特级教师，这样的大咖将要带领大家一起做语文研究，我想都没想，马上报名，加入了路桂荣名师工作室，成为其中的成员。很快，我们迎来了第一个任务——深圳市中学生汉字听写大赛。时间紧、任务重、难度大，是我们遇到的最大问题。从接到任务到正式比赛只有短短一个多月时间，我们的参赛学生基本都是初一的学生，基础相对来说弱很多。在路老师的带领下，我们每天放学后带着学生拼命练习，几千个生字词甚至是生僻字对于初一的学生来说，挑战非常大，我们就一个词一个词反复听、反复练。多少次学生们快撑不下去了，我们告诉他们，破茧成蝶，此时的磨炼一定是有意义的，这一切都是值得的。终于，经过一个多月魔鬼式的训练，学生们不负众望，在2017年深圳市中学生汉语精英邀请赛中获得了三等奖，我也因此获得了“深圳市优秀指导教师”称号。

没有哪一个老师不希望自己的课吸引学生，我常常问自己：我的时间该怎样度过？怎样才能形成自己的课堂风格？教学上应该有怎样的突破？学习、吸收、交流、实践，是教师自我提升的必要环节和基本形式。路老师为工作室成员精心挑选了很多专业成长的书籍，提供了优质的学术资源，在工作室的熏陶和引领下，我陆续研读了《听王君讲经典名篇》，余映潮的课例分析，并结合自己班上的学情，模仿并创新这些大家的课例，形成自己的教学风格。2019年4月，在工作室的指导下，我上了一堂作文展示课《中考考场作文点题技法》。一开始我的课找不到切入点，思路乱，想要教的东西太多，希望面面俱到。路老师给了我很大帮助，告诉我作文课学生的练习很重要，一课一得，老师讲的不能太多，否则学生没办法消化。经过几次讨论打磨，我的作文课终于成形并顺利进行。课上，先明确什么是点题，然后通过一篇范文来引路分析，让学生找出文章里所有的点题句，并归纳提炼成四种快速点题的方法，分别是直接点作文题法、巧妙点主题法、分散点关键词法、叙事段段首段尾点题法。接着，给出一篇病文，让学生以小组为单位，用刚刚的方法去修改病文，活学活用，修改的过程也就是学生运用方法的过程。最后，再给学生一个题目“唱给自己的歌”，让学生用点题方法列提纲，写出点题句，突出中心。这次作文公开课对我来说，是一次重要的磨炼，一次次的磨课，也让我再一次意识到一堂好课，一定要反复修改、打磨。

作为一名青年教师，我需要通过各种形式的学习来提升自己、发展自己。在实际学习中，我经常去教师阅览室借阅专业的杂志报纸，听校内校外名师的观摩课和优质课，积极参加各种比赛，做课题研究写论文，我相信这些对我来说具有很大的促进作用。我珍惜每一次比赛机会，先后三次获得龙岗区现场创意作文“优秀指导教师”称号，2015年获得“龙岗区现场命题大赛”特等奖，论文《语文教学现状的思考》获得区三等奖，2020年获得龙岗区初中语文青年教师基本功大赛二等奖等奖项。同时，我还加入了布吉中学《布中信息》的校报编辑部，并有幸担任执行副主编一职。

二、德育

七年的班主任，我与学生之间发生了很多让我难忘的故事，让我记忆最深刻的是我与小沛的故事。小沛是个不幸的孩子，从小患有先天性脑积水，大脑发育不完全，肢体不协调，还偶有癫痫发作。刚到我们班时生活学习都非常不适应，沟通交流有很大的障碍，跟很多同学有隔阂，甚至还会被班里以及年级其他班的同学欺负。小沛时常会感到自卑和孤立无助，他常常一个人在座位上发呆，这一切让我意识到问题的严重性。我赶忙请教年级里有经验的老师，同时我也去阅览室翻阅有关问题学生处理的书籍，希望能够找到方法。后来，路老师给我提供了一个小妙招，可以设计一堂班会课，从班会课入手来教导孩子们。于是，我召开了一节叫作“有话对你说”的主题班会课。首先，我从弟子规中的“出则悌”导入，教育学生们在班集体这个大家庭中，每个学生都是兄弟姐妹，应该情同手足、相亲相爱、互帮互助。接着，给学生们看了两个校园欺凌的视频后，让他们分组自由讨论。然后，做游戏“有话对你说”，要求他们认真回忆，自己是否也曾欺负过其他同学，或者是有没有想要帮助的同学，此时此刻有什么话最想对他说，写在纸上交给他。结果小沛同学收到的纸条最多，不少学生都向他道歉，承认自己不应该嘲笑他，不应该模仿他的走路姿势，几个平时最爱欺负他的学生勇敢地站出来跟小沛握手示好，都表示从今以后要多多帮助他，和他做朋友，让他感受到班集体的爱，当我看到小沛流下了激动的泪水的那一刻，我也欣慰地笑了。最后我告诉孩子们每个人都是不完美的，每个生命都是独一无二的，正因为有了这些不完美，生命才更加宝贵，才更有意义！接下来的日子，孩子们真的发生了很大的变化，他们自发成立了帮扶小组，渐渐地，教室里、操场上、走廊间到处都能看到小沛和同学们一起活动的身影，小沛画画不错，还参与出黑板报的工作，同学都投来了赞赏的眼光，经常能看到小沛天真无邪的笑容了。后面我也多次去他家家访，增进感情，慢慢地，他变得越来越好了。

几年来，我积极参加各种班主任技能大赛，希望能在更专业的平台上提升自己，获得更专业、更系统的班级管理经验。我获得了布吉中学班主任技能大赛一等奖第一名、布吉中学首届班主任节之人生导航课例特等奖、龙岗区班主任技能大赛一等奖、龙岗区班主任风采大赛二等奖等奖项。我如同海绵一般，不断吸取营养，认识更多的高手，学习积累更多的方法，最后回馈给自己的学生们。

三、个人

“问渠那得清如许？为有源头活水来。”学无止境，我对知识的渴求从未放松，我并不满足当下的现状，希望能有所突破，因此，我报考了深圳大学学科教学语文的在职研究生。白天，继续踏踏实实、认认真真地工作，晚上，就全力以赴地复习备考，政治、英语、专业课，这些考试科目对自己来说都是一个个大的挑战，时间不够就挤时间，记不住就多记几遍，直到记住为止。多少次想放弃，但是我知道，想要突破瓶颈期，让自己持续增值，唯有不断努力坚持。经历了山重水复，终会迎来柳暗花明。终于，我通过了全国统考，于2017年9月份正式成为深大的一名研究生。三年系统的研究生学习，让自己的专业更扎实，对教学课程、教育研究有了更深入、更透彻的理解。我在2020年6月顺利完成了自己的硕士学位论文《比喻修辞格在初中语文教材中的应用与教学研究——以部编版教材为例》，论文字数达到了5万余字，并在7月份获得了硕士学位证书和硕士学历证书，完成了学历的提升。人生，是一个螺旋式上升的过程，回首三年的学习，我庆幸自己没有放弃，一直在坚持前行。

未来，我依然会继续努力、继续前行，希望自己能向更专业的教学发展方向迈进，成为教坛新秀、骨干教师。同时，我也要不断反思，反思是自我成长的对话，不只是简单的回顾，更是一次次心灵的碰撞、提升，具有研究的性质。因此，我也经常写教育总结、教育反思日记、成长教学小传。教师专业发展是一个必然伴随着每一个教师不断努力的过程，我要真正行动起来，从当下出发，去探索更多未知的领域，追梦的脚步永不停止。

用心追梦　温暖前行

深圳市龙岗区布吉中学　钟淑君

我在学校工作已经13个年头了。从刚进入学校接手初三教学时的迷茫苦闷到如今走在专业发展的路上，这一路得到了很多前辈的帮助指引，得到了学校同人的鼓励支持，更是得到了路桂荣名师工作室的专业引领和团队成员的扶持。下面我将专业发展之路的历程记下来，向帮助过我的前辈和同仁表达自己的感激之情，并激励自己继续用心追梦，努力前行。

一、初来的迷茫和前辈的温暖

我初来学校工作时任教于初三年级，备课组长是陈老师，每次月考后陈老师就安排我改作文。作文是语文的半壁江山，我没有任何教学经验，怕把握不了标准，完成不好这项重要工作。陈老师似乎理解我的心情，每次改完卷后总会鼓励我说："没有什么偏差，挺好的！"就算有一点指导意见，也不忘先表扬我一番。

陈老师还常安排大家做一些初三的复习资料，我虽能拼凑出一些资料和试卷，但总担心和中考标准有出入。而每当拿给陈老师过目时，她总会带着微笑且耐心地给予指导和肯定。就是在这样温暖的氛围中，我不断地进步。后来，我担任了备课组长，在工作中常有疏漏的地方，陈老师总是温和地提醒我，用行动潜移默化地影响我，让我在一种宽松温暖的环境中学习进步。

有一次在油印室，看到陈老师把语文中考资料书上的一些阅读题复印下来，然后又把一些题目剪掉，重新写一些题目贴上去。我问陈老师为什么这样做，陈老师说文章后面附的题有一道不太符合中考题型，所以自己重新出了一些题，用这个笨方法。我很惊讶，陈老师对待每一题竟然都如此精益求精。对待工作特别用心、特别认真的陈老师，在学校影响着一批又一批的年轻后辈。我就是在陈老师这样的言传身教下，学会谦虚待人，学会踏实做事，学会认真负责的工作态度。

二、专业的进步和同仁的鼓励

在学生的语文学习之路上，我一直坚持落实“五个一”的学习要求，即学生每天写一篇日记、每天练字一张、每周写一篇周记、学生每天坚持一次阅读、每天一名学生课前演讲。“五个一”学习要求，立足于每个学生长远的语文素养和终身的学习习惯，很好地结合了现阶段的语文学习要求，成效颇佳。在学生进步积累的路上，我自己通过各种资料的整理积累，专业方面也提高很快。

担任备课组长期间，我先后在初中语文科组成功开展快读阅读指导课程、“默写古典诗词　弘扬传统文化”书香文化校园活动、“读书月”之经典名著片段朗诵活动、开设校本课程。在成为学校结对共进教研活动的语文组指导老师后，我不断阅读专业书籍，总结经验，指导年轻教师课堂教学，有良好的带动引领作用。我还先后获得龙岗区优秀指导老师、区先进教育工作者等荣誉称号，获得全国教学设计创意赛三等奖，龙岗区初中语文论文比赛三等奖，学校首届教学设计比赛一等奖，学校教学基本竞赛二等奖，教学基本功之命题、说课比赛二等奖等奖励。我还独立完成了5篇教学专业论文、5篇德育论文，发表教学专业论文一篇，教学论文和德育论文荣获10余个奖项。参加区级课题研究3个，校级课题研究4个，主持区级课题1个，两次获得学校科研先进荣誉称号。

在此期间，我不断地学习，参加各项活动，得到了学校同仁和科组老师们的大力支持和鼓励。学校良好的工作环境，让我的专业素养和能力得到了快速的发展。这些进步和成绩的取得，离不开我身边所有良师益友的热心帮助。

三、工作室的引领和团队的帮扶

2017年9月，我加入了路桂荣名师工作室，这是我专业发展路上的重要一笔。工作室里有亲切随和、认真工作、善于引导的路桂荣老师，有一群积极进取、致力于专业发展的团队成员。工作室研修活动丰富，路老师会梳理全年的计划，精心安排每个月的研修活动和名师专业指导讲座，对每一位成员的公开课都进行细致的指导，让大家在备课、磨课、上课、悟课的过程中得到提升。

2018年4月，我上的公开课是七年级上册的作文专题《写人要抓住特点》。在这次作文公开课中我得到了路老师的悉心指导，路老师四次跟班听课，五改教案课件，多次讨论和指导，终于能够使课成形并顺利开展。通过这次作文公开课的经历，我不仅掌握了作文课的上课要领，而且在上课的设计、语言点评、过渡衔接方面有了很大的提高。真诚感谢路老师的耐心和用心，使我有勇气站在公开课的讲台上，使我有信心去努力做好这件事。备课期间，我看了路老师推荐的几本专业书籍，也十分受益，对自己的教学问题有了更清醒的认识。在专业书籍和专业老师的指导下，我的教学能力得到了显著提高。

路老师还专门制定了工作室的刊物——《成长之路》，每次教研活动后，工作室成员都要进行评课、悟课，写学习心得，轮流进行美篇写作。2019年以来，工作室开展了几项重要活动，包括进行“初中生命化作文研究”区级课题研究、学习论文写作、阅读名家著作、交流读书心得、“日积月累学语文”素材整理、手机微课程开发、开展诗歌诵读大赛。在“初中生命化作文研究”区级课题研究中，路老师还带领工作室成员开发丰富的作文内容和创新的作文形式，指导老师们探索生命化作文的实施途径，让工作室的每一位老师都对作文教学探索有了更广泛和生动的路径。

2019年12月，路老师带领全体工作室成员参加龙岗区第六届手机微课大赛。大家刚开始听到做微课，觉得非常陌生和困难，都有畏难情绪。路老师了解大家的情绪后，积极邀请龙岗区微课指导名师程俊英老师，专门来为大家开展如何做好微课的讲座。在学习如何做微课后，路老师又为大家买来专业工具——手机微课程录制专用支架，并让大家分小组完成，小组内相互学习和帮助。团队的力量很快显示出来，此次微课程大赛，路老师和工作室成员的参赛作品都取得了不错的名次。

2020年上半年疫情期间，云端开讲，网络送课活动火热开展，路老师本人用精心准备的名师作文课为工作室成员做示范，参加龙岗区教师发展中心组织的名师公益课互动，得到全区教师的好评。后续，工作室成员针对初中名著阅读专题，展开了教学研究，多名成员并参加龙岗区组织的CCtalk优质课直播活动，课程质量得到高度认可。

路老师为工作室成员购买了大量精心挑选的专业书籍，让老师们多向名家大咖学习，先学习他人的先进经验，慢慢做出自己的特色。为加强工作成员的积累，路老师还模仿《中国诗词大会》节目，举办了工作室的诗词大赛，每位成员都在参赛过程中得到了丰富的积累和成长。

在工作室的引领下，我个人也获得了快速的成长，2019年11月代表学校到广西百色凌云参加教育帮扶送课活动，开展文言文教学讲座，得到当地学校的好评。2019年9月到2020年7月，我在深圳市龙岗区华龙学校进行了为期一年的公办对民办教育帮扶。在帮扶学校，先后开展了6次校级公开课，4次语文教研课题讲座，听评课20多节，组织两校开展教研活动数次。帮扶成果显著，帮扶学校给予高度好评，个人也得到了很好的锻炼。此外，通过工作室平台学习，我先后获得龙岗区初中语文论文比赛三等奖，龙岗区第六届微课程大赛三等奖，学校首届教学设计比赛一等奖，学校教学基本竞赛二等奖，教学基本功之命题、说课比赛二等奖等奖励。

结语：致敬来时路，感恩再出发。追梦专业发展一直在路上，感谢一路给予我指引的前辈、同仁和工作室，感谢谦虚低调、认真工作的路老师，你们都是我前行路上的明灯，为我照亮了未来的方向，让我不惧困难和挫折，坚持梦想温暖前行。

路漫漫其修远兮

深圳市龙岗区布吉中学　钟小玲

那是20世纪80年代初，在四川省井研县一个偏远的小山村，住着一户钟姓人家。他们从湖广填四川开始，移居到这里已经有好几代了，而且世代单传。那是1981年深秋，伴随着一声响亮的啼哭声，一个女婴降临人世。钟家原本已经有两个女儿，他们殷切希望这次能生个男孩的梦想幻灭。那时重男轻女的思想在农村盛行，那个孩子饱受冷落，这就是我。

光阴似箭，岁月如梭。弹指一挥间，一晃十五年。1997年7月，我以全县前十五名的成绩考取了四川省乐山师范高等专科学校（当时的中等师范学校）。在师范学校，我从乡巴佬蜕变成了一个热爱学习、渴望知识的青年，每天有大量的时间去图书馆借阅各种书籍，爱上了阅读，遇到了恩师，接受了各种新潮的思想……

最美的时光总是快乐短暂的，三年之后，我满怀憧憬，带着理想，告别母校，告别老师，踏上人生征程。回首往事，恍惚就在昨天。

2000年毕业后，我们有的选择了代课后来转正，有的选择了从商，有的远走他乡，去陌生的城市闯荡，譬如我（之所以来深圳，是因为师范学校的哲学老师吕安老师，他在1997年推荐我看了一本郁秀的《花季雨季》，让我萌发了来深圳的想法）。

师范学校毕业后，我和黄同学，在恩师刘老师的推荐下，来到了仁寿县富加镇一所民办小学教小学一年级。那时候的我们相依为命，在那个偏僻的小山村，当起了孩子王。白天教室，晚上寝室，过着两点一线的单调生活，工资低，条件差，但正是那两年，日子虽然清贫，却磨炼了我的意志。

2002年，我初来深圳。那时候没有高铁，也没有钱买机票，我选择了坐汽车长途跋涉到深圳，带着满腔的豪情壮志，想要证明自己能独立生存下来。仍然记得那天清晨六点，天刚蒙蒙亮，睡眼惺忪的我被司机的河东狮吼功惊醒："没有暂住证的，在这里马上下车。"我因为没有办理暂住证，入不了关，只能在宝安汽车站附近下了车。祸不单行，刚下车就遭遇了抢劫事件。其实当时我包里并没有多少现金，丢失了现金并不可怕，关键是丢失了身份证、毕业证等证件。这时候，我给好友廖打了电话，她毫不犹豫地把自己的身份证借给我。感谢我们的"廖大侠"行侠仗义，你永远是我心目中的大侠。就这样我用"廖×"的身份，在关外找了一份普工。我的工作是在一家台湾老板开的鞋厂做剪线工，算上加班费一月工资400元。我的顶头上司是一个初中都没有毕业的贵州中年妇女，我因为自己的清高看不起她，几个月后毅然自离（因为当时不能辞职，辞职要提前一个月写申请，即使写了她也不会批）。

正是自己好高骛远，高不成低不就，辞职两个月还没有找到理想的工作（当时自己心心念念只想做老师或者办公室文员）。这时候，很快花光了所有积蓄，身无分文，好在有J同学在（他是2000年来的深圳，有点小积蓄，他当时在关内一家印刷厂工作）。在我山穷水尽、走投无路的时候，他倾囊相助，一次性借了1800元给我，让我有了底气慢慢地找工作。不知道当时的J有没有担心我会因还不上这笔巨款而跑路，这估计是半年甚至是一年的积蓄吧（事实上，这笔巨款我足足攒了一年，在一年之后终于还他）。这一次，我进了一家香港人开的吸塑工厂做前台文员，工资每月700元。工资虽然不高，但是不用像之前的流水线，上班时间再也不像机器一样地转个不停，晚上有更多的时间可以自由支配，周末也可以休息一天。我深知自己目前的工作是不稳定的，要有居安思危的意识。于是，周末，我报名了一家电脑培训学校，学习Word、Excel等办公软件。日子一天一天过去，每天三点一线，公司、宿舍、培训学校，忙碌又充实。在电脑培训学校，我邂逅了一位低调谦虚的男孩，他也是2000年中专毕业，在国企工作了两年，因不满现状辞职出来，也是怀揣梦想来深圳闯天地的。他在这里主要学习CAD、Masker等绘图、编程软件。我是个电脑白痴，有不懂的问题就会向他请教，一来二去，我们就像哥们儿一样混熟了。后来，我才知道，他和我在一家公司上班，我们每天在一家公司上班（他当时的工作是开那种做塑胶模具的冲床），但从来都没有说过一句话，因为那时候孤芳自赏的我根本看不起流水线的工人。但正是这个其貌不扬的人，后来收留了我这个“哥们儿”。

我在这家公司工作了近两个月，就收到了可爱的X同学帮我邮寄的毕业证明书。当时我被抢包，中师毕业证和自考大专毕业证都被抢了，是我们热心的班干部X同学为我写了遗失证明并登报，然后帮我补办了毕业证明书寄来深圳，连登报的80元也是他帮我垫付的。2013年国庆节，在阿芳家里小聚，提起这件事他仍然不肯收这个钱。这份同学情我永远也还不清了。有了补办的毕业证明书，我年后毅然辞职，在正月初八去了人才大市场，找了一份幼儿园学前大班教师的工作。这一干就是三年，直到结婚生子。因为三年生俩，所以做了三年全职妈妈。

全职妈妈期间，我自学并自考完大学本科课程，进了一家民办学校教初中语文。犹记得2008年，我刚进入西乡一家民办学校教初中语文并兼任班主任，当时心情是多么忐忑，生怕自己教不好，误人子弟。后来，校长亲自找我谈话，鼓励我说一定行。他本人特别看重我是师范生，再加上他本人也喜欢书法，在全校教师书法培训上，他一下子相中了我的毛笔字，并让我教了全校学生一年的毛笔书法。一年之后，我所教班级的语文成绩名列前茅，所带班级多次被评为文明班。2009年教师节表彰大会上，我被评为2008—2009学年度优秀班主任并受到表彰。这让我对初中语文教师这份工作充满了信心。从此，学校的各种教研教学活动，我都积极参与，多次承担校级公开课并受到听课老师和学校领导的好评。这三年，我从一名新手慢慢成长起来。所带班级很多学生不仅学会了知识，更学会了做人。2018年12月，我的第一届初中学生班长结婚，还特意邀请我参加。在他的婚礼上，当年的懵懂无知的孩子们现在各个事业有成。我真的为他们感到骄傲，也为自己的工作感到自豪。

2011年，由于我的孩子马上面临上小学，我换到了福永一家公民办兼有的学校教公办初中部语文。当时，我们一个年级是9个班，我担任2个班级的语文教学和班主任工作。在这个学校，我经常到福永中学（当时我们学校和福永中学是结对帮扶学校）听一些名师的公开课，向他们学习先进的教学理念和管理班级的方法。我深知要提升自己的教育教学水平必须要“走出去、请进来”，我把自己学到的先进理念与学生的学情相结合，精心备课，反复优化自己的课堂，一年后，所带班级语文成绩名列全校第一名和第二名。接下来的两年，我继续学习，勤奋工作。每次区教研倪老师来学校检查和指导工作，我都争取上公开课，还记得当时上了一节《思维导图与快速阅读》受到了倪老师的好评。倪老师还对我的教学给予了指导性建议。他把自己的思维导图和课外阅读在全区推广，还记得当时他推荐了莫言、林清玄、龙应台、丁立梅、曹文轩、沈石溪、叶汉荣等优秀作家的优秀作品供学生阅读。我就这样在他的指引下慢慢带领学生走上阅读之路。三年磨一剑，我于2014年被评为“宝安区初中教学工作先进个人”。一年又一年，从2008年到2016年，我默默地工作着，不断地充电，参加各种专家组织的培训（先后听了余映潮、王荣生、郑桂华等专家在宝安区的示范课和专题讲座等），不断地听课、赛课……

2016年，我以试讲第一的成绩，有幸进入了深圳市宝安实验学校代课。这要感谢阿芳，还记得当时是她的鼓励和支持，让我有勇气迈出这一步（因为当时我们家那位认为我只需要负责带娃，做好后勤工作即可，他已具备一个人养家的实力）。进入宝实后，我更加努力，因为周围都是北师大、华中师大、华南师大、西南师大、陕师大的高才生，自己就是个中师生，不努力就会被淘汰。在宝实工作的两年，我脚踏实地、兢兢业业工作。每天除了钻研教学，做好日常教学工作，我还加入名班主任工作室，多次利用周末时间参与了宝安区语文教师“薪火计划”学习活动，拜读了荣维东的《交际语境写作》，听了荣维东、魏小娜两位名师的讲座等。两年间，我先后获得了学校“班主任一等奖”，宝安区“主题班会录像课一等奖”等荣誉称号，赢得了领导和同事们的高度肯定，受到了学生和家长们的好评，最重要的是跟着优秀的团队和老师学习，我收获了很多先进的教育教学理念，积累了丰富的教学经验，这是我人生路上的重要经历。

天道酬勤，机会总是留给有准备的人。2017年，我和孩子们都调入深户，这就有了参加教师公招考试的资格。2018年5月，我参加了深圳市龙岗区的教师公招（社会岗位）考试。在17000多名本科生甚至是研究生考生中，第一轮笔试后剩下2100多人，接下来是面试，第二轮面试之后就只剩下400多名幸运儿。因为自己之前参加过很多专家的培训，特别是面试的两道学科结构化题目都跟语文教学前沿有关，我最终以优异的笔试成绩和面试成绩上岸了。

如今，我在深圳已经扎根，有了自己的工作和家庭，我还时常和这些帮助过我的同学、老师和同事联系。

我是不幸的，因为种种遭遇；我又是有幸的，因为我有你们——最亲爱的老师、同学和同事们，你们就是我最坚强的后盾！一切都是上天最好的安排，感恩遇见，感恩我生命中出现的所有人！你们是我今生最宝贵的财富，是我人生路上一道亮丽的风景线。

勤学、好问、善思——新手教师的初遇之旅

深圳市龙岗区平湖中学 张 兰

2019年8月，我从华东师范大学毕业，到深圳平湖中学工作，那时的我是一个意气风发、准备在教育行业一展身手的热血青年，希望能够用自己的专业能力，在初中语文这片天地开垦、种苗、收获。

一、兵荒马乱

第一次教职工大会上，我得知自己要教两个班的语文课程，并且需要担任其中一个班的班主任职务时，内心感觉到了无比的压力，觉得自己很难胜任，但是任务分配好了，不好拒绝，只能硬着头皮上了。

起初觉得自己还算年轻，浑身都充满了劲。每天起得很早，总是第一个到达办公室；下班以后其他老师都回家了，我还留在办公室里备课。上课之余，抽空听其他老师的课，尽力当好一个班主任，向其他优秀班主任和同科组的老师请教经验，以此来提高自己的班级管理能力和语文教学专业水平。除此之外还积极给家长打电话，沟通学生近期在校表现。但是在任教一个月后，我被繁杂的班主任事务折磨得疲惫不堪，整天游走在教室和办公室两点之间，不仅班级没有管理好，纪律乱得一塌糊涂，就连自己的语文课也上得很勉强，学生们觉得我的课程乏味无趣，因此上课时的兴致不高，提问的时候也没几个人愿意举手回答。这让我初次感觉到挫败感。

就这样过了两个月，整个班级的班级管理和学业水平都处在中游水平，即使自己付出了很多的时间和精力，班级仍然看不到明显的进步，班上的学

生只是表面上畏惧我这个班主任的权威，可一到上其他的课，尤其是自习课，纪律简直一团糟。看着这样的班级，那时的我多少是有些沮丧和失落的。

二、稳住阵脚

就这样持续着凌乱的状态，直到学校举办了校级运动会，整个班级的风貌开始发生变化。由于是第一次参加初中的运动会，班上的学生对这次体育盛事抱以极大的热情，报名参加运动会的人数远远超出了我的预期。虽然有些项目技术性要求高，无人问津，但总体上看，是超额的。为了调动班级参赛的积极性，我们在商讨和沟通后，对一些项目的人员进行了分配，虽然有些学生不太乐意，但还是勉强答应了。整个运动会进行得很顺利，我们班取得了令人瞩目的成绩，在16个班级中总分排名第一。从孩子们兴奋和激动的眼神中，我得到了慰藉。回想一下运动会的过程，我觉得之所以能够拿到第一，除了孩子们运动细胞好之外，还有一个重要的原因就是整个班级都非常团结。参加比赛的运动员付出了全部的精力，在旁观战助威的啦啦队也不遗余力地为他们加油助威，每个人都找到了自己该做的事情，都在这次运动会中实现了自己的价值。运动细胞不好的学生，除了在场边加油助威，还会默默地为参赛运动员递上矿泉水，主动过去搀扶体力不支的同伴。文采好一点的学生为赛道上的同伴写加油助威稿，不爱说话的学生则不动声色地在打扫卫生。这一切被我这个班主任看在眼里，我第一次有了自豪的感觉。从这次运动会后，我能明显感觉到整个班级的氛围变得更加好了，大家知道了什么是集体荣誉感，明白了通过自己的努力可以为这个班集体增添光彩。

三、渐有起色

转眼间一个学期过去了，突如其来的疫情，打破了所有人的计划，学生没办法按时返校，只能通过网课进行学习。刚开始所有老师和学生都不适应网课教学，家长们也在为孩子们的视力担忧。在家学习，家长们大多数去上班了，学生的自制能力差，没有办法抗拒手机的诱惑，因此长时间沉迷于网络游戏，心思完全没有用在学习上，用他们自己的话来说就是“划水”，而且是在太平洋划，完全看不到岸。

针对学习态度随意散漫的问题，我组织召开了线上班会课，让学生代表发言，自己想清楚自律的重要性，几次班会课下来，情况稍微好转了一些，但仍有少部分学生控制不住自己，整天拿着手机玩游戏，针对这样的情况我只有进行一对一的谈话了。在为期两个月的网课学习时间内，和我交谈的学生有20多位。除了指出学习的重要性外，我还通过各种“威逼利诱”，劝导学生重视现在的学习。

为了加强学生的古诗背诵，我利用每天中午下课后的时间，抽背10名学生，名单前一天晚上公布在微信家长群和学生QQ群，内容就是近期学过的要求背诵的古诗。一天天坚持下来，一周之内每位学生都有机会背诵，这在无形之中给了他们一些压力。除了抽背以外，在每天的作业中，我还要求学生拍背诵视频上传，在背诵的过程中，可以发现学生读错的字音、字词，并及时给予反馈。

疫情期间的学习少不了家长的监督，家校合力才能帮助学生度过这个网课难关。对于布置的作业，要求家长签字。除了上课时间，如果家长在家，严格把控学生的上网时间，上课之余，做一些体育运动，做到劳逸结合。

四、砥砺前行

2020年5月11日，深圳市中学生陆续返校，学生们又回到了教室，尽管这个寒假过得十分漫长，但是在这场全民抗疫的战争中，每个人都尽了自己最大的努力。返校后的第一课就是对学生们进行疫情防控知识普及，严格要求，从每一件细小的事件中，让他们体会到返校学习这个机会是无数抗疫英雄的无私付出换来的，我们必须珍惜现在的学习时光。

复学后的第一个星期，最主要的不是着急上新课，而是要对学生进行心理建设，让他们从思想到行为上都回到学习状态。要改变之前的生活习惯和学习习惯，严格控制手机使用时间，提高紧迫感，变被动为主动。为了实现这一目标，我在返校之前就跟学生打好招呼，让他们把所有的作业都带回学校进行检查。当然有很多学生是没办法完成的，因此很多人在开学前的那个周末疯狂地补作业。这种紧张感我认为是必要的，在学校有老师的监督，他们的行为在一定程度上得到了规范。第一节班会课除了讲必要的防疫措施，我还特意指明了学习的重要性，让他们在心里有个警戒：在学校学习，想要继续混，是很难的。在名为“自律成就学习”的班会课中，我选了5位学生发言讲他们在网课期间的状态，他们代表了不同的学习风格，但有一个共同点就是“自律”。班会课学生代表的发言，让学生意识到了自主学习的重要性。

两个星期之后，学校举行了复学后的第一次质量检测，这次测试的主要内容是网课期间所学的知识。起初我想的是，学生们会考得一塌糊涂，但是最后的结果却让我有些意外，他们的语文和历史都非常不错，年级第一名，其余科目也都取得了排名上的进步。第二学期，我能明显感觉到比上个学期轻松了，可能是因为对一些班级管理事务熟悉了，所以才不会各种手忙脚乱。

在这一年的教学过程中，我一直在不断地反思自己：作为班主任，这段时间的管理是否有效；是否有更好的方法给学生带来成长；作为一名语文教师，我也在不断探索着新的教学方法和教学思路，尽可能使自己的课堂生动活跃。

“勤学、好问、善思”是这一年来我教给学生的学习方法，也是我在教师这个岗位上领悟到的提升自身教学水平的途径。

在寻梦的路上，风雨兼程

深圳市龙岗区保安学校　王美美

初看夏花红，转眼已入秋。

席勒说时间的步伐有三种：未来姗姗来迟，现在像箭一样飞逝，过去永远静立不动。此刻，我在故乡悠扬的八月里，回望那年南方绵延的暑气。

那是2016年的8月，我背着行囊来到了深圳这片生机勃发的土地。四年转瞬即逝，昨日种种，皆成今我，那些追梦的时光，终是一生最美的珍藏。

一、最初的梦想

2016年8月抵达深圳后我与所有刚毕业的新教师一起，在龙城高级中学进行了为期一周的新教师培训，教师进修学校为我们安排了很多课程和实践活动，现在能记起来的仿佛也只有那段时间忙碌的印象。翻开那时的笔记本，几个醒目的大字提醒着我那一年我最初的梦想：好老师。

犹记得当时带队的李荣华老师说："身为教师，你们即将走上讲台，面对的不是一个一个的学生，而是一个一个的家庭。医生失职可能会毁掉一个人的生命，而教师失职可能毁掉的就是一个家庭。"这一番话让我深有触动，虽然那时的我对于好老师的定义并没有一个明确的概念，但是却依旧单纯地想要成为一名老师和学生口中称赞的好老师。

从新任教师到教坛新秀，到骨干教师，到学科带头人，到教育专家，每三年考核晋级一个台阶是当时进修学校为新教师成长规划的道路，我将这条道路看作自己的职业生涯规划路线，而三年评选教坛新秀便是我的第一个目标。

二、点滴的行动

1. 学习创新，站稳讲台

带着成为一个好老师的梦想与努力工作首先成为教坛新秀的目标，我被分配到了深圳市龙岗区保安学校。这是一所九年制学校，学校是在一下地铁站的城中村里。让我始料未及的是，一入职学校便安排我负责两个初三毕业班的语文教学工作。

深知毕业班的教学肩负着孩子们升学的重大使命，我心里颇有压力，但依旧下定决心认真负责地做好自己的每一项工作。在学校的安排下，我有了第一位师父，毕业班的一项重要工作便是复习，师父会把每阶段的教学总任务告知我们，具体如何做他也会给出他平时所用的方法。那一年学校实行分层教学，在教学中我发现师父的很多方法并不适用我所带的班级，于是我便开始自己探索适合学生学情的复习方法。在实践中，我始终坚持的一点便是：尊重学生，成己达人。在具体的做法上，每一阶段的复习计划，均是由我与几位学生代表共同制定，然后公布施行，在具体施行的环节里出现问题再具体调整。这样既调动了学生的学习积极性，也培养了学生明确学习的阶段性目标并制定学习计划的习惯。最终第一届的学生以优异的中考成绩证明了这种方法的有效性。

2. 比赛磨砺，提升素养

入职时，师父与学校领导便积极鼓励我们参加街道和区里的各种比赛。我也深知比赛的锻炼和荣誉对于一个教师的成长是多么重要。一毕业连带三届毕业班，我可以有底气地说我能把班级的语文成绩带领得很好，但我确实没有底气说自己能在一次比赛中获得绝对优异的成绩。从朗诵比赛到说课比赛，再到现场上课比赛，每一次比赛我都抱着十足的信心，但结果总不能让自己十分满意。我曾经失落过、气馁过，但是每次比赛中其他同仁让人叹为观止的表现，却又总能激发我继续努力的决心。就像《简·爱》里海伦说的那样：不能忍受生命中注定要忍受的事情，就是软弱和愚蠢的表现。没有人能随随便便成功，这些难道不是我成长路上注定要经历的磨难吗？

3. 培训成长，终有所获

进修学校设立了新教师的三年结业考核制度——十项全能考核，包括教学书写能力、微课程制作与云平台运用能力、语言表达能力、教学方法提炼能力、棘手问题解决能力等五项通识专业能力以及备课、说课、上课、命题、学科技能等五项学科专业能力。通过认真参加各项培训，努力学习，两年内我成功完成了新教师十项全能考核，于2019年新教师培训顺利结业并成为第六届教坛新秀培养对象。

4. 带领学生，共同进步

毕业后的前三年因为都是教毕业班，所以我的重心基本都放在中考的应考复习上。第四年经过申请，我开始带领初一年级学生。首先，我把工作的重心放在了课程上，开始认真打磨每一节课的课程，努力做到挖掘每一篇文本听、说、读、写四要素的素材，提升学生的综合素养。其次，我积极带领学生参加各类比赛，从朗诵到现场作文，再到手抄报，在各项比赛中与学生共同进步。最后，作为班主任实行班级共治和自治，在管理中使班级学生对班级有高度的认同感、归属感与责任感。

三、碰撞的反思

1. 语文教学的反思

四年的语文教学实践中，我总能在某一刻引发自己对于教育教学的反思，或者是自己的某一次授课，或者是学生的某一次发问，或者是同仁间的某一次探讨。每当那时，我便会习惯性地拿本子记下自己的思考。2017年针对初中语文作文教学的反思我与师父共同申请了区级课题“初中语文作文教学的问题及策略”并于2018年顺利结题。2019年我与同备课组老师共同申请的“初中语文名著阅读教学的有效性教学策略”课题正在进行中。每一次反思都需要查阅大量文献，在前人的经验中会得到很多好的方法，也会产生新的火花。每一次的反思都是一次研究突破前进的财富。

2. 职业生涯规划的反思

毕业的第一年我负责初三两个班的语文教学工作，没有担任其他职务。第二年我担任了初三年级的年级组长，第三年我担任了初三年级年级组长兼一个班的班主任，第四年我负责初一年级两个班的语文教学，兼年级组长与一个班的班主任。非教学的事务性工作一年比一年繁重，也跟很多同仁探讨过自己的职业规划，如果让我做一个选择，我会想起自己最初的梦想，成为一名好老师。四年的工作经历，学生基本就是我生活的全部，我更愿意站在讲台上与他们在一起，陪着他们哭，陪着他们笑，也更愿意在教学的经历中去成长、去思考，当明白这一切，我想我早已做出了选择。

3. 工作与生活的反思

四年的生活里，我几乎每天都是年级来得最早、走得最晚的。我将大部分精力投入了学校的工作，而忽视了自己的生活一直以来对于如何平衡两者的分配也很头疼。一位有十年教龄的同仁在一次交流中建议我努力平衡二者之间的关系，这样才会让自己的视野与心境更加宽阔。

四、美好的出发

四年的教育教学经历就像一场美丽的回忆。“我不去想是否能够成功，既然选择了远方，便只顾风雨兼程……我不去想未来是平坦还是泥泞，只要热爱生命，一切，都在意料之中。”我不知道自己目前距离“好老师”还有多远的距离，但是因为热爱，所以选择，我将会坚定不移地行走在自己选择的道路上，去追逐自己最初的梦想。

02 第二篇

想明白

——阅读与感悟

语文课堂需要“上下求索”和“尺水兴波”

——阅读《名师讲语文：余映潮讲语文》有感

深圳市龙岗区布吉中学 钟淑君

2019年暑假，路桂荣老师为工作室每一位成员精心挑选了很多语文教学方面的书籍。假期里，我主要看了余映潮老师语文教研方面的几本专著，包括《余映潮的中学语文教学主张》、《名师讲语文：余映潮讲语文》（以下称《余映潮讲语文》）、《余映潮语文教学设计技法80讲》、《语文名师备教手记》等。其中《余映潮讲语文》这本书是余映潮老师不一般的人生经历、语文从教经历以及他的语文教学理念、教学实践的集中体现，给了我很大的触动。

在《余映潮讲语文》中，余映潮老师提出研究教材的8个字“上下求索，左右勾连”和教学设计的8个字“化静为动，尺水兴波”，余老师也一直将这些理念渗透在他的语文教学工作中。余映潮老师书中的经验和智慧，成为我目前面对语文课堂的解惑钥匙和指路明灯。

一、“上下求索，左右勾连”的备课精神和教材研究

“对语文老师的基本要求是：应能够深刻地研读教材，应能够科学地设计教学，应学会充分地占有资料。”余老师在《余映潮讲语文》中如此叮嘱。余老师备课非常细致认真，即使很熟悉的内容也会反复研读文本。在备课方面，余老师提出了“上下求索，左右勾连”的备课理念和教材研究方法。下面是余映潮老师备课的一个例子，从这里我们可以看到余老师的备课精神。

2012年8月18—20日，余映潮老师受邀参加第六届“人教杯”语文教师与作家同行——文学作品解读与教学观摩研讨会。余老师讲述上《孤独之旅》的备课过程：研读曹文轩的大量文学作品——阅读关于欣赏曹文轩作品的大量学术文献——做了很多读书笔记（如曹文轩的经典语录、关于曹文轩小说中“风景描写”的论述、有关文献中对曹文轩作品的评价）——编写课文的“细读指南”（文学的美感、内容的美感、章法的美感、手法的美感）——写“备课日记”——真正进入备课阶段（确定“长文短教”的教法、以学生为主的课堂研读活动、教学创意、教学设计、准备两套教学方案）。这些过程全部完成的时间是2个月左右，每天持续地完成备课的相关工作。毋庸置疑，余老师这次用心准备的课在研讨会上好评如潮。

想到我自己备课时，总以为自己对课文内容是熟悉的，不会反复花时间去细读课文，这些年来对熟悉的课文理解都没有什么新意，很多也是按照原来的理解和设计去上课。事实上学生已经发生了很大的变化，一年一年不同，甚至都跨越好几个年代了，而我的备课思路还没有转变，造成上课效率低，理念和方法滞后。

2019年10月，我要去民办学校参加帮扶上课，定的篇目是《陈太丘与友期行》。在余映潮老师的备课钻研精神的影响下，我反复读这篇小短文，先自己熟悉、学习、领悟，不去参照之前的教案和一些参考书，对课文进行诵读和理解。我希望能够做出自己理解出来的教学设计，而不是参用别人的教案。后来经过对一些资料的学习和思考，我大致梳理了思路，用“讲讲这个故事——读读两次问答——赛赛文言知识——品品元方形象”四个活动来组织教学。这样的教学设计融合课本预习里的重点提示、课后思考探究的讲述故事、结合课文理解“方正”品质内涵、文言实词把握等内容。这节课也让我明白了，把课堂上的每一个主要教学环节具体化为一个完整的学习活动，是备课时要做的一项重要工作。课后，该学校的老师给予我此节课特别高的评价。

二、“化静为动，尺水兴波”的教学设计和教学境界

在“上下求索，左右勾连”钻研教材的备课基础上，余映潮老师将“化静为动，尺水兴波”的教学设计理念渗透在他的日常工作中。余老师认为，

为了达到“化静为动，尺水兴波”的教学境界，在设计一篇课文时应追求：深化课文研读，优化教材处理，强化课型创新，简化教学思路，细化课中活动，美化教学手段。

请看余映潮老师《孙权劝学》的教学设计案例：

活动一：用情景朗读的方法知晓课文。

活动二：用分类辨析的方法理解字词。

一组语气词/一组单音节实词/一组双音节短语/一组四字短语。

活动三：用美点赏析的方法品析故事。

余老师说，《孙权劝学》整节课以“学生活动”为主线，三次实践活动思路简明，教学内容丰满，达到了“理解课文、积累字词、赏析故事”的教学目的。

余映潮老师除了设计流程清晰和美观简洁的教学活动外，语言运用训练也是他非常注重的。余老师说：“即使在新理念风行的今天，我们也不要忘了，语言学用课，是一种唱重头戏的基本课型。”

余映潮老师执教七年级上册第一单元第一课《春》时，课上有这样一个语言训练片段：美读《春》——概说训练，课文段意美说。

第三段：赞草——春草图。

第四段：咏花——春花图。

第五段：赋风——春风图。

第六段：绘雨——春雨图。

第七段：写人。

学生先标出序号，参照老师的格式用两个字概括段意。第三段和第七段两字段意是老师写好展示出来的。第四、五、六段需要学生参照格式写出来。虽然只是运用一个动词填充，但是会促使学生充分调动字词积累和运用技巧。一般教师教学会把三到六段概括为“春草图、春花图、春风图、春雨图”，学生在这里就没有得到言语概括和美化的训练，语文实践能力就没有得到很好的锻炼。因此，余老师为大家做了一个很好的示范。

回想自己之前的教学设计和上课，基本上很少设计语言运用训练，有时设计了，学生却不能够积极参与训练，或者觉得这样的练习难度太大了，直接不去完成。本学期开学初，我上文言文《岳阳楼记》时也试着设计了一个语言运用的小训练。设计活动是：我看到岳阳楼的整体景象是——衔远山，吞长江，浩浩汤汤，横无际涯，朝晖夕阴，气象万千，此则岳阳楼之大观也。请仿写此句："______________，此则梧桐山之大观也。"

梧桐山是深圳的标志性景观，每一位学生都去过或听说过或至少知道这座山。但是，我在课堂上进行这个语言训练时，两个班近100个学生，每班只有3～5个学生能按照句子把字数写出来，能写出梧桐山景观特点的两个班就一两个学生吧。因此，以后在课堂上，我还得细研文本，抓住能对学生进行训练的语言材料，不断提高学生的语言表达能力，让学生在课堂上真正有事可干，真正在主动学习。

三、一直向前走的"四季耕耘"者和坚守者

余映潮老师第一次做语文老师时已经32岁了，他说："我都尽量珍惜我那已经不再年轻的岁月，钟情于在求知、求能、求智道路上的跋涉，坚持着读书，坚持着做笔记，坚持着思考。"余老师一再叮嘱语文教师要"多储备一些知识，多增长一些学问，多培养一些能力"。读了余映潮老师的著作，我不光在语文教学技法上有了更深入的学习，更从余老师耕耘与钻探的精神中受益良多。

余老师在《余映潮讲语文》中说：我50岁那年开始走上讲台上课，过了50岁后，我的课堂示范教学终于走出了荆州，在数千人注视着的大舞台上"沙场秋点兵"。我不知道我为什么能够讲课了，也许是写了近百篇"教例品析"吧，也许是写了近百篇课堂教学艺术方面的文章吧，也许是读了数百篇有关教学设计的论文吧，总之，我是50岁开始学讲课的。

读了余老师的语文之路和人生经历，我想还是应该在每一节课的备课、设计、上课、反思方面去不断磨炼自己，应让自己成为一名合格的语文教师。语文课堂应该是灵动的课堂，不应该只是知识性的学习；语文教学应该是调动学生各种感官的教学，不应该只是停留在浅层次的认知上。要做到这些，就得克服多种困难，磨炼自己，向惰性挑战，向旧的观念挑战。

总之，通过阅读余映潮老师的著作，我对备课、教学设计、课堂语言训

练、语文教学有了新的认识。余映潮老师的语文课堂有着远大构想，始终与“语文”为伴，以学生和学生的语文素养为目标，在课堂中通过美好生动的教学活动步步为营，逐渐实现学生语文基础的积累和语文听、说、读、写等素养的全面提高。希望我能从余映潮老师的智慧人生和专业语文教研中获得力量，努力前行，在未来的道路上坚持“四季耕耘”，坚持“每天做一点，走一步，再走一步”，手中抚文字，眼中有未来，不断地在语文教学专业道路上求索和前进。

如何有效“悦读”

——读《听王君讲经典名篇》有感

深圳市龙岗区布吉中学　陈　敏

《义务教育语文课程标准（2011年版）》指出：“阅读是学生的个性化行为，应该引导学生钻研文本，在主动积极的思维和情感活动中，加深理解和体验，有所感悟和思考，受到情感熏陶，获得思想启迪，享受审美乐趣。要珍视学生独特的感受、体验和理解，不应以教师的分析来代替学生的阅读实践。”

尽管新课标给我们指明了方向，但我们的初中语文课堂阅读教学现状依旧堪忧，其效果多数时候仍属低效甚至是无效的。

现在的初中语文阅读教学现状主要表现在以“教”代“读”，以“考”代“读”，重“义”轻“文”，课外阅读量少。初中生除阅读课本外，很少接触到课外阅读，即使有阅读的，也只是浏览故事情节，自发式地、漫无目的地阅读，很少有学生认真细读精品，《中学生必读名著篇目》形同虚设。现在的初中语文阅读教学不仅忽视了文学对学生潜移默化的影响，导致学生在课堂上的阅读质量低下，也使学生逐渐失去了阅读的机会和兴趣。

而在王君老师的课堂上我更清晰地认识到了自己课堂上存在的这些问题，我们必须改变语文阅读现状。结合这些经典课例的学习，我从以下几点阐述我的学习感想和收获。

首先，确定课堂阅读教学的有效目标。语文课堂阅读教学的有效目标是通过课堂阅读教学使学生获得发展。王君老师明确提出，在备课之际，身为教师必须对文本有所定位：学生从这篇课文中能学到什么？我最好在四十分钟里让学生学到什么？教什么最有效？学什么最有效？许多问题是语文课解决不了的，那就点到为止，部分精彩的文学作品具有微言大义的审美特征，可以在主题研究上下点功夫。

在王君老师的课例中，我们会发现她在课堂伊始便对所教授课文进行了文本类型定位：主题型文本、积淀型文本、写作型文本、拓展型文本、语用型文本等。

对于大家最头疼的说明文，王老师呼吁跳出“说明顺序、说明方法”的桎梏。拿《生物入侵者》来说，与其让学生死记硬背“举例让说明更什么更什么”的模板，不如重点研究一种说明方法在文章中的呈现方式，如作者在文章中用的最精彩举例子说明方法，形成了“新的知识”，创造新的能力训练点。

例如，在第二次教授《人民英雄永垂不朽——瞻仰人民英雄纪念碑》这篇说明文时，第一次王老师是按“主题型文本”来对待的，不免略有些“庄严感”，在咬文嚼字上下了很大功夫，希望学生感受文字的美好、情怀的崇高等，但对说明文的文体特征反而忽略了，教得困难，学得糊涂。第二次教学设计时她便改为写作型文本，简化了头绪，明确了课型，教得轻松，学得愉快。在课堂中她聚焦写作，穿插故事，让学生给浮雕配文字，筛选新时代的“人民英雄纪念碑”，调动了学生学习说明文的积极性，用她的话来说，就是让说明文上得“讨人喜欢”，她做到了。

其次，重视学生在课堂上的多种形式阅读。新课标提出：“要让学生充分地读，在读中整体感知，在讲中有所感悟，在读中培养语感，在读中受到情感的熏陶。”阅读教学是语文教学的基本环节，其中，“读”的训练是阅读教学中最经常、最重要的内容，在有效的语文课堂里，朗读应贯穿始终。在王老师的教学中，我充分意识到阅读教学中“读”的重要性。

在王老师的教学中，朗读贯穿教学的始终，朗朗上口地读、有节奏地读、诵读、演读、分角色读，在读中生疑，在读中感悟，在读中想象，在读中实现感情的升华。我最为佩服的应该是她的文本细读能力。在教学中，她以精读训练为主，揣摩探究，有时甚至咬文嚼字，结合联想和想象，帮助学生加深对文本的理解。

板块式课堂结构、配乐朗诵、分角色对读、改写读、仿写读、辩论会、一字切入、填空、投影选段展示、留白填读……在她的课堂上信手拈来。例如，教学《散步》时用演读的方式来聊“我们”中谁最有意思，引导学生为可爱的妻子设计一句话读出来。教学《老王》一文时，让学生成为老王、杨绛，让学生理解被社会遗弃的痛苦；创造性对话，老师演杨绛，学生饰老王，理解老王没有家人的孤苦无依；让学生饰看客，“演说”社会闲人对老王的挖苦讽刺，理解社会对老王的凉薄；演读老王和杨绛的对话，理解老王有房无家的痛苦；发掘空白，生成辩论：老王死后，杨绛没有问，是没_____问，在朗读中实现感情的升华。教学积累型文本《敬业与乐业》时不着力于鉴赏，更不着力于分析，而着力于积累，让学生尝试脱稿现场演讲一分钟，诵读记背梁氏共鸣警句，最后在共鸣中引发争鸣，这种长文难文、被我曾经上成政治课的文章在王老师的课堂上变得清爽、务实、扎实了。

最后，加强对学生的有效阅读指导。语文教师的任务就是用感动激发感动，用感悟唤醒感悟，用思考启迪思考。那些经典的文字就那样静静地沉睡，它的丰富与厚重等待我们去发现。在课堂上，充分发挥教师的主导作用，对学生的阅读进行实时且有效的指导，以免学生的阅读流于形式，泛泛而读，成为无效或低效的阅读。

我觉得王君青春语文的快乐来自课堂那种爬坡式的思考，而这离不开王老师步步为营的指引。《人民解放军百万大军横渡长江》这个枯燥文本的生动突围得益于课文研讨的三阶挑战：品读一组词——对比一组词——发现一类词——探究两个词——整合一类词，从而读出新闻的语言魅力、情感魅力。《沁园春·雪》以“大”字着手，引导学生在所描之景物、评论之人物、抒发之情怀上思考，逐层深入，读懂诗歌，读出诗歌的大气魄。

王老师的阅读指导还在于善于激发学生的自主意识，帮助学生挖掘课外阅读资源，拓展知识面。王老师从课内文章出发，从某个角度出发，进行扩展式、比较式阅读，为课文找到有关比读的其他文章，由此及彼，触类旁通，找到主题上、题材上、写法上、内容上、语言表达上具有相同或相异特点的课外材料，在课堂或课外与课文联系在一起读，以增强学生的学习兴趣，扩大学生的视野，为课文“找朋友”。王老师很擅长千方百计地将学生的视野引向课外，引向一个更广阔的天地。《沁园春·雪》投影展示任冬青的《诗人毛泽东》、斯诺的《红星照耀中国》。在“读懂诗人”板块，让大家猜猜诗人是在什么心情下写出这首词的，顺势引出写作背景及诗人柳亚子的高度评价。《老王》一课中感受杨绛“活命”状态这一环节，适时推出写作背景及杨绛的回忆性文字片段，在学生意犹未尽之际推荐阅读杨绛的《干校六记》，这样的效果比强推给学生的效力要大很多。

王老师的课是一个字一个字敲出来的，一堂课一堂课上出来的。王老师的文本细读、融训练于无痕，离不开她的语文匠心，她的对每一节课的精雕细琢都值得我们去细细品味。

我读《听王荣生教授评课》

深圳市龙岗区万科城实验学校　甘亚锋

备好课是上好课的前提。在我努力模仿他人优秀教学设计、教学方法的时候，有老师建议我好好读一读王荣生教授的《听王荣生教授评课》。王教授从评课观教的角度剖析语文教学存在的问题，谋求语文教学的改善。以下的文字就是当时摘录书中部分观点，从备课的角度谈的一点浅薄认知。

比“怎么教”更重要的是“教什么”。王教授在自序中开门见山，“我们语文教学的问题和困难，主要出在教学内容上，而不仅仅是教学方法上”，在导言中又进一步强调“一堂语文课，如果教学内容有问题，或者只有在考试的试卷上才有用，那么教师的教学再精致、再精彩，课堂的气氛再热烈、再活跃，价值都极为有限”。王教授的研究发现“语文教师在备课活动中所自觉关注的，往往不是实际耗费他大量工时的教学内容，而从一开始就陷入教学方法中，在‘教什么’还拿捏不定的时候，一心去设计有新意的‘怎么教’”。王教授认为这一现象与语文教学观课的习俗角度有关，“着眼于教师，着眼于‘怎么教’，着眼于教师的教学技巧、教学艺术、教学风采，讲究的是上课如何精致、如何精彩”。在后面的具体课例评析中王教授再一次强调，“如果没有合宜的教学内容，那么无论在教学方法上玩什么花招、竖什么旗帜，都不可能是成功的语文课”，并提出“合宜的教学内容是一堂好课的最低标准”。什么叫合宜的语文教学内容呢？王教授提出了两个最起码的要求：一是教师对自己的教学内容要有意识，即知道自己在教什么，并且知道自己为什么教这些内容；二是一堂课的教学内容要相对集中从而使学生学得相对透彻。

“怎么教”是由“教什么”来决定的。串讲是教师们最熟悉的教学方法之一，不过现在大家都避之不及，尤其是在公开课、研讨课、展示课上。因为串讲往往会被认为是一讲到底、满堂灌、填鸭式的传统老套教学方法而被否定。但王教授在课例评析中却认为黄玉峰老师讲授的《世间最美的坟墓》这堂课最引人注目的地方就是串讲，并强调“这样的散文，是必须讲的，而且只能由对文本有深刻理解的人来串讲”。为什么黄玉峰老师要采用串讲的方法？为什么王教授又认为串讲是这堂课最引人注目的地方呢？下面摘录王教授书中附录的黄老师教学札记中的两段话，这两句话应该能帮助我们更好理解。

当我仔细阅读课文时，却发现其中有很多疑点没有解决，有很多东西远不是那么容易理解的。于是便反复阅读、理解字里行间茨威格要表达的情绪，再由此拓展去查阅有关托尔斯泰和茨威格的资料，这才渐渐解开了某些词语背后的谜。

这块将被后代怀着敬畏之情朝拜的尊严圣地，远离尘嚣，孤零零地躺在林荫里。“将被”，那就是说，现在还未被人“敬畏”“朝拜”。“敬畏”，为什么要“畏”？“远离尘嚣”，“尘嚣”指哪里？“孤零零”，为什么不用“静悄悄”？这难道不值得我们好好推敲吗？托尔斯泰反对宗教的狂躁，被东正教开除教籍；反对沙皇暴政，他的学生被捕；反对暴力，宣扬人类之爱，被革命者讥讽；他要把财产分给穷人，遭到家人抵制。托尔斯泰是孤独的，只能“孤零零”地躺着，然而这正是他所希望的。

黄老师仔细阅读课文时，发现其中有很多疑点没有解决，有很多东西远不是那么容易理解的。黄老师通过“反复阅读、理解字里行间茨威格要表达的情绪，再由此拓展去查阅有关托尔斯泰和茨威格的资料”，才解开了“敬畏”“尘器”“孤零零”等这些词语背后的谜。黄玉峰老师这样的特级教师仔细阅读课文，尚且有很多疑点没有解决，需要反复阅读、拓展查阅资料，学生又怎能轻易解开这些词语背后的谜。正是因为这些词语背后的谜，对文本有了深入理解后，黄老师决定采用串讲的方式，一面读一面讲。串讲这种教学方法就被合适的老师用在了合适的地方。正如王教授书中所说，“这堂课的成功，不是缘于串讲这个方法本身；在教学方法的技术层面，一种方法单凭其方法其实根本就无所谓好坏对错——每种方法都有其优点和缺点，当一种教学方法被合适的人用于合适的地方并产生合适的效果时，它就有效，反之就无效”。后来，在《安塞腰鼓》的课例评析中王教授又提到了串讲这种教学方法，与前面不同的是，教授认为黄老师绝不会用串讲的办法来对付《安塞腰鼓》。“何也？文本之体性异也。”“《安塞腰鼓》与《世间最美的坟墓》的最主要区别，就是它的背后没有东西。”

认真读完王教授的著作，我们会发现书中的每个观点、见解、意见、建议都值得我们去认真研习、深入思考、观照自身，如关于文本解读、关于课程实施、关于文章体式及其阅读方式等。“不动笔墨不读书”“好记性不如烂笔头”，希望这份阅读笔记没有曲解王教授的本意，没有离题万里。最后，我因人推荐阅读而受益，我愿跑好接力棒，建议大家也好好读读这本书。因为，这真是一本值得一读的好书。

读《第56号教室的奇迹》有感

深圳市龙岗区布吉中学　梁建清

闲暇之余，我翻开了《第56号教室的奇迹》这本书。读《第56号教室的奇迹》是一个充满惊讶与感动的过程。我惊讶于雷夫老师的智慧与热情，我感动于雷夫老师教室里所发生的每一个奇迹。读这套书，我就感觉是在和雷夫老师交流沟通，也感觉雷夫老师所带的学生们就像我自己的学生一样，我感觉自己也参与到他们的每一个故事里面。读《第56号教室的奇迹》是一种心灵的交流，是探讨，是享受。

《第56号教室的奇迹》第一章《给我一些真相》就深深地吸引我。雷夫老师被称为“全美最好老师”，而他的学生并不是什么尖子班、实验班的优秀学生，而是贫民窟里的孩子。这些学生也跟我们所带的学生一样，有各种各样的小问题，跟我们的学生一样调皮。而家长也差不多跟我们的家长一样，会来学校投诉老师，要求学校惩处老师。本书的开始便拉近了我与书的距离，同时也激发了我想要往下看的兴趣。

从家长要求学校惩处老师这个案例，雷夫老师提出一个问题：很多教师为了维持教室秩序什么事都做得出来，从而揭出真相：这年头，大多数的教室都被一种东西控制着，那就是“害怕”。教师们怕丢脸，怕不受爱戴，怕说话没人听，怕场面失控。学生们更害怕，怕挨骂，怕被羞辱，怕在同学面前出丑，怕成绩不好，怕面对父母的盛怒。

可是，教育关系到学生的身心健康成长，在“害怕”的恐惧中，学生的心灵只会被扭曲，只会受伤害。于是，雷夫老师便用他的智慧营造了一个与众不同的“第56号教室”：“第56号教室之所以特别，不是因为它拥有什么，而是因为它缺乏了这样东西——害怕。”

看到这里，我很激动。因为我也曾被这个问题困扰了好久。就像雷夫老师说的那样：“早年的时候，我也曾计划在开学第一天给孩子来点下马威，让他们清楚我才是老大。”在我还读大学的时候，去实习回来的师姐做经验交流的时候，很有感触地告诉我们：要想让学生听你话，要想能控制得住学生，必须要让学生怕你。而我毕业之后刚到工作岗位，那些有经验的老师都说我很温柔，叫我要对学生凶一点，否则是管不住学生的。我也是半信半疑。我想像他们说的那样去做，可是我的第一堂课初次跟学生见面，学生又没犯错，我没办法板着面孔跟学生自我介绍。教师初次跟学生见面，不应该是和谐、愉快的吗？可是结果却真的像师姐和那些老师说的那样，学生并不怕我。我刚开始工作的第一个月，上课的纪律确实很差！于是我就听了有经验的老师的话，对学生凶一点、狠一点。在一次闹哄哄的课堂中我把讲桌推倒，果不其然，之后学生在我的课上便不敢讲话了。我想，这就是雷夫老师所说的“害怕”吧。学生不敢违反纪律，是因为怕我。

但通过让学生怕老师来达到管理的目的，这显然不是很科学的做法，甚至可以说是错误的做法。学生怕老师，那课堂便不是和谐的。课堂不和谐，那上课的效率就会很低。这又有悖于我们的教学初衷。于是，我不断地进行反思与总结。

在我从教一个学期之后，我总结出来，要想让学生听老师的话，遵守课堂纪律，同时又能在轻松愉悦的氛围中教学，靠“吓唬”与“惩处”是绝对不行的。这样学生会反感老师，会厌学，教师在教学的过程中也不会有幸福感，甚至会觉得上课很费力。而作为班主任，作为科任教师，我们都应该对学生进行“德育”，也就是教会学生“做人”。我们平常在教学的过程中，往往很容易忽略这一点。因为教师往往认为把自己所教的那一科教出成绩来就行，很少会想到要耐心地、热心地、诚心地去教学生如何做人。教会学生如何做人，似乎跟学科教学没多大联系，甚至有教师还认为这很费时，会耽误上课的时间。但我并不这样认为，教会学生做人，那么学生遵守纪律就变成他对自身的要求了，而不是要通过教师来管理。

雷夫老师在谈到打造“无恐惧教室”时谈到四点：一是以信任取代恐惧；二是做孩子们可靠的肩膀；三是纪律必须合乎逻辑；四是你就是榜样。

雷夫老师认为只要营造良好的班风，各种寻常的挑战就能迎刃而解。是的，良好的班风跟班级管理是相辅相成、互相促进的。班级管理得当，自然就能形成良好的班风；良好的班风形成，自然也就能便于班级的管理。

在平常的教育教学中，我的育人理念是：“教会学生做人，教会学生做事，教会学生生活，教会学生学习。”我把做人放在第一位。我认为一个学生不管成绩好还是差，都要学会做人、学会做事。一个人的学历决定他能不能进入某岗位，而是否会做人、会做事才决定他在这个岗位能待多久，在这个岗位能否有晋升的机会。一个人倘若有才无德便是个危险人物，而德才兼备的人才是真正对社会有用的人。

因此在日常的教育教学过程中，不管我是否是班主任，我所教的学生都必须学会做人、学会做事、学会生活、学会学习。

一、教学生学会感恩

教学生学会感恩，感恩父母，感恩老师，感恩同学，感恩社会。一个人常怀感恩之心，便可积得好人缘，而好人缘就是人脉链形成的关键。有项调查说，一个人的成功百分之十二点多靠的是人的知识，剩下的百分之八十七点多则是靠人脉。比尔·盖茨的成功除了离不开他热衷于IT之外，更主要的是他母亲的相助。李嘉诚的成功也是由于他有着能够随意调动资金的人脉圈。所以，教学生学会感恩是必不可少的。

二、教学生要有上进心

有句话说：“一个人如果没有目标，那么任何风向都会是逆风。”是的，如果学生没有目标，没有斗志，没有积极向上的心，那么你再怎么叫他努力学习，跟他讲学习是如何如何重要都是没用的。就算学生会听你的，那也是两天捕鱼，三天晒网——没有恒心。因此，要想让教学有效率，必须让学生有上进心，激起学生的斗志。否则教师的说教、教师的传授知识便是

“对牛弹琴”。

三、教学生要有爱心

学生有爱心就会善待身边的朋友，这样才能和身边的人和谐相处。我记得这个学期刚开学，我们班就有个学生在全班同学面前大声地嘲笑一位同学弱智！当时我刚好走进教室，很不巧被我碰到这场面。看到嘲笑同学的那位学生还一脸得意的样子，完全不知道自己的行为是多么可恶，我的气就来了。但是考虑到犯错学生和那位被嘲笑的学生的自尊，我忍了下来，没有发火，先叫那位犯错的学生到办公室进行思想教育。这时我才开始意识到问题的严重。学生不仅没有同情心，没有爱心，更没有荣辱心。我便在班上上了一堂思想教育课。

我跟学生们讲，每个人都是值得被人尊重的，不管那个人是好是坏，也不管那个人有多聪明或有多愚蠢。我们要学会尊重他人，才能得到别人的尊重。“金无足赤，人无完人”，你若嘲笑别人的弱点，别人就可以嘲笑你的弱点。我就不信在你身上找不到缺点。倘若下次再看到有同学不尊重他人，我便让他站在讲台上尝试一下被全班同学一起找缺点并被嘲笑是什么样的滋味。每个人都会有这样那样的缺点，我们要做的不是去取笑被人，而是包容、体谅别人的短处，更何况别人存在的缺点并没妨碍到你。就算是妨碍到你了，你以宽容之心待人，更能显示出你的伟大之处，而不是通过贬低别人来提高自己。

从那以后，我班就再也没有出现过嘲笑某位同学的现象了。更让我欣慰的是，在评优的过程中，那位被嘲笑的学生得了全班最高票。这说明我班学生并没有因为这位同学智商存在问题而歧视他。我班这位曾被嘲笑是弱智的学生，他其实男女不分，白天黑夜不分，连最简单的中文“一”“二”都不认识，阿拉伯数字也完全不认识。更让我感动的是，我发现我班学生现在每天都教他认字，他们并不歧视有缺陷的同学，而是给予其帮助。都读到七年级了，这位学生才开始认字，我都替他感谢我班的孩子。如果他懂得，他一定会很庆幸他在读书的过程中遇到这样一班同学，这样充满爱心的同学。

四、教学生诚信做人

现在社会的人为了一己私利完全丧失了诚信这一做人的根本，很多商家为了营利完全不顾他人的健康，很多有问题的食品都打上了“安全食品”的标志。现在连生菜都能人造了，人类还有什么安全健康的食品可吃呢？想到这里，我就不禁感慨，中国人都怎么了？是真的聪明，还是愚蠢到自认为聪明而为了赚钱而去“谋害”他人！

所以我认为，教师一定要教学生诚信做人。我们学校每个月都有月考，我教育学生输什么都不能失掉自己的人格。考试是检验自己，会就是会了，不会就只能在平常的学习中努力，而不是为了给老师和家长一个分数，而做自欺欺人的事。

看完《第56号教室的奇迹》我感触很多，并不是只言片语就能道尽我的心声。以上是我的点滴心得。

深度整合文本，凸显文本特质

深圳市龙岗区布吉中学　唐子慧

一直以来，我对自己的课都感到困惑，总感觉没有形成体系，拿到一个文本，不太会进行分类，不太会解读、抓重点，没有方向。恰巧这时候，路老师给我们工作室的成员们购买了大量教学方面的书籍，让我们好好学习学习。我读了好几本王君老师教学方面的专著，主要有《听王君老师讲经典名篇》《王君青春语文》等，读完受益匪浅。

我们在进行阅读教学的时候，经常会难以抓住文本的重难点，不太重要的大篇幅讲，而重要的却又漏掉，这样导致教学效率低下，究其根本，是源于对文本特质没有准确分析。王君老师的创新点在于她对文本特质的研究，她在进行阅读教学时将文本分为六种，分别是主题型文本、语用型文本、写作型文本、诵读型文本、思辨型文本、拓展型文本。这样，教学目标明确，一课一得，既不会过多地咬文嚼字，重复性学习，又能够节约时间，学得踏实。

主题型文本是需要精讲精练的文本，课文富有很强的文学性和人文性，能引发学生思考并且有感染性。这些课文大多为经典课文，或流传了很多年的课文，主题需要教师带领学生去多重解读，发散学生的思维，如《老王》《背影》《孔乙己》《故乡》等。语用型文本是语言优美、容易模仿的文本，语言具有很强的文学性，教师可以多多带领学生进行语言训练，仿写续写，提高学生的语言运用能力，如《安塞腰鼓》《苏州园林》《从百草园到三味书屋》。写作型文本，一是中心思想很明确，学生能够很快通过文本领悟到中心思想的课文，有明显的中心句点题；二是文本中有初中生需要掌握的写作手法，如托物言志、象征、借物喻人等。教师需要将这些文本处理成写作的范例，教会学生运用其中的写作手法，如《一颗小桃树》《紫藤萝瀑布》《济南的冬天》等。诵读型文本是需要学生大声朗读、感受课文的感情的课文，这种课文语言读起来朗朗上口，感情充沛，通过朗读可以感受语言的魅力、作者的情感意图，例如《乡愁》《谈生命》《黄河颂》等。教师在指导朗读的时候，要充分发挥学生的能动性，让学生通过多种形式去感受语言魅力，避免千篇一律统一齐读。

王君老师的这种文本特质分类，给了我莫大的启发。我在准备公开课《从百草园到三味书屋》的时候，就把课文进行了分类研究。课文第二段对百草园的描绘是非常精彩的景物描写片段，语言简练有特点，是一段非常绝妙的语言运用片段，有很多可以模仿赏析的地方，而且也蕴含好几种写作方法，因此我把它归为语用型文本和写作型文本，设计了两个活动让学生进行语言训练。

活动一：多识草木鸟兽之名。

师：请同学们细读第二段，用“○”圈画出百草园中的景物，用横线画出它们的特点，并说说你的感受。

学生们画好后，我要求学生用这种方式来说：

走进百草园，你会发现，这是一个神奇的所在，在这里，

我们可以看到：

我们可以听到：

我们可以尝到：

我们可以摸到：

我们可以感受到：

学生们很快就回答出来了。

（投影展示）

我们可以看到：碧绿的菜畦、高大的皂荚树。

我们可以听到：鸣蝉长吟、油蛉低唱、蟋蟀弹琴。

我们可以尝到：紫红的桑葚、何首乌根、覆盆子。

我们可以摸到：光滑的石井栏。

我们可以感受到：百草园充满了乐趣，是鲁迅的乐园。

师：同学们说说，这里用了哪些写作手法？

生1：用了五觉写景法，视觉、听觉、味觉、触觉、感觉，有声有色

生2：用了情景交融的写法。

生3：层次井然，条理分明。

生4：抓住事物特点，生动传神。

活动二：运用草木鸟兽之名。（投影展示）

请根据第二段内容，用“童年是……”句式说一句话。

例如：童年是品尝紫红的桑葚，是聆听蟋蟀们在泥墙根一带弹琴。

我设计的意图是：学生虽然能够赏析语言的美，但还只是停留在认识的阶段，最根本还是要落实到实际运用上，学生只有真正学会在实际口语写作交际中进行语言的运用，才是真正达到了效果和目的。所以我让学生将这些动植物用一句话来总结，其实就是在巩固五觉写景法，也是在熟练这些草木鸟兽的名称，比起死记硬背既有趣又有效果。

除此之外，还是这篇《从百草园到三味书屋》，还可以把它归为诵读型文本，王君老师就给我们提供了很好的示范。在讲听长妈妈讲美女蛇故事的时候，王君老师意识到故事里其实隐藏着一个倾听者“我”，长妈妈是叙述者，但是文本里并没有“我”这个角色，仅仅靠长妈妈一个人讲，不能充分体现孩子们听到鬼故事时那种惊险和害怕，由此。王君老师巧妙地设计了一个对话环节，将故事改成了一个对话形式，把“我”的表现通过语言、肢体动作、心理活动、表情一起充分表达出来，让学生去理解“我”当时的心理状态。学生们通过这些表现形式，诵读课文片段，既训练了想象力和创造力，又体会到了作者孩童时的心理，可谓一举两得。我在我的公开课中也模仿王君老师，让学生补充课文情景里面的对话，学生们很兴奋，大胆地想象，将课堂氛围推向了高潮。

王君老师的文本特质开发研究，给广大一线教师提供了经典的教学范例，也为教学策略指引了方向，让大家有本可依、有章可循，同时，我们也在这每一种课型中找到了适合学生的教学内容。学习没有捷径，教书更是需要精益求精，无论是教师做人的人生智慧，还是教学教研的方法策略，王君老师都是我心目中的标杆，我会不断朝着语文教学专业化的道路迈进和前行。

真情比才情更重要

——读《听王君讲作文》有感

深圳市龙岗区贤义外国语学校　阳　苗

现在初中生写作，普遍存在假话、空话、套话、废话连篇的现象，包括平时语文基础比较好的学生，写作技巧掌握得很好，选材、构思、点题、立意，说起来一套套的，没有一点问题。但是，作为一名教师，每每看孩子们的作文，总感觉他们笔下还缺少点什么，那就是——真情。经常看到学生在作文中写道：看到地上妈妈的一根白头发，瞬间泪流满面，甚至号啕大哭。而这样的"造假式作文"比比皆是，从什么时候开始，学生不会写真人、真事、真感情了呢？

从教六年来，对于作文教学，在我的意念中，就是教技巧，教了学生马上可以用，还可以应对考试。看了王君老师作文课的一些案例，我才明白教"术"是在写作初期。写作要走得远，靠的是"道"。所以作为教师，主要就是唤醒和引导学生，一旦学生的灵魂觉悟，写作"天眼"打开，写作文真的不过是小儿科。回想一直困扰我的问题：为什么学生笔下会缺少真情实感？为什么每次写作能真正打动我的文章真的是凤毛麟角？原来，出现这种现象，跟教师平时的指导有很大关系。我们太过于强调"术"方面的知识，而忽略了写作的目标是"真情"。所以，年复一年，很多学生在作文中几乎不太会说真话了，更不用说真情的流露。

王君老师说过：引领你走进写作大门的，其实是生活本身。激发你继续写，停不下来地写的，还是生活本身。写作教学的路径可能有千条万条，但九九归一，如果没有对生活的深挚的爱和觉悟，一切便都是空谈。所以她的语文课，经常是开放的语文课，老师带着大家走出校园，走进生活，走进滚滚红尘去寻找生活中的美，让学生们从书斋少年变为小小公民，让他们对生活有新的体验，让他们在流动的社会生活图景中学习语文、学习作文，让他们在真实的体验中书写心灵，“象牙塔写作”因此变为“红尘写作”。班级的体力长征、脑力长征、公民长征、文化长征……老师以各种方式，从各个角度、各个层面丰富学生的课余生活，让学生真挚地认识生活、理解生活，感悟社会的世态人情。当学生的视角朝向滚滚红尘，他们笔下的作文，便拥有了厚度，拥有了真情，拥有了感人之处。

除了“班级长征”以外，为了开启和挖掘学生情感的渠道，激发学生写作的内驱力，王君老师还躬身示范，三年如一日，带领学生一起写班级日志、班级《史记》、创作评语，变学生独写为师生共写。动人心者，必先乎情，教师用真情写作，学生必然为真情所感。所以这些师生共同创作的作品，不设计、不包装、不追求文采，都来源于真实的心灵悸动，只求再现班级生活的本真状态。为了挖掘学生情感奔涌的生命河道，在王君老师作文课上，引用影视作品、视频、歌曲、故事、经典美文等，比比皆是，所以学生在这样的情境式教学中，可以尽情放松了写，不必非去歌颂谁、赞美谁，也不要想着面前站着一位评卷老师，只需写出真实的一切，便会足够感人。

这本书中令我印象最深刻的一个案例就是《在国旗下讲话更要讲人话》。作为一名教师，每周的周一我和学生一起参加升旗仪式，听了无数次的“国旗下讲话”，甚至我自己指导学生写演讲稿也动不动喜欢搬上所谓的“写作套路”“写作模板”，围绕一个主题，开始写作套路：主题是什么—为什么—怎么做。似乎按照这样的模板写作，才是一篇中规中矩的演讲稿。或许其他语文老师也跟我一样，所以国旗下讲话渐渐地变成只会讲大道理，只会罗列网上的一些材料，只会讲大话、空话、假话、套话。而王君老师告诉我们，演讲稿除了要具有演讲的基本要求外，更重要的是有“生命意识”，就是不管写什么、说什么，记住，生活永远是你的材料库，生命永远是你关注的内容也是你要表达的永恒主题，在国旗下讲话，不要讲空话，更要讲人话。所有的文章，思想大于形式，情感高于内容。我们要回归生活，回归真性情。演讲稿也好，作文也罢，不是由华丽辞藻堆砌而成的，更不是无病呻吟的矫揉造作，亦不是空洞宽泛的长篇大论。它是我们记录点滴生活的一个载体，是我们传递情感领悟的一个工具，是我们思考探索生命的一种体现。回想自己这一年教初三的经历，为了中考的功利性，我曾多次让学生积累所谓的作文模板、万能开头、万能结尾。现在想想，不管这模板多么优美，多么可能在试卷评改中骗得老师的眼球，获得一个高分数，殊不知，为了迎合这个高分数而断送了孩子们写作的“真诚力”。如果允许学生继续写这样的“造假式作文”，他们的才气和灵气很快就会被耗尽。

这本书中还有一篇案例也让我受益匪浅——《挖掘情感奔涌的生命河道》。人困初三，不管是学生还是老师，都被这应试教育的逼仄空间压得喘不过气来。当王君老师看到学生的一篇日志——《黑夜给了我黑色的眼圈》，日志里面抒发了对初三的抱怨、痛苦而又无奈时，王君老师也挥笔写下了自己的感受，便由此展开了两节连堂的作文课，没有任何写作要求，也没有任何技巧的灌输，老师只为学生准备了充分的第一手资料（学生的文章、自己的文章、网络上关于初三的留言、小说《准高三时代》片段、小说《高三重点班来了个漂亮女生》），整节课学生只需要用心灵去听和感受，听听同学、老师、网友、小作家们对“黑眼圈”的感悟和看法。在第二节课中，学生把自己的感慨写出来，相互交流。整堂课让学生心灵恣意地宣泄，老师只需聆听学生各种观点的交锋和碰撞，最后让学生们写一篇完整的对于“黑眼圈”看法的文字。这就是真实的写作，不为作业而写作，不为考试而写作，而是为安抚我们自己的心灵而写作，真情比才情更重要。通过这堂课，我看到了王老师在为青春的情感之河尽情宣泄挖掘河道，让学生在写作中能够得到宣泄，最后王老师把她的理解化作甜蜜的抚慰和阳刚的鼓励，理解他们的困惑，并有责任努力地把他们引领出困惑和软弱，让他们明白：初三、高三是生命能够承受之重，让学生在写作中尽情宣泄的同时，更在写作中学会成长。回想自己这一年的初三经历，我也遇到过学生的疲惫、抱怨，但是当学生把积压在心里想要倾吐的内容说出来时，作为老师的我们往往以不理解为由，而把他们情感的河道给堵死了。为何不像王老师那样，为孩子们挖掘情感奔涌的生命河道，给孩子们一次心灵宣泄的机会？

写作教学，正如王君老师所说：写作不过是真实地、充分地、独特地表达自我的一种方式，当我们心底的真情就要喷薄而出，当我们具有了横看成岭侧成峰的意识，当我们的文字个性化了的时候，我们笔下的作文就一定会打动人心。所以，真正的写作教学，不过是带着学生慢慢地走进生活，慢慢地长大，慢慢地感受生活的艰辛和美好，慢慢地爱上“活着”，爱上文字。所以，作为一名语文教师，我们要带着学生们一起行走在真实的大地上，做真人、写真事、表达真情！

本色语文与共生教学

——读黄厚江《你也可以这样教写作》有感

深圳市龙岗区布吉中学　钟小玲

新课改实施后，基础知识、阅读和作文的三分天下，给学生带来了机遇，也给教师带来了挑战。作为路桂荣老师工作室一位新加入的成员，我在这一年里从事初三语文教学工作并担任班主任工作。繁重的教学任务，中考的压力，平时忙得不可开交，在繁忙中不紊乱，让自己的教学游刃有余，是我要努力的目标。

作文占据了深圳中考的半壁江山（深圳中考语文总分100分，作文正文内容40分，书写分3分，合计43分），而我班上学生的学情就是基础知识较扎实，阅读能力尚不错，作文得分不是很高。基于这样的学情，我利用节假日休息时间精心阅读了很多作文教学方面的书籍，如王君老师的《听王君讲作文》、荣维东老师的《交际语境写作》和黄厚江老师的《你也可以这样教写作》。通过这些著作特别是黄厚江老师的共生写作教学基本课型及典型案例，我进一步了解了黄厚江老师的从教经历、教学主张、学术品格以及教育理念。同时，在阅读这些书籍后，我也认识到自己之前写作教学的一些问题，如在教学设计方面还很欠缺，专业性不够，教学安排欠妥，每次作文课后修改提升不够，学生的写作能力训练不到位……黄厚江老师的典型课例和共生写作的经验，犹如一盏明灯为我指引了方向。

我第一次听“共生”一词，源于二十多年前的师范校生物老师讲解生物学概念。这次细读了黄老师的《你也可以这样教写作》，才知道原来黄老师追求的真语文，就是从本色语文到共生教学。此书包含了绪论——共生教学的基本认识和操作要领，十二章——共生写作课型之师生共生、生生共生、他者共生、自我共生、材料共生、思想共生、立意共生、结构共生、知识与能力共生、过程与方法共生、生活与写作共生、读写共生，附录一“本色语文的核心主张”和附录二“作文教学的基本定位和基本策略”三部分。

一、今生痴爱在语文，最爱是课堂

2012年10月，中国教育学会中学语文教学专业委员会主办的黄厚江“本色语文”教学研讨会在苏州举行。黄老师一人上四节展示课，做两个专题讲座。一天半的时间，场场爆满，可谓盛况空前，史无前例。是什么使黄老师和他的语文课堂教学有如此魅力呢？读了他的《从教卅年抒怀》一诗，我深深地感悟到他对语文三十年如一日的痴爱。黄老师在和青年教师谈专业成长时总是恳切地说：“教师的成长从课堂开始”“教师靠课堂立身”“教师的职业幸福主要来自课堂”。黄老师的阅读教学、写作教学、文言文教学、现代文教学，都能拿出经典的课堂。读到这里，我对黄老师这种爱钻研的精神佩服得五体投地。再想想自己的教学，才十余载，就丧失了教学热情甚至产生了职业倦怠，能够拿得出台面的课堂寥寥无几。我想自己应该要痛改前非了。

二、教师要带着作文的种子进课堂

第斯多惠曾说：“教学艺术的本质不在于传授，而在于激励、唤醒、鼓舞。”黄厚江老师带着火种来到课堂，他点燃了学生的写作欲望和激情，让零星的火苗碰触、交融，最后汇成壮丽的火海，如他的典型课例《一万人眼中的一万种风》《我因应试狂》《用“感激”唤醒“感动”》等。特别是《用“感激”唤醒“感动”》课例，黄老师以自己本人的经历、体验为原生点，把自己奉献出去，让自己成为学生写作的“模特”，极大地激发了学生的写作兴趣，做到了师生共生、生生共生、师生互动和言语表达的自我实现。反观自己的作文教学课堂，我是否做到了师生互动？是否激发了学生的写作热情？是否让学生的思维在课堂上进行了碰撞？我更多的是发布指令，让学生按指令写作，师生互动性不够，学生为了完成任务而写作，这种课堂是我一人“雄霸天下”，教学效果不尽如人意。

三、用语文的方法教语文，注重学生的写作体验和写作积累

黄老师的课例《一则材料的多种使用》《树叶里有多少秘密》《写出人物的特点》《描写的奥秘》《自我提升和再度写作》等，都体现出黄老师是一个真正的语文老师，他是在用语文的方法教语文，特别是作文教学。他提倡作文教学应该让学生感受写作的过程，体悟写作的规律，形成直接的写作经验，丰富写作积累。当读到《一则材料的多种使用》《自我提升和再度写作》诗，我也震撼了。其实，我自己也有教过学生“一材多用”，但是自己的教学方法更多的是教会学生如何用一则材料应对不同作文题目进行套作，功利性比较强。关于《自我提升和再度写作》，这个点自己做得比较好，我之前教学生写作也是让学生每次写了作文之后再修改，反复几次，改到满意为止。一篇好作文不是写出来的，而是经过反复锤炼、精打细磨出来的。曹雪芹“增删五次，批阅十载”才写成了《红楼梦》，名家尚且如此，更何况我们的学生呢！《树叶里有多少秘密》《写出人物的特点》《描写的奥秘》注重生活和写作共生、知识与能力共生、过程和方法共生。通过这几个典型课例，我顿悟在今后的作文教学中，要引导学生善于发现和抓住生活中的作文事件，积累生活中的作文素材，要优化自己的教学行为和教学机制，努力作用于学生的写作过程，对学生的作文进行现场的选点提升。

写作教学是一条漫长的旅程。“路漫漫其修远兮，吾将上下而求索。”我希望通过名师的引领和自己的不断学习，突破自己在作文教学方面的瓶颈，提升自己的教学水平，遇见更美好的自己！

读王君老师的《听王君老师讲语文教师的成长》感悟

深圳市龙岗区布吉中学　李淑丽

阅读了王君老师的《听王君老师讲语文教师的成长》，收获很多，了解到文本解读是语文教师成长的第一要务。忆自己，上课总有一种依赖症，看教参，理思路，殊不知课堂成了别人思想的跑马场。本书里，王君老师告诉我们，作为语文教师，一定对文本进行充分的解读，因为经典文本具有无限的生命力，它们的存在是一种永恒的召唤。阅历的深度决定解读的深度，思考的角度改变解读的角度。多轮解读和多向解读对教师的专业成长很有必要，并且是非常好的自我突破路径。王君老师对文本的解读既有深度，又有新意，难能可贵的是她会对同一文本进行多次解读和多角度解读。同时，她告诉我们，作为语文教师，一定要有一种语文教学的系统思维，要有整体意识，那就需要对文本进行整合。教材进行整合之后，教师会获得更为巧妙的教学切入点，学生会学得更主动、生动，可以促进学习内容更优化。在书里，她介绍了三种整合的方法，一是单元之间进行整合，即审视同一单元的所有课文，分析它们的相同点与不同点，从而形成自己对教材的个性化分析从而进行深入的教学。二是在单元与单元之间进行整合，使散乱的单元进行有价值的分类之后呈现出一种新的格局，从而呈现新的气象。三是整册教材之间实现整合。王君老师用非常丰富的事例和全新的归类引导学生重新认识教材，使学生在整个中学学习的平台上获得对某方面能力的整体认识。通过这些整合，教材就立体了起来，语文教学就灵动了起来，学生学习的主动性就会强起来。

王君老师的这本《听王君老师讲语文教师的成长》真的恰如一把钥匙，一下子把语文教师的心结解开了。四十个问题，四十个答案，从文本解读到课堂设计，从作业布置到教学风格，从自身成长到思想困惑，如同朋友谈心般，坐在对面，娓娓而谈，披肝沥胆，推心置腹，既有理论的科学性，也有自己亲身实践和切身体会的真实性，更有朋友般的真诚。

除了阅读书目，通过网上培训，我也收获了许多。

2020年是特殊的一年，学校教学也受到了一定的影响，由课堂教学转为网络授课，这就意味着教师要学习很多技能。这时龙岗区进修学校组织了网络授课的基本操作方法培训，这使我对网课教学有了深层次的了解。

持续上了两个多月的网课，接下来又面临复课，习惯了网课教学的老师，习惯了网络学习的学生，又面临着转变。4月28日，龙岗区进修学校又针对复课后如何教学开展了一些公开课程，如张欣荣老师的《复课后语文怎么教》，我深受触动，也有了自己的想法。开学前两周让学生慢慢回到语文课堂中来，以提高课堂参与度为主，多读、多背、多交流，可以针对讲过的课文进行归纳总结，带领学生过一遍讲过的内容，一方面可以让好学生再次复习，使知识点能够得到巩固，另一方面是考虑到了自觉能力较差的学生，他们在家上课都是走个流程，所以让这些学生也学到些知识十分必要。此外古诗文的背默是要强抓的，网课见不到学生人，背诵的效果不好，所以开学了一定要强抓古诗文背默等等一系列的教学方法让我茅塞顿开，受益匪浅。

还有路老师的《好故事成就好作文》。那一堂我深有感触，就如何备素材这个话题我学到了很多。首先是要求学生们能内视自我，讲好个人故事；其次是立足教材，讲好历史故事；最后是关注时事，讲好时代故事。让学生做一个有故事的人，有故事才能讲好故事，能讲好故事，才能写出好故事。

总之，每次学习都有所得，我也很喜欢这种不断学习的感觉。

5月15日宋晓朋的课程也让我明白了很多。给我启发最大的是龙岗实验学校邱杰老师的考场快速作文指导《文思泉涌　下笔如神》，在这堂课中，我不仅学到了在考场上如何快速写作文，还展示了邱老师平时要求学生写作文的步骤。这让我知道了，所有的能力都是日积月累的，训练就得从平时做起。这堂课展示的不仅仅是教学内容的实用性，还有邱老师的气场，一名资质很深的老师所拥有的气场，她能把握好整个课堂，把控好整节课时间。继续加强学习，提高自己的素养；加强阅读，读名师的作品，如王君、余映潮、黄厚江。不断学习是提高自身专业知识的需要，也是自我进修的有效途径。要想提高自身的理论功底、更新教学观念、更新知识，唯有不断学习。

03 第三篇

做出来

——实践与反思

《巧用诗词添文采》教学实录

深圳市龙岗区布吉中学　路桂荣

一、设计理念

引导学生借助诗词表达自己的情意，优化作文语言，提升作文的文化品位。

二、学习目标

（1）掌握诗词入文的基本方法。

（2）进行诗词入文的基本训练。

（3）养成诗词入文的基本意识。

三、课堂类型

课堂类型：技法训练课。

时间：2010年5月14日。

地点：濮阳市第四中学。

四、课堂流程

（配乐古筝曲《平湖秋月》，多媒体随导入语依次出现李白、杜甫、苏东坡、辛弃疾、大江东去、李清照的图片）

师：诗词是中华文化的象征之一，从《诗经》《楚辞》到唐诗宋词，其中许多优美的诗句不知哺育了多少炎黄子孙。在这里，我们与中国文学史上的许多名流巨匠擦肩而过，迎面走来的是“明朝散发弄扁舟”笑傲红尘的李白，眼望“国破山河在”老泪纵横的杜甫。苏东坡月下把酒，声声向苍天发问；辛弃疾挑灯看剑，夜夜梦里沙场秋点兵。这里有怒发冲冠的报国志，也有窗前明月的故乡情，你能找到“大江东去”的豪放，也能找到“人比黄花瘦”的婉约。子曰：“不学诗，无以言。”如果我们写作时能巧妙地引用、化用古诗词，将会使文章锦上添花。今天我们的学习内容是：巧用诗词添文采。

师：首先我们看一下本节课的学习目标。

师：课前我让你们把学过的诗词，按照这些话题进行分类整理。现在请大家汇报学习成果，每个类别说三到五句即可。

生1：爱国的诗句有——

夜阑卧听风吹雨，铁马冰河入梦来。

人生自古谁无死，留取丹心照汗青。

僵卧孤村不自哀，尚思为国戍轮台。

师：非常好，继续。

生2：表达孤独的——

天阶夜色凉如水，卧看牵牛织女星。

剪不断，理还乱，是离愁。

今朝有酒今朝醉，明日愁来明日愁。

师：不仅有课内的，还有课外的。

生3：表达壮志的——

会当凌绝顶，一览众山小

不畏浮云遮望眼，自缘身在最高层。

长风破浪会有时，直挂云帆济沧海

岂不罹凝寒，松柏有本性。

师：拿来你的本，你刚才汇报的什么类别？大家看看有哪些不合适呢？

生3：岂不罹凝寒，松柏有本性。

师：是松柏（bǎi）有本性。是赞美品格的。我们的诗句归类一定要契合主题。好，继续。

师：非常好，时间关系，我们就汇报到这里。大家准备得很充分，一会儿这些分类的诗句就会派上用场，现在请大家欣赏两个引用古诗词的精彩片段。男同学大声把这段话读出来：

选择的真谛是李白“人生在世不称意，明朝散发弄扁舟”的放浪不羁；选择的真谛是杜甫“安得广厦千万间，大庇天下寒士俱欢颜”的伤时忧民；选择的真谛是辛弃疾“了却君王天下事，赢得生前身后名”的精忠报国。

师：在这段话中作者用“选择的真谛”这样一个话题，将相关的诗句巧妙地连缀成文，并且用这些词——“放浪不羁、伤时忧民、精忠报国”归纳了诗句的主旨。好，我们再看一段。请女同学大声朗读：

书是我的精神支柱，它重塑了我的灵魂。当孔子说“三人行，必有我师焉”，我懂得了谦虚的必要；当王勃说“海内存知己，天涯若比邻”，我懂得了友情的可贵；当范仲淹说“先天下之忧而忧，后天下之乐而乐”，我懂得了做人的责任。

师：这段话围绕“书是我的精神支柱，它重塑了我的灵魂”选取诗句，把书对我的影响细化为“懂得了谦虚的必要、友情的可贵、做人的责任”。可见巧妙地引用诗文，能够增加文章的底蕴。那么如何引用诗文呢？路老师今天教大家几招。我们来看：直接引用诗词。

（生齐读。）

生命就是龚自珍“落红不是无情物，化作春泥更护花”的献身精神；生命就是文天祥“人生自古谁无死，留取丹心照汗青”的浩然正气；生命就是苏东坡“此事古难全”的超脱与豁达；生命就是杜甫“感时花溅泪，恨别鸟惊心”的无奈与感伤。

师：作者引用了四位诗人的诗句对“生命”从不同角度进行了诠释——生命是献身精神，生命是浩然正气，生命是超脱与豁达，生命是无奈与感伤，下面我们来做一个练习。

师：下列诗句表达了爱国的主题，请你模仿刚才读的那个段连缀成文。

欲为圣明除弊事，肯将衰朽惜残年！

会挽雕弓如满月，西北望，射天狼。

人生自古谁无死，留取丹心照汗青

了却君王天下事，赢得生前身后名，可怜白发生。

（学生写作。）

师：有写好的吗？

生1：爱国是文天祥“人生自古谁无死，留取丹心照汗青”的为国捐躯；爱国是辛弃疾“了却君王天下事，赢得生前身后名”的雄心壮志；爱国是苏轼“会挽雕弓如满月，西北望，射天狼”的一腔豪情。

师：你学得非常快，写得也非常好。

生2：爱国是苏轼“会挽雕弓如满月，西北望，射天狼”的豪情万丈；爱国是文天祥“人生自古谁无死，留取丹心照汗青”的视死如归；爱国是辛弃疾“了却君王天下事，赢得生前身后名，可怜白发生”的壮志难酬。

师：非常好，通过刚才的练习，我发现四中的学生就是有才气，为了再次考验大家，我增加难度。第二个练习：围绕“思念”“友谊”“乐观”等主题，搜寻相关的诗词，排比成文。好，现在开始，时间5分钟。

师：写好的先交流，没有写好的抓紧完成。

生1：友情是王维“劝君更尽一杯酒，西出阳关无故人”的依依惜别；友情是李白“我寄愁心与明月，随君直到夜郎西”的深切关怀；友情是王勃“海内存知己，天涯若比邻的”的真情慰勉。

生2：孤独是“有约不来过夜半，闲敲棋子落灯花”的独自等待；孤独是“春潮带雨晚来急，野渡无人舟自横”的寂寥空旷；孤独是“孤舟蓑笠翁，独钓寒江雪”的自我排遣。

师：孤独是“春潮带雨晚来急，野渡无人舟自横”的寂寥空旷，“寂寥空旷”不太准确，不如换成“忧伤无奈”。

师：这一轮的展示也很精彩。下面我们讲第二个技法——化用诗词。所谓化用诗词，就是截取诗词的某一部分直接变成作文语言或者是用自己的语言去演绎诗词的意境。我们来看例子——

师：“乐观就是那直上青天里的一行白鹭”你想到了哪句诗？

生：一行白鹭上青天。

师：“乐观就是那沉舟侧畔的万点白帆”。

生：沉舟侧畔千帆过。

师："乐观就是那鹦鹉洲头随风拂动的萋萋芳草"。

生：芳草萋萋鹦鹉洲。

师："乐观就是那化作春泥更护花的点点落红"。

生：落红不是无情物，化作春泥更护花。

师：我们接着看"李白的云帆点缀了沧浪之水，辛弃疾的醉眼迷离了刀光剑影，范仲淹的泪光朦胧了苍颜白发，苏轼的华发张扬了少年意气"。以上文字没有直接引用诗句，而是将诗句中的意象搬过来变成自己的作文语言，就把我们带入似曾相识的诗歌意境，这就是化用。

师：第三个技法是仿用诗词。

这种方法就是根据诗词的形式，作者用自己的语言再写一句（首）形式一样的诗词，以达到表达自己情意的目的。比如一篇以"家"为话题的作文中有这样一段：

夜来幽梦忽还乡，水汪汪，捕鱼忙。四寂无声，唯有馨风凉。料得年年思家时，明月夜，芦苇荡。

我们看出它仿用了苏轼《江城子》的下阕：夜来幽梦忽还乡，小轩窗，正梳妆。相顾无言，惟有泪千行。料得年年肠断处，明月夜，短松冈。

师：下面我们巩固训练，先让大家看一篇文章——《语文诗话》（多媒体滚动展示）。

师：这篇文章是河南中考卷上的阅读材料，我今天把它拿来作为作文训练的素材，这是一篇议论文，大量诗词的引用不仅使本文论证充分，而且文采斐然。好，我们来看第二段，它是以"我想，语文应该是热爱"这样一个总起句开头的，那么整个这一段诗词的引用都是围绕这一个话题来展开的，下面我们的练习就是以"我想，语文应该是热爱"开头，引用其他古诗词续写一个排比段。

生1：我想，语文应该是热爱。不然哪有"山重水复疑无路，柳暗花明又一村"的乐观积极；不然哪有"忽如一夜春风来，千树万树梨花开"的丰富想象；不然哪有"会当凌绝顶，一览众山小"的豪情壮志。

师：才思敏捷。

生2：我想，语文应该是热爱。没有对祖国山水的热爱，怎会有“春潮带雨晚来急，野渡无人舟自横”的风光无限；没有对生活的信心，怎会有“沉舟侧畔千帆过，病树前头万木春”的自我勉励；没有对未来前途的向往，怎会有“长风破浪会有时，直挂云帆济沧海”的慷慨壮志。

师：我认为第一句里的诗句最好换一换，因为“春潮带雨晚来急，野渡无人舟自横”表达的是失意。

生3：我想，语文应该是热爱。没有对自然的陶醉，怎会有“今夜偏知春气暖，虫声新透绿窗纱”的灵气；没有对亲人的时刻关爱，怎会有“烽火连三月，家书抵万金”的思念；没有对朋友的真挚友情，怎会有“但愿人长久，千里共婵娟”的祝愿。

师：刚才的交流展示了大家的丰富积累和才思敏捷。我们再做一个练习。以“走进语文，就走进了一个美丽的世界”开头，引用或化用古诗词写一个排比段。美丽可以分解为景色美、人情美、人格美等。可以写一个方面，也可以写几个方面。现在开始写。

（学生写作。）

生1：走进语文，就走进了一个美丽的世界。不然怎会有“大漠孤烟直，长河落日圆”的景色美；不然怎会有“劝君更尽一杯酒，西出阳关无故人”的人情美；不然怎会有“长风破浪会有时，直挂云帆济沧海”的人格美。

师：诗句引用的可以，但是在表达上略显稚嫩，有没有在语言描述上更有技巧的？

生2：走进语文，就走进了一个美丽的世界。美丽是“会当凌绝顶，一览众山小”的豪情壮志；美丽是“但愿人长久，千里共婵娟”的深切祝愿；美丽是“落红不是无情物，化作春泥更护花”的无私奉献。

师：这样表达就非常有技巧。谁还有？

生2：正因为有豪放坦荡的人格，才有了“大漠孤烟直，长河落日圆”的塞外雄浑；正因为有内心细腻的体验，才有了“只恐双溪舴艋舟，载不动许多愁”的内心忧伤；正因为有杀敌报国的情怀，才有了“了却君王天下事，赢得生前身后名”的铮铮誓言。

师：真是一个赛一个。时间关系就交流到这里。今天大家表现非常好，奖励大家写一个作业。以“诗人啊，我敬仰你”为题写一篇作文。不少于600字。

要求：

（1）必须引用或化用古诗词。

（2）既可以写一个诗人的不同方面，还可以选取三个诗人，每个诗人自成一段，也可以按照不同的主题，引用不同诗人的诗句。

师：同学们，有诗歌的地方就有美，希望这节课的学习有助于丰富大家的作文语言。

审辩式思维之读写结合教学设计

——以巴金的《家》为例

深圳市龙岗区布吉中学　梁建清

一、前言

在学界有个新术语、新概念，那就是“核心素养”。语文课标专家将“语文核心素养”概括为语言建构与运用、思维发展与提升、审美鉴赏与创造、文化传承与理解四大核心素养。那在教学中，我们如何培养学生的语文核心素养呢？接下来我以巴金的《家》为例，以审辩式思维之读写结合为切入点，来谈谈我是如何培养学生的语文核心素养的。

二、教材分析

《家》，中国作家巴金的长篇小说，《激流三部曲》中的第一部，其他两部为《春》《秋》。作品以“五四”的浪潮波及了闭塞的内地——四川成都为背景，真实地写出了高家这个很有代表性的封建大家庭的腐朽，控诉了封建制度对生命的摧残，歌颂了青年一代反封建斗争以及民主主义的觉醒。《家》中讲述家族故事的模式在启蒙主义话语中非常典型，它对后来的家族小说创作起了极强的示范作用。对传统家族制度和封建礼教的批判和彻底否定也成为这类小说一个持久而强大的主题，在现代文学史上具有很重要的地位。

三、设计分析

《义务教育语文课程标准（2011年版）》对中学阅读教学提出了明确的目

标：“培养学生广泛的阅读兴趣，扩大阅读面，增加阅读量，提倡少做题、多读书、好读书、读好书、读整本的书。鼓励学生自主选择阅读材料。”为达到这一目标，结合部编版教材名著导读学到的方法，把学到的阅读方法运用到课外名著阅读当中，既可以帮助学生较熟练地运用略读和浏览的方法，又可以帮助学生扩大阅读范围，拓宽自己的视野。而巴金的《家》里面的人物性格与作品表现的主题都很鲜明，适合引导学生进行审辩式阅读，从而引导学生在读中写，再以写带读。

四、学情分析

巴金是中国伟大的作家，学生在小学学过他的课文《海上日出》和《鸟的天堂》两篇，初中有《日》和《月》短文两篇，对巴金的写作背景和语言风格有初步认识，教学时结合学生已掌握的以上作品的相关资料，引导学生自学，促进学生讨论，最后由学生总结自己的感受与心得，积累阅读方法，丰富自身情感，并进行较为深层次的思考，进而培养写作能力。

五、教学目标

（1）掌握通过人物描写及矛盾冲突塑造人物形象的手法，把握《家》中的人物及情节。

（2）通过审辩式思维让学生掌握鉴赏小说的方法，进而更深刻地了解作品的主题。

（3）通过小组讨论并赏析作品片段，学习表现人物的手法，进而学习写作。

六、课前准备

1. 教师准备

（1）多媒体。

（2）短视频：电视剧《家》大结局——弟弟在哥哥的支持下奔向了向往的自由片段。

（3）收集一些关于巴金的资料。

2. 学生准备

（1）画《家》的人物关系图。

（2）学生利用课余时间阅读《家》原著，查找资料并做读书笔记。

（3）给主要人物设置主页。

七、教学流程与设计意图

1. 课前导入、创设情境

播放2003年感动中国人物巴金颁奖词：穿越一个世纪，见证沧桑百年，刻画历史巨变，一个生命竟如此厚重。他在字里行间燃烧的激情，点亮多少人灵魂的灯塔；他在人生中真诚地行走，叩响多少人心灵的大门。他贯穿于文字和生命中的热情、忧患、良知，将在文学史册中永远闪耀着璀璨的光辉。

这是2003年感动中国人物巴金的颁奖词。今天就让我们穿越时空的经典，走进世纪老人巴金，感受他的名著《家》的无穷魅力。

设计意图：通过观看感动中国人物的视频，激趣导入，吸引学生的注意力，更好地进入今天的学习主题。

2. 走近作者及作品

巴金原名李尧棠，字芾甘。四川省成都市人，1904年11月25日生于成都一个旧式的大家庭中。现、当代文学家，出版家，翻译家。同时也被誉为“五四”新文化运动以来较有影响的作家之一，是20世纪中国杰出的文学大师、中国当代文坛的巨匠。

主要作品有《死去的太阳》《新生》《砂丁》《萌芽》和著名的《激流三部曲》，1931年在《时报》上连载著名的长篇小说《爱情三部曲》。1982年获“国际但丁文学奖”。

其中《家》是作者的代表作，也是我国现代文学史上卓越的作品之一。

《激流三部曲》是巴金呼吁自由、民主、尊重人格、人性解放的最鲜明的一面旗帜，在中国现代文学史上占据着重要的地位和起着巨大的作用。

设计意图：让学生初步了解作者与作品，为接下来的学习起到铺垫的作用，从而更好地理解作品的主题。

3. 梳理人物关系

（1）师生共同梳理作品中的人物关系（图3–1）。

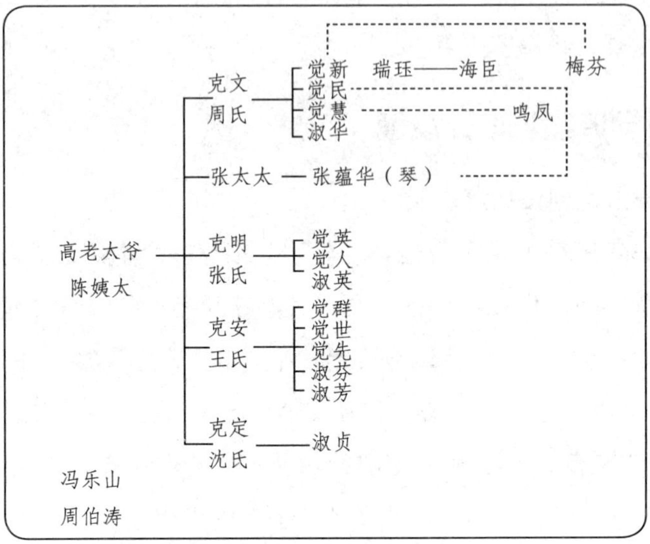

图3–1

（2）梳理完人物关系图，让学生谈谈通过人物关系图，有没有新的发现。

点拨：字辈关系。不同辈分，字辈不一样。同一辈分，男女的字辈也不一样。（通过思考总结，使学生更系统地掌握作品中的人物关系。）

设计意图：学生读完作品后就让学生画作品中的人物关系图。课上通过师生一起梳理作品中的关系图，由点到面，能帮助学生更系统地掌握作品内容。“事不离人”，然后过渡到下一个整理故事情节的环节。

4. 整理故事情节

（1）围绕这些人物展开的故事情节中，最让你印象深刻的是哪个情节？学生谈印象深刻的情节，其他同学补充，教师相机引导。

设计意图：小说三要素“人物、情节、环境”。一部小说，除了鲜活的人物形象外，其故事情节也是相当吸引人的。通过让学生谈让自己印象深刻的故事情节，启发学生的思考，同时也能锻炼学生的语言组织能力及口头表达能力。

（2）如果你是作者，你会对这本书的某个情节或者人物做改动吗？为什么？

设计意图：一千个读者有一千个哈姆雷特。读完一本书，总有让人惊叹不已的情节，也总有让人或爱或恨的人物，也许还有些小小的遗憾，特别是揭露社会现实的作品。通过让学生思考如果是作者，是否会对这本书的某个情节或者人物做改动来启发学生的思考，达到思辨的目的。

5. 品析人物形象

小组讨论，师相机引导：如果觉新、觉民、觉慧三兄弟穿越到现在的社会中，你觉得他们当中哪一个会发展得更好，为什么？（教师鼓励学生畅所欲言，结合作品中的人物形象，具体问题具体分析。）

设计意图：“文似看山不喜平”，课堂亦是如此。打破传统分析人物形象的方法，激发课堂活力，让学生畅所欲言，各抒己见，给课堂注入思辨因子。学生在把握作品中人物的性格特点之后再进一步思考，如果到当今社会，他们谁会发展得更好，让学生透过现象看本质，思考更深层次的东西，如情商、挫商等。

6. 把握作品主题

（1）利用说文解字方法，理解“家”的含义（图3–2）。

图3–2

（豕，猪），像屋里养着一头大腹便便的猪。猪是温顺、繁殖力旺盛的动物，对古人来说圈养的生猪能提供食物安全感，因此蓄养生猪便成了定居生活的标志，直到现在还有少数保留古风的客家人在居所内圈养猪只。造字本义：蓄养生猪的稳定居所。

思考：巴金这样伟大的作家，为什么仅以“家”一字作为作品名？“家”究竟有着怎样的深刻内涵？

设计意图：通过说文解字的造字法，让学生了解“家”的本义，进而了解“家”的深层含义，为下一步了解作品主题打下基础。

（2）揭示主题。

学生分小组讨论，教师引导，明确主题。

作品通过以觉慧为代表的青年一代与以高老太爷为代表的封建腐朽势力

的激烈斗争，反映了当时的社会面貌，深刻地揭露了封建社会和家族制度的腐败与黑暗，控诉和揭示了大家族和旧礼教、旧道德的罪恶以及吃人本质，并且揭示了其必然灭亡的历史命运。同时，作品还以极大的激情歌颂了青年知识分子的觉醒、抗争以及他们与罪恶的封建家庭的决裂。

设计意图：开放课堂，让学生在自主探究、合作交流中学习。

7. 课堂小练笔

（1）观看视频：电视剧《家》大结局——弟弟在哥哥的支持下奔向了向往的自由片段。提示：观看视频的过程中留意视频中人物的语言、动作、神态等，并说说视频中哪个点最打动自己，并说明理由。

设计意图：电视剧《家》大结局——弟弟觉慧在哥哥觉新的支持下奔向了向往的自由片段很感人。启发学生思考，为什么这个片段能打动你？学生谈看法之后再引导学生注意视频中人物的语言、动作、神态等。点拨学生，人物表现力的一个重要因素就是人物细节的刻画。学生在教师的引导下谈感想，为接下来的写打下基础。

（2）结合作品中的人物性格的特点，请自定一个故事场景，设计一个5分钟左右的剧本。

故事场景可以是当时的旧社会，也可以是现在的新时代。发生的故事中的人物可以都是这部作品中的人物，也可以是其他相似或相反主题的作品中的人物，发挥想象，设定场景，再设置故事情节。注意人物的语言、动作、神态、心理、外貌等描写，同时也要注意环境描写。通过环境描写来烘托人物内心，也可以通过环境描写来推动故事情节的发展。

设计意图：在了解人物性格特点、作品情节及作品主题后，引导学生写，读写结合，通过这样的方式，让学生消除对写作的恐惧。学生写完后，在班上交流展示，这样既能让学生相互学习，同时也能激发学生的写作热情。

8. 拓展延伸

结合作品中的人物性格的特点，请选一个人，给其设置一张微信、QQ、微博等个人主页的名片。要求有昵称、个性签名、最新的一条动态。

展示部分学生的作品，看看设置的昵称、个性签名和发表的动态是否符合人物的性格特点。

设计意图：这是课堂气氛最活跃的一个环节。环节设置新颖，学生很感兴趣。在通信发达的今天，学生都有接触到微信、QQ、微博等，让学生给作品中的主人公设置微信、QQ、微博等个人主页，主页中要有昵称、个性签名、最新的一条动态等。这样的设置，既能激发学生的兴趣，同时也能引发学生对作品中的人物关系进行更深入的思考。这也是思辨及写的一个重要过程。

9. 布置作业

请给《家》中的一个人物写一封信。

写信的内容可以是你欣赏的人物，也可以是你觉得可怜或惋惜的人物等。把你最想说的话，通过写信的方式，穿越时空的限制，与作品中的人物交流。

设计意图：信我们都写过，但从未尝试过写给名著中的主要人物。读完巴金的《家》，有些学生为作品的结局感到惋惜，对作品中的悲剧人物感到深切同情，也有对作品中的新兴人物的勇气感到钦佩的……但都只限于自己与自己的交流。这一环节的设置打通了现实与虚构之间的隔阂，穿越时空，真情交流，达到读写结合的目的。

学生写完后，相互交流传阅，互相修改，互相进行再创作。

“一棵开花的树——让思维翱翔”教学设计

深圳市龙岗区保安学校　王美美

一、学情分析

提起写作文，班级学生整体的心态是抗拒和不情愿。经过调查分析，学生们的问题依旧是作文教学面临的两大困境“写什么”和“怎么写”。不知道写什么，不知道怎么写自然也就不愿意写。“写什么”涉及写作素材的积累，学生们记住了老师从小的教导，素材来源于生活，但却不知究竟如何从生活中积累素材，如何观察生活。作为升入初中的第一堂语文课，首要任务便是激发学生对生活、对写作的热情。

二、教学目标

（1）通过一棵树的思考，激发学生对生活、对写作的热情，明了写作与生活的关系，增强用语言文字表达思想感情的信心。

（2）通过一棵树的观察，引导学生热爱自然，关注自然，用心感受大自然的景物变化，从描写大自然的优美诗文中吸取精神影响，并借鉴写作方法。

（3）引导学生用心感受家庭生活和校园生活，捕捉美好、有趣、有意义的瞬间，记录自己的感受体验。

三、教学方法

（1）谈话法，整个课堂是在师生的对话交流中进行的，目的在于让学主动参与，让学生成为课堂的主体。

（2）发现法，激发学生思维，让学生发现老师提示的线索。

（3）探究法，小组合作探究思考激发学生思维。

（4）实习作业法，课堂习作锻炼学生独立思考，检测课堂目标。

（5）演示法，为学生们的习作提供借鉴。

四、教学过程

1. 导入

师生共同回顾作文构思过程的四个步骤。

设计意图：①回忆作文构思四个步骤，在巩固知识的同时迅速创设作文教学的情境；②引入本节课的教学内容——如何观察生活、积累写作素材。

2. 观察思考，感悟生活

教师出示两个朋友圈，让学生寻找其中隐藏的信息。

预设：大部分学生可以直接找出文字里的信息。但是对于只有“初夏”两个字的朋友圈，不易观察到其中的矛盾点。

设计意图：教师通过引导，让学生发现“3月15日”这个日期与“初夏”两个字是矛盾的，进而引出问题“为什么在那样一个春寒料峭的天气里，陈老师要配上‘初夏’这两个字呢？是什么让她感到了温暖？你能够想到哪些原因？”调动学生兴趣，激发学生思维。

3. 反思文本，学以致用

活动一：我们的课本上其实也有很多树，那么你能想起你学过的课文、古诗词里有哪些让你印象深刻的树吗?

预设：大部分学生可以找出很多课本上的树。

活动二：作者用自己的生活与经历，赋予了一棵树新的意义。那么在你的生活中、经历中你可不可以像作者一样赋予一棵树特殊的意义呢？再次思考生活中有哪些让你印象深刻的树呢？按照屏幕上的提示说一说你的思考。（PPT出示：我想到了这样的一棵树，它是……（角度提示：在哪里看到它，发生了什么事，为什么你会记得这棵树。）

预设：学生们开始思维扩散，寻找记忆。但可能有一部分学生依旧是摸不着头的。

设计意图：首先，通过寻找课本上的树，明白这些树不只是一棵简单的树，它因为作者的生活感悟而有了更深层次的意义。然后，反思原来平时的课文里，也有很多值得我们借鉴的地方。最后，学习课文的手法，学以致用，寻找自己生命里的树。

4. 由表及里，探索生命

活动：请大家仔细观看屏幕中的两幅图片，任选一幅图，说一说你看到了什么，又想到了哪些深层含义。充分发挥你的联想与想象，让你们的思维飞翔，我们分组讨论，稍后小组推选代表进行发言。

预设：本环节难度提升，学生们小组合作，进行思维碰撞，会有不一样的收获。

设计意图：通过本环节的思考，让学生领悟到思考的愈加深入，我们的写作才会愈加有深度。

5. 由此及彼，妙笔生花

练笔环节，请同学们以“生命中的一棵树”为话题写一段话，或者任选生活中让你有感触、有思考的一样东西写一段话，可以是植物，也可以是生活中的一件物品。练笔结束后进行分享。

预设：大部分学生应该是沿用一棵树的主题，但只要有一些学生学会发散思维，进行示范，本节课就是成功的。

设计意图：在动笔训练的过程中，让学生懂得一切普通的物件都可以引发深刻的情感，这样的写作不只是写作，它可以写出自己观察的细致，可以写出自己细腻的心，可以写出自己深刻的情感，可以写出属于自己的成长篇章。

6. 例文共赏，领悟真谛

教师分享例文，加深学生感悟，并总结。

设计意图：优秀的例文可以为学生提供模仿与写作的对象。

五、教学评价

通过本节课的教学，基本上完成了预设的教学目标。学生们反馈积极，认真思考，发现了自己生活里、校园里、课本里忽视的写作素材，渐渐领悟如何去观察、积累作文的写作素材。本节课激发了学生对生活、对写作的热情，更让他们意识到用心的感受。本节课的练笔有限，后续还需要更多写作手法的指导，这样才能真正消除学生对不会写的恐惧。

“一棵开花的树——让思维翱翔”教学实录

深圳市龙岗区保安学校　王美美

一、巧创情境，拉近距离

（PPT展示布吉中学校园内一棵开花的木棉树，配有席慕蓉先生的诗歌《一颗开花的树》。）

师：我们是哪个班级的同学？

生：七（3）班

师：今天非常荣幸可以有机会与咱们七（3）班的同学一起学习，此刻老师的心里很兴奋，又有一点小紧张。那么大家此刻坐在这里，看到后面听课的老师们，相信大家也是既兴奋又紧张，首先呢，老师建议我们一起用掌声给彼此加加油、打打气好不好？

（生鼓掌。）

师：老师已经来过咱们布吉中学很多次了，但是让我印象最深刻的还是与咱们布吉中学的初次相遇。席慕蓉先生有一首著名的诗歌《一棵开花的树》，诗的前几句是这样写的：“如何让你遇见我，在我最美的时刻，为这我已在佛前求了五百年，求佛让我们结一段尘缘。”我与布吉中学的初次相遇便始于屏幕背景上这样一棵会开花的树，它就静静地生长在我们的校园里，缘分呢也自此开始。

二、观察思考，感悟生活

师：为了纪念这一天老师还专门发了一个朋友圈，请大家看大屏幕。

屏幕右边的截图是老师自己的朋友圈，左边的截图是同行的陈老师发的朋友圈。现在，我们进行本节课的第一个活动，请大家化身为小侦探，仔细观察这两张截图里面的文字以及画面，看一下你能找出当天的哪些信息，找到后请举手来分享你找到的线索。

（学生开始认真观察，陆续举手。）

生1：那天下了一场雨。

生2：那天老师听了一堂课，那堂课充满诗情画意。

生3：老师丢了一把伞。

生4：那天是3月15日。

师：同学们观察得非常细致，颇有大侦探的风范，大家发现了时间、天气，发现了老师上了一堂课并且丢失了自己心爱的小花伞。这些都是从老师直白的文字表述中找出的，已经很细致了。那么这张图呢？陈老师的配文只有两个字“初夏”，你从中又能发现什么呢？

（学生思考，但是面露疑惑。）

师：这张图里有一处是矛盾的，看哪位大侦探能脱颖而出。

生5：3月15日应该还是春季。

（教师继续引导。）

师：那时应该是刚刚过年回来不久，春季的雨后，天气应该是冷还是热？

生5：冷。

师：夏季冷不冷？

生5：不冷。

师：那为什么在那样一个春寒料峭的天气里，陈老师要配上“初夏”这两个字呢？是什么让她感到了温暖？你能够想到哪些原因？

（生5思考不解，班级有其他人举手。）

生6：可能因为木棉花火红的颜色，给人热烈的暖意，让人感觉仿佛初夏来临。

生7：可能因为那天陈老师听了一堂好课，心情暖暖的。

生8：也有可能树下校园里的欢声笑语，让人很愉悦。

师（总结）：看来陈老师真是比老师优秀。简单的两个字，不仅让同学们学会了认真观察，甚至同学们已经开始思考与想象了。我们平时遇到一个作文题总是抱怨没有什么可以写，老师也总会告诉你们要发现生活中的美，究竟应该怎样做呢？你们要像今天的侦探之旅一样，细致观察生活，思考背后的内涵，甚至可以发挥你们的想象，这样才会写出你的生活，写出特点，写出情感。

（板书：观察思考，感悟生活。）

三、反思文本，学以致用

师：接下来老师要考考大家，老师发现在我们的课本上其实也有很多树，那么你能想起你学过的课文、古诗词里有哪些让你印象深刻的树吗？

生1：朱自清的《春》里有很多树。

师：是啊“桃树、杏树、梨树，你不让我，我不让你，都开满了花赶趟”。这些果树不只是树的形象，更是春天万物生机盎然的象征。

生2：马致远的《天净沙·秋思》里有一棵枯藤。

师：“枯藤老树昏鸦”，一棵枯藤已经不只是一棵树的形象，更是千万离家游子漂泊的哀伤。

生3：泰戈尔的《金色花》里有一棵长着金色花的树。

师：是啊，这棵树上长着金色花，树下是“我”与母亲的欢声笑语，树上是对彼此最真挚的爱。

师：同学们课本上的这些树，只是一棵简单的树吗？

生：不是。

师：确实，作者用自己的生活与经历，赋予了一棵树新的意义。那么当我们在学习这些课文的时候是否有想过，作者可以用自己的生活给予一棵树特殊的内涵。那么在你的生活中、经历中你可不可以像作者一样赋予一棵树特殊的意义呢？再次思考生活中有哪些让你印象深刻的树呢？按照屏幕上的提示说一说你的思考。

（PPT出示：我想到了这样的一棵树，它是……）

（角度提示：在哪里看到它，发生了什么事，为什么你会记得这棵树。）

生1：我在矛盾的《白杨树》里认识到了白杨树，它们不只是树，更是团结战斗、不屈不挠的意志的象征。

生2：我在电影《悲伤逆流成河》里女主人公想要跳河时，看到一棵慢镜头的树，我觉得它不只是树，更是对生命的一种挽留。

生3：老家的院子里有一棵老槐树，夏季夜晚我跟爷爷奶奶会坐在树下乘凉，我觉得它不只是树，更是我对故乡的一种眷恋。

师：同学们真的是太聪明了，已经可以学以致用了。那么我们今后在学习课文的同时，就不仅需要从阅读的角度理解课文，更要去学习作者的写作角度以及写作手法，这才是真正的阅读。

（板书：反思文本，学以致用。）

四、由表及里，探索生命

师：不只是课本，在老师的记忆里也有一些让人印象深刻的树。

电影《山楂树之恋》里那棵美丽的山楂树，它不只是一棵树，更是男女主人公爱情的象征。电影《爱有来生》里有一棵千年的银杏，它不只是一棵树，更是主人公为了爱千年的等待。贾平凹先生的《一颗小桃树》里，那棵没出息的小桃树，它不只是一棵树，它蓄着我的梦，蓄着我对奶奶的思念。舒婷的《致橡树》里，那树不只是树，更是爱情独立、坚贞、自由的象征。

现在我们重新回到这棵火红的木棉，请大家仔细观看屏幕中的两幅图片，任选一幅图，说一说你看到了什么，又想到了哪些深层含义。充分发挥你的联想与想象，让你们的思维飞翔，我们分组讨论，稍后小组推选代表进行发言。

生1：看到满树的繁花，却没有绿叶相称。我们认为木棉不只是一棵树，更是“红花何须绿叶衬”的骄傲的象征。

生2：木棉花绽放的时候，天气依旧是寒冷的，我们认为它是顽强的意志力的象征。

生3：看到满地凋零的花，我们并未感觉悲伤，因为所有掉落在地上的木棉花依旧绽放着最美的姿态。我们认为木棉花不只是花，它告诉我们生命最后的姿态应该是壮烈的。

生4：初生的嫩绿的小草上铺满了凋落的木棉花，我们想到了“落红不是无情物，化作春泥更护花”。它们用另一种姿态延续了生命的意义。

师：不知道同学们的回答有没有感动自己，至少老师为你们感动。老师为你们鼓掌。

（全班鼓掌）大家有没有发现，思考愈加深入，我们的写作内容不仅更加丰富，而且更有深度。所以我们观察思考的同时，要学会由浅入深，发现生命的意义，探索世界万物的真谛，这样我们的写作内容才会更加丰盈与充实。

（板书：由表及里，探索生命。）

五、由此及彼，妙笔生花

一棵树帮我们打开了写作思路，生活中不仅只有树因为我们的生活被赋予各种不同的内涵。只要大家认真观察、思考感悟，总有一些看似普通的东西蕴含着深刻的情感。请大家任选屏幕上题目中的一个写一段文字，时间6分钟，稍后我们将进行分享。

（PPT：

题目一：以“生命中的一棵树”为话题写一段话。

题目二：任选生活中让你有感触、有思考的一样东西写一段话，可以是植物，也可以是生活中的一件物品。）

生1：我选的第一个题目，老家的院子里有一棵老槐树，小时候每当槐树飘香的时候，奶奶会用槐花做很多美味给我们，那棵老槐树不只是一棵树，它是我童年的时光，是故乡的呼喊，是我对奶奶的思念。

生2：我有一个心爱的魔瓶，妹妹很喜欢玩。奶奶一个人带我们很辛苦，我放学后奶奶还要给我们做饭，我就把魔瓶拿给妹妹带她一起玩耍，希望帮奶奶减轻一些负担。魔瓶给我跟妹妹带来了欢乐，我更希望魔瓶可以让奶奶不再那么辛苦。

（全班鼓掌。）

生3：我写的是足球。我很喜欢踢足球，但是爸爸妈妈怕我分心不愿意给我买。放学后，好朋友们总会拿出他们的足球跟我一起玩，有时还会借给我。足球，有我们一起在绿茵场上奔跑的欢乐时光，有我们之间深厚的情谊。

师：同学们领悟得非常到位，一切普通的物件引发出深刻的情感，这样的写作不只是写作，它可以写出你观察的细致，可以写出你细腻的心，可以写出你深刻的情感，可以写出属于你自己的成长篇章。

六、例文共赏，领悟真谛

老师这里有两篇修改后的此类型作文，愿与大家共勉。

请学生朗读两篇例文《一颗开花的树》《爷爷的自行车》。

七、教师总结

同学们，今天我们由一颗会开花的树，打开了思维的宝盒。让自己妙笔生花是一个习惯的养成过程，它需要我们在生活中观察思考，领悟生活；需要我们在语文学习中反思文本，学以致用；需要我们由表及里，探索生命。生活中的很多物品往往不只是冷冰冰的物品，它因为我们的生活而拥有了生命，因为我们的感悟而拥有了情感。让我们的思维像枝头的木棉花一样骄傲地绽放，去发现那些埋藏在角落里的生命，你会发现世界真的很可爱。感谢大家，本节课到此结束。

《学习抒情》课堂实录

深圳市龙岗区贤义外国语学校　阳　苗

一、导入

师：同学们，你们知道写文章常见的五种表达方式是哪五种吗？

生：记叙、描写、说明、抒情。

师：还有一种是议论。

师：同学们，我们知道初中阶段主要写的是记叙文，记叙文的主要表达方式是叙述和描写，但为了增强文章的感染力，在记叙中恰当地结合一些抒情，能够起到“画龙点睛”的作用。今天，我们就一起来学习如何抒情。

师：首先全班一起齐读本节课的学习目标。

（生齐读学习目标。）

投影展示（图3-3）：

学习目标：

1. 了解直接抒情和间接抒情这两种抒情方式及表达效果。
2. 学习基本的抒情方法。

图3-3

二、对比阅读，初识抒情

师：首先，我们进行对比阅读，初识抒情。老师出示两个片段，同学们思考一下第二个片段比第一个片段多了什么内容？有什么效果？我请个同学朗读第一个片段。

（生朗读片段一。）

师：这是选自老舍先生《我的母亲》中的片段，第二个片段比第一个片段多了横线部分的内容，我请个同学朗读横线部分的内容。

（生朗读片段二横线部分的内容。）

投影展示（图3–4）：

> 去年一年，我在家信中找不到关于母亲的起居情况。我疑虑，害怕。我想象得到，如有不幸，家中念我流亡孤苦，或不忍相告。母亲的生日是在九月，我在八月半写去祝寿的信，算计着会在寿日之前到达。信中嘱咐千万把寿日的详情写来，使我不再疑虑。十二月二十六日，由文化劳军的大会上回来，我接到家信。我不敢拆读。就前寝，我拆开信，母亲已去世一年了！
>
> 生命是母亲给我的。我之能长大成人，是母亲的血汗灌养的。我之能成为一个不十分坏的人，是母亲感化的。我的性格，习惯，是母亲传给的。她一世未曾享过一天福，临死还吃的粗粮。唉！还说什么呢？心痛！心痛！
>
> ——老舍《我的母亲》

图3–4

师：第二个片段比第一个片段多了什么内容？有什么效果？

生：第一个语段作者只是陈述母亲去世的事实，而第二个语段还运用了抒情，抒发了对母亲的感激之情。

师：非常好，也就是第二个语段不仅陈述了母亲去世这件事，还把儿子对母亲的感激和愧疚之情表达了出来，这就是抒情在文章中的作用。

师：通过这两个片段的对比阅读，我们知道了什么是抒情。接下来，我们一起把抒情的定义读一遍。

（全班齐读抒情的定义。）

投影展示（图3–5）：

> 抒情是作者或文中人物表达主观感受，倾吐心中情感的文字表露。

图3–5

师：同学们，我们知道了什么是抒情，接下来，我们通过名篇引领，感知抒情。

三、名篇引领，感知抒情

师：我们知道常见的抒情方式有两种，分别是？

生：直接抒情和间接抒情。

师：接下来，老师出示两个语句，同学们思考哪一句是直接抒情，哪一句是间接抒情。首先全班一起齐读这两个语句。

生：全班齐读语句一、语句二。

投影展示（图3–6）：

> 啊！这最后一课，我真永远忘不了！
>
> ——《最后一课》
>
> 枯藤老树昏鸦，小桥流水人家，古道西风瘦马。
>
> 《天净沙·秋思》

图3–6

师：哪一句是直接抒情，哪一句是间接抒情呢？

生：第一句是直接抒情，第二句是间接抒情。

师：你从哪里看出来的？

生：因为第一句有语气词“啊！”，很明显是直抒胸臆，并且“我永远也忘不了”是从心底里发出的感叹。而第二句作者是把情感蕴含在景物的描写当中，从“枯藤、老树、昏鸦、西风、瘦马”这些词语中可以看出作者内心的悲凉和思乡之情。

师：非常好！也就是说直接抒情是直抒胸臆，而间接抒情是把情感蕴含在外物当中。

师：那什么情况下适合用直接抒情？什么情况下适合用间接抒情？

生：当情感很强烈时，我觉得适合用直接抒情；而想含蓄委婉地表达情感时，适合用间接抒情。

师：非常好！

投影展示（图3–7）：

比较分析，体会不同

对比方面 / 抒情方式	概念区分	表效效果
直接抒情	作者不借助别的事物，直截了当地表明自己的情感，即为直接抒情	直接抒情的效果强烈、鲜明
间接抒情	没有直白的抒情语句，而把情感渗透在叙述、描写和议论中，由读者慢慢体会，则是间接描写	间接抒情则含而不露，耐人寻味

图3–7

师：这是直接抒情、间接抒情概念上的区分以及表达效果的不同。接下来我们借鉴名篇，学习技法，这也是我们这堂课的学习重点。

四、借鉴名篇，学习技法

师：我现在出示两句直接抒情的语句，请全班齐读一下，思考作者是用什么方式抒发自己的情感的。

投影展示（图3–8）：

片段一：母亲啊！你是荷叶，我是红莲。心中的雨点来了，除了你，谁是我在无遮拦天空下的荫蔽？

——《荷叶·母亲》

片段二：我几乎还不会作文呢！我再也不能学法语了！难道这样就算了吗？我从前没有好好学习，旷了课去找鸟窝，到萨尔河上去溜冰……想到这些，我多么懊悔！

——《最后一课》

图3–8

生：全班齐读片段一、片段二。

生：片段一作者用比喻的修辞手法来抒发情感，把母亲比作荷叶，“我”比作红莲，写出了母亲对儿女的关爱。而片段二是通过回忆来抒发情感的。

师：具体是怎么回忆的？我们知道这是描写小弗朗士的片段，小弗朗士回忆了哪些事情？又抒发了怎样的情感？

生：回忆以前没有好好学习，旷课去找鸟窝，抒发了自己懊悔的心情。

师：非常好，我听到“回忆”两个字，言下之意，这是小弗朗士内心的独白，即心理活动，当小弗朗士知道这是最后一课时，想起以前的点点滴滴，内心悔恨万分。内心独白具体细腻、真实可感。

师：所以我们总结出直接抒情常见的两种方法分别是善用修辞、内心独白。

投影展示（图3–9）：

直接抒情方法：

1. 善用修辞

2. 内心独白

图3–9

师：接下来我们进行课堂练笔，老师给了一个开头，请同学们至少运用一种直接抒情的方法续写一段话，也可以两种方法兼用。

投影展示（图3–10）：

课堂练笔

我的烦恼

“一天到晚就知道玩，作业做完了吗？我给你买的辅导资料都看过了吗？你看人家丽丽，天天学到十点多，你再看看你……”

请运用一种直接抒情的方法续写一段话。

图3–10

师：为了给你们一个指导，老师也写了一个下水文，首先老师抛砖引玉一下，朗读一下我的下水文。

教师朗读下水文。

投影展示（如图3–11所示）：

范文展示：

“你说够了没有？学了那么久了，就休息一会小儿还不行吗？每天像个收租婆一样，时时刻刻向我”逼债我在心里嘀咕着，却没敢把这些话说出口。

“哐！”——我用力摔上房门，射进了自己的房间。

坐在书桌前，我欲哭无泪。语文、数学、英语……各科老师留的作业我都认真地完成了；周五晚上的外语班、周六上午的吉他班、周日上午的奥数班，她安排的那些事儿，我也都一一搞定了！我就玩一会儿又能怎样？！13岁生日的时候，她就说过，我自己的时间由我自己安排，可是现在呢，我马上就要15岁了，她怎么还像对待小孩子似的对我唠叨个不停……

图3–11

师：我采用了善用修辞、内心独白这两种方法，当然我相信同学们写得肯定比老师还要好。现在同学们动笔，时间5分钟。

（学生课堂练笔，教师巡视。）

师：好，时间到。哪个同学愿意向大家展示一下自己的佳作。

（生朗读自己写的片段。）

师：同学们，她写得怎么样？

生：很好！

师：她运用了什么方法抒发自己的情感。

生：内心独白和善用修辞。

师：非常好，老师只要求同学们运用一种直接抒情的方法续写，可是这个同学兼用了两种方法，比老师的要求还要高，非常好。还有没有哪个同学想朗读一下自己的佳作。

（生朗读自己写的片段。）

师：非常好！你也兼用了两种方法，采用修辞、内心独白这两种方法，写出了“我”面对妈妈的唠叨时，内心的那种厌烦、生气。总比同学们平时在作文中写的“听了妈妈的话，我很生气，很难过”强多了，你是怎么生气的？怎么难过的？通过一大段内心独白写出自己的真实感受，更能打动读者。还有没有哪个同学想朗读自己的佳作？

（生朗读自己写的片段。）

师：同学们，她写得怎么样？

生：很好！

师：我们班真是人才辈出，同学们的文学功底都很强，写得都比老师要好。由于时间关系，我就不请其他同学朗读了。

师：同学们，我们知道，间接抒情是与直接抒情相对而言的，它不像直接抒情那样直抒胸臆，而是借助各种外物，含蓄委婉地加以表达。我们知道，中国传统的审美观念崇尚含蓄美，情感的抒发也是以间接抒情为主。那么，间接抒情的方法有哪些呢？老师接下来出示三个间接抒情的语段，请同学们小组讨论下，这三个片段的作者又是分别运用了什么方式抒发自己的情感的，小组讨论2分钟。

投影展示（图3–12）：

片段一：这南方初其的田野，大块小块的新绿随意地铺着，有的浓，有的淡；树上的嫩芽也密了；田里的冬水也咕咕地起着水泡。这一切都是人想着一样东西——生命。

——《散步》

片段二：闻一多先生，是卓越的学者，热情澎湃的优秀诗人，大勇的革命烈士。他，是口的巨人。他，是行的高标。

——臧克家《说和做》

片段三：

“我的朋友们啊，”他说，“我——我——”

但是他哽住了，他说不下去了。

他转身朝着黑板，拿起一支粉笔，使出全身的力量，写了几个大字：“法兰西万岁！”

然后他呆在那儿，头靠着墙壁，话也不说，只向我们做了一个手势：“放学了，你们走吧。”

——《最后一课》

图3–12

（学生小组讨论，教师巡视。）

师：时间到，哪个同学先来发言？

生：第一个语段采用了借景抒情。

师：写了哪些景？抒发了什么情？

生：写了田野、新绿、嫩芽、冬水，抒发了作者对生命的赞美之情。

师：非常好！第二个语段又是采用什么方式抒发情感的？

（停顿片刻，无人举手。）

师：这一句有点难度。我们先一起来朗读一下这个语段。

（全班齐读片段二。）

师：闻一多先生是卓越的学者，他是口的巨人，他是行的高标。同学们，这是作家臧克家对闻一多的——

生：评价。

师：非常好，这是作者对闻一多的评价，是作者的观点，这属于五种表达方式中的哪一种？

生：议论。

师：非常好，这句话表达了作者对闻一多的什么情感？

生：对他的赞美，钦佩之情。

师：很好！作者在议论中饱含着对闻一多的敬仰之情，这属于议论抒情。同学们平时在写作中，往往在最后一段运用议论抒情的方法，这样能够一下子吸引阅卷老师的注意。那第三个片段的作者是用什么方式抒发自己的情感的呢？

生：通过语言、动作。

师：这是描写谁的片段？我们学过这篇课文。

生：“我”的老师。

师：这是描写老师韩麦尔先生的片段，通过刻画韩麦尔先生的语言、神态、动作，表达了韩麦尔先生内心的什么情感。

生：内心的悲愤，对敌人的憎恨。

师：非常好！选择生动感人的细节作为情感的凝聚点，这是记事抒情。这与一般的叙述不一样，一般的叙述，作者往往站在比较客观的立场上对事件的全过程加以具体完整的介绍，而记事抒情，不追求事件的完整过程，只选择生动感人的细节加以刻画，如朱自清的《背影》，通过细致地描写父亲为“我”买橘时蹒跚的背影，表达了对父亲的感激之情。

师：通过刚才三个片段的学习，我们知道常见的间接抒情方法有借景抒情、议论抒情和记事抒情。

投影展示（图3–13）：

> 间接抒情方法：
>
> 1. 借景抒情　2. 议论抒情　3. 记事抒情

图3–13

师：接下来我们进行课堂练笔，老师同样给了一个开头，请同学们运用一种间接抒情的方法续写一段话。现在老师进行分组，第一大组采用借景抒情的方法续写，第二、第三大组采用记事抒情的方法续写，第四大组采用议论抒情的方法续写。

投影展示（图3–14）：

> 课堂练笔：
>
> 我的烦恼
>
> “又在看电视！马上要月考了，你还想不想考好？整天就知道看、看、看，你就不能多做些题啊？开运动会的时候，已经让你疯了两天了，你还不知足！你看看别人家的孩子，再看看你……”
>
> 请运用一种间接抒情的方法续写一段话。

图3–14

师：为了给你们一个指导，老师同样写了一个下水文，首先老师朗读一下自己的下水文，请同学们看下老师是运用什么方法来间接抒情的。

（教师朗读下水文。）

投影展示（图3–15、图3–16）：

范文展示：

“哐！”——我又一次用力摔上房门，一个人走到了大街上。

我独自走在深秋的大街上，小草枯了，树叶也黄了，一片片落叶打着旋儿地掉下来。连树叶都被妈妈嫌弃了，任由它孤零零地飘落？看着片片黄叶，我禁不住有些伤感，脚下的那朵花蔫蔫的，无力地耷拉在旁边的叶子上，像一个因为悲伤过度而无力直身的妇人。看着看着，禁不住与它同病相怜起来。

图3-15

范文展示：

拖着疲惫的身子，我回到了家中。

躺在床上，我无聊地翻着书本。“天冷了，明天上学穿哪件衣服呢？”平时，这些事情都是她帮我准备的。打开衣柜，一个精致的盒子进入了我的眼帘。我打开一看，里面竟装着一沓奖状和荣誉证书，细细看来，竟是从小学到现在的所有成绩！这些被我遗忘的历史，居然一直都被妈妈精心地珍藏着！

顿时，一种复杂的情愫涌上心头。原来时时刻刻围绕在我身旁的是烦恼，时时刻刻围绕在我身边的也是幸福。

图3-16

师：第一部分老师是采用什么方法抒情的？

生：借景抒情。

师：第二部分老师是采用什么方法抒情的？

生：记事抒情。

师：很好，采用记事抒情的方法，我们能够感受到作者情感的微妙变化，看到“我”内心深处对母亲的理解和感动。那第三部分是采用什么方法抒情的？

生：议论抒情。

师：在议论中抒发了我那种既烦恼又幸福的心情。我们说真实的情感总是复杂的，但是复杂的情感才更加耐人寻味。好，现在同学们开始动笔，时间5分钟，我相信同学们写得肯定比老师还要好。

（学生课堂练笔，教师巡视。）

师：好，时间到。第一大组，采用借景抒情的，哪个同学愿意向大家展示一下自己的佳作。

（生朗读自己写的片段。）

师：你写的景是不是电影里的情节？

生：对。

生：你是想通过描写电影里的景，落叶啊，寒风啊，来抒发自己的情感，是吗？

生：对。

师：不错。第二、第三大组，采用记事抒情的，哪个同学愿意给大家读一下自己的佳作。

师：你写得挺多的，你来读一下你的作品。

（生朗读自己写的片段。）

师：同学们，写得怎么样？

生：很好！

师：非常棒！采用记事抒情，穿插回忆，让我们能够感受到你情感的变化，老师都甘拜下风。很好！还有没有其他同学想展示自己作品的？

（生朗读自己写的片段。）

师：你重点在写“衣架”，围绕“衣架”发生了哪些事呢？应该把感人的事情写出来，这样才是记事抒情，望课后修改一下！第四大组，采用议论抒情的，哪个同学愿意站起来读一下自己的作品。

师：刚才看你写得不错，读给大家听一听。

（生朗读自己写的片段。）

师：“母亲像一杯水，浇灌着我成长……”同学们，母亲像什么，母亲像什么，很明显这是属于议论抒情。只可惜，可能由于时间的关系，你只写了一个比喻句，后面用了省略号。如果你能运用三个比喻句，构成排比，那样会更好一点。

师：好，由于时间的关系，老师就不请同学们展示了。刚才在下面巡视的时候，我看到我们班还有很多同学都写得很好。

师：同学们，这节课我们学习了几种常见的抒情方法。在平时的写作中，我们往往同时兼用直接抒情和间接抒情这两种抒情方式！“情动于中而形于言”，在记叙文中恰当地抒发自己的真实情感，一定会增强你文章的感染力。

投影展示（图3–17）：

完成习作：

以“我的烦恼”为题，写一篇作文，把事情、原因写清楚，还要写出烦恼的具体感受。

（要求：用红笔勾画出直接抒情和间接抒情的句子，直接抒情用直线，间接抒情用波浪线。）

图3–17

五、布置作业

以“我的烦恼”为题，写一篇作文，把事情、原因写清楚，还要写出烦恼时的具体感受。

要求：用红笔勾画出直接抒情和间接抒情的句子，直接抒情用直线，间接抒情用波浪线。

六、板书设计

学习抒情

直接抒情	间接抒情
↓	↓
方法	方法
善用修辞	借景抒情
内心独白	议论抒情
	记事抒情

七、教学反思

写作文时，恰当地抒发自己的真情实感，能增强文章的感染力，并深化主题。所以教师应当引导学生抒写从心灵深处涌动出来的真挚情感。可是现在初中生的状况是：内心情感已奔腾，却不会用文字表达。我认为这是因为学生没有掌握抒情的常见技法，有“米”可炊，却炊米无“术”。叶圣陶先生在关于教材的理论中说过：“语文教材无非是个例子，凭这个例子要使学生能够举一反三，练成阅读和作文的熟练技能。”这句话充分说明教材阅读和写作有着密切的关系。所以，我认为向经典课文学习抒情的常见方法，能够让学生更好地学以致用。这种模仿名家名篇的写法，也是学生写作的必经途径。

这堂课就是教学生“炊米之术”，正如叶圣陶先生所言：“写作和阅读比较起来，尤其偏于技术方面。凡是技术，没有不需要反复训练的。”技法掌握了，写作水平也就提高了。从学生的习作中可以看出，大部分学生掌握了抒情的方法，写作水平有所提高。所以，在以后的写作教学实践中，还可以引导学生继续向课文学习写作方法！

《作文构思指导：想象》作文课教学实录

深圳市龙岗区布吉中学 陈 敏

师：同学们下午好，今天是我们班第一次在考务室上课，大家按时到场，表现很好，希望接下来的一节课，大家都积极表现。我们先看一段有关“椅子”的小视频来缓解一下午后的疲顿。

生：椅子？！

师：看到有同学露出很诧异的表情，椅子有啥可看的呢？！今天我们看的这把椅子可是非同寻常呢，不信，我们一起来见证一下它的神奇吧！

（播放短视频《荷兰图书馆随身移动沙发椅》，约90秒，里面的镜头非常有趣，学生边看边惊叹、议论。）

师：（画面解读）同学们看，它们像小狗一样忠实可爱。当你进入图书馆时，它们早已列队静立一旁恭候你的光临了。这时，你只要通过图书馆证上的RFID驱动其中一张，它就成为你的专属椅子，紧紧跟着你在书架中穿梭寻找你想要的书籍。它中途绝不“易主”，会一直忠心耿耿地陪伴你左右。当然，这只“小狗”也很机敏，遇到障碍物它会迅速调整方向，绝不会让自己鼻青脸肿。等你找到书以后，它又会立刻体贴地跟上来，用软软的椅子面迎接你，让你坐在上面惬意地阅读。

不过你可别指望它会傻傻地跟你回家。当你离开图书馆时，它会礼貌地送你到出口，不过一到出口的红色警戒线位置，它就会优雅地和你告别，转身回到入口，继续恭迎下一位读者。更妙的是如果你想在图书馆办个小型论坛，你可以一次召唤多张椅子到指定地点集合。它们会在第一时间排列整齐，热情地迎接你的客人。它们不只是椅子，还是你贴心的朋友。

生：这是真的吗？这么神奇？

师：这就是创意，那大家思考一下，这样的创意来自哪里呢？

生：虚构。

师：虚构是在什么基础上产生的呢？

生：读者的需求和现实的观察。

师：是的，孩子们。创意来自对现实的洞察和美妙大胆的想象，而这就是联想和想象带来的奇妙力量。其实，作文与之同理。作文也要留给读者丰富的联想和想象空间。构思作文也必须借助联想和想象才能让我们的文章锦上添花。今天我们就来上一节和想象有关的作文指导课，希望对大家写作有所帮助。

（出示《卖火柴的小女孩》片段）在我们的文学领域中，许多经典的作品就运用了多种想象的方式从而使作品散发出独特的韵味。我们不妨来回顾经典，感悟想象的运用。

师：《卖火柴的小女孩》中哪些句子用了想象呢？请大家找出来。

生：小女孩觉得自己好像坐在一个大火炉前面，火炉装着闪亮的铜脚和铜把手，烧得旺旺的，暖烘烘的，多么舒服啊！

生：亮光落在墙上，那儿忽然变得像薄纱那么透明，她可以一直看到屋里。桌上铺着雪白的台布，摆着精致的盘子和碗，肚子里填满了苹果和梅子的烤鹅正冒着香气。更妙的是这只鹅从盘子里跳下来，背上插着刀和叉，摇摇摆摆地在地板上走着，一直向这个穷苦的小女孩走来。

生：这一回，她坐在美丽的圣诞树下……许多幅美丽的彩色画片，跟挂在商店橱窗里的一个样，在向她眨眼睛。小女孩向画片伸出手去。

生：这一回，火柴把周围全照亮了。奶奶出现在亮光里，是那么温和，那么慈爱。

师：这几位同学找得准确而且读得也非常好，那请大家思考一下，小女孩为什么会产生这几种想象而不是别的呢？

生：因为她太可怜了。

师：是啊，那她的可怜具体体现在哪里让作者有这样的联想呢？

生：手冻僵了，一天没吃东西，富人们阖家欢乐、举杯欢庆时她却在街头瑟瑟发抖。

师：所以说想象是和现实生活密不可分的，并非凭空瞎想、信马由缰。

师：小女孩最终离开了人世，但却面带微笑，没有人知道她生前最后一刻看到的美好情景，而这些美好的幻境是谁赋予的？安徒生无力改变当时资本主义社会的黑暗和罪恶，只能借助童话美好的想象来带给人们沉思。

师：同学们，现实生活中你们是否有不如意的地方呢？如果可以，你们会产生怎样的想象或者说想象做出哪些变化来改变现状？请同学们联系现实生活，展开自己奇特、大胆、合理的想象，来表达自己美好的愿望吧。

（出示题目，口述完成）练笔一：你想变成什么？

生：变成超人，拯救宇宙。因为超人有超能力啊。

生：变成女生，体育课可以被照顾。（同学们大笑）

师：这确实是他内心渴望被呵护的最好诉求哦。

师：那老师也来变一下，如果可以，我想变成及时雨，我要在四川木里森林燃烧时，扑灭大火，在30位救火英雄冲进火海时为他们冲刷出一条生命之路。

（出示题目，动笔完成）练笔二：词语串联。

师：看来大家都有当小作家的潜质，那现在我们就难度升级，老师给你们出示几个词语，请大家根据这些词语一起动脑展开想象编写一个200字左右的完整故事。

要求：主题明确，逻辑清晰，画面感强，内容积极健康。要求每个词都要用进去，顺序可打乱。

（学生根据上一环节的答题积极性，获得优先选题权。）

师：同学们，想象是在现实的基础上的再创造，一定要注意合情合理性。《西游记》中塑造的人物形象，猴头、猪脸、人身，都是有现实原型的。最奇妙的童话都是从真实的生活中产生出来的。

师：云想衣裳花想容，考试作文犹如待嫁的姑娘，如何把自己的作文打扮成漂亮的新娘来博得阅卷老师的芳心呢？大家要注意运用多种写作技巧，让文章更富有画面感；实在罗列不出故事来，如果你用几个词语表述出了一定的道理也勉强可以，但是尽量编故事。

生：（宝马、豆浆、邀请、热泪盈眶、锲而不舍）遥想当年，我生活落魄，仅仅只能靠喝豆浆充饥。但是，在这些年里，我锲而不舍，不肯放弃，终于，凭借自己的努力买了一辆宝马。回首往昔，我热泪盈眶，当晚就邀请亲朋好友出去庆祝。

师：这是一个奋发图强的故事。

生：（梦想、剪刀、戒指、梦寐以求、小心翼翼）很多人的梦想是在未来里给梦寐以求的她/他一个美好的戒指。我们会用剪刀小心翼翼地把伟大的梦想切分开来，慢慢努力，然后再将它们拼在一起，让我们的生活和未来更加有所期待，更加美好。

师：这是一个有希冀的故事。

生：（港币、星巴克、喜出望外、随心所欲、激动）一个周末，我和朋友去星巴克小憩，到了那里才发现我拿错了包包。包里全是港币，那时已经排到我付钱了，一激动差点把别人的咖啡打翻。正在犯愁时，朋友给我支了招，请一位好心人帮我先垫付，然后再去对面银行兑换人民币，这让我喜出望外。取钱的时候顺便多取些了，这样我就可以随心所欲地shopping啦！

师：这是一个开心到飞起的故事。

师：同学们，大家有没有发现，在这一环节中自己写出的作品存在一点瑕疵呢？

生：太乱。

师：对，缺乏条理性，没有很好地突出主题，接下来，老师给大家展示一个范文。

（出示范文）在由深圳卫视举办的“绝对笑星”超级模仿秀全国总决赛上，主持人说了三个关键词——“馒头、世界杯、深圳卫视”，要求选手李正国在40秒时间内模仿赵本山口音将这三个词串成一段话或者一个故事：我相信每个人都喜欢看世界杯，我当年的情况吧，家里很穷，没电视，有一次为了看世界杯，我揣着两个馒头，就跑到生产队去看。看到半夜，饿了就啃冷馒头。当时为什么如此痴迷世界杯呢，因为世界杯不仅代表一种文化，还代表了人的一种拼搏精神，就像深圳卫视给大家带来的娱乐大餐、精神食粮一样。

师：大家看这个即兴片段不仅有波折，而且还很好地将“大家喜欢世界杯”这一主题表达了出来，这是值得我们学习的。

师：在关键词串联中我们还要认识到，同样的一组词语，不同的人会有不同的串法，各有各的特色，能充分体现出个人的语言风格。因此，任何一组词都绝不存在怎样的串法是最好的，千人千面。正如我们接触过的很多文学作品结尾留白一样，为什么会做这样的处理呢？留白就是为了留给读者更多的想象空间，那今天我们就来挑战经典，为经典续写。

（出示片段，续写经典）练笔三：续写经典。

游行大典好不容易结束了，皇帝与他的内臣们都回到了皇宫……

要求：展开想象，彰显个性，续写300字左右。

生：皇帝在游行大典结束后终于发现自己被骗了，在皇宫中大发雷霆，叫人捉拿这两个骗子。

骗子被抓到后在皇帝面前求饶，还哭得一把鼻涕一把泪！这时其中一个骗子说：“皇上啊，我们一定不敢了，在您惩罚我们之前，请容许我们再为您做一件人们都能看得见的衣服吧！”皇帝心里想：“处死是早晚的事，他们也不可能逃走的，不妨再让他们发挥一点作用吧。”于是皇帝欣然同意了，并将他们关押在房间内，下令不得随意进出。

第二天，皇帝还是不放心，又叫了大臣们去，那两个骗子一边看图纸，一边又在旁边的织布机上工作。大臣们告知皇帝，皇帝放心了一些，但依然担心不已，命人偷偷地在暗处观察。那人观察了一段时间就对皇帝说：“那两个织师不分昼夜地工作着，有时还会在半成品上放置珠宝什么的。”皇帝听了十分开心地睡着了。

七天后，骗子请皇帝前来看看他们新做的衣服。皇帝见了衣服，眼睛里都冒着金光，因为衣服上镶着美丽的彩色钻石，金光闪闪，领子上也点缀着别致的宝石，造型独特……皇帝见此又赏了骗子五百两黄金骗子心满意地回到房间然后迅速撤离。晚上，皇帝想试试这华丽的衣服，却发现新衣服只是个影子，他勃然大怒，下令捉拿骗 子，但为时已晚，那两个骗子早已不知去向，而皇帝也沦为大家的笑柄。

师：诗颖在安徒生创作的基础上又加上了一笔，通过再次想象，让文章的讽刺意味更加深刻了。

师：同学们刚刚我们感悟了想象，体验了想象，欣赏了想象，你们现在最想做什么呢？莫过于表达自己想象了吧？课下请大家尽情想象，以“2030年同学会”为题，进行想象作文训练，要求：①联系人物原型，展现人物性格；②想象聚会场面，叙说再会故事；③切合社会环境，创新相见情节；④文体自由，600字以上，诗歌须20行以上。

附：学生例文《2030年同学会》

例文一：2030年同学会

时间如流水，一转眼已经到了2030年。想当年2017年，那时我们才刚认识，转眼已经过去了十三年。

同学们都已长大成人，有了各自的工作、家庭，甚至孩子。看着当年的少男少女已变成大人模样，心中颇有些感慨——感慨时间的飞快；还有些欣慰——欣慰大家各得其所，成家立业。

起因得从一周前说起了，过去的十几年我们几乎没有聚齐过。念旧的我便准备筹划一次全员聚会，时间就定在这周末。对于这次相聚，我还是有些小激动的，因为太多同学太久没见面了，还是很期待的。

到了同学聚会的当天，我早早地来到会场，等着同学们一个一个来。

其中变化最大的当属当年的第一名——房家俊了。谁能料想当年那个瘦小的、戴着眼镜一副老实样的乖乖仔，竟然变成了唱跳歌手。他现在擅长唱跳、饶舌和篮球，而且享负盛名。这个大明星来，全场轰动，大家个个抢着要签名，能做大明星的同学真不错。

同学们变化都挺大的。曾经的矮穷矬变成了现在的高富帅；曾经的班花变成了家庭主妇，老师们也已两鬓斑白了。啊！时间过得真快啊，已经毕业十年了，大家还能聚在一起，真是太不容易了。

翻出曾经的毕业照，真实怀念那时的青葱岁月。同学会的流程已过半，我们决定再拍一张毕业照。十年前和十年后的大合照，也是很有画面感的。

时间过得真快，再不珍惜时光我们就老了。

初二（8）班　陈乐儿

例文二：2030年同学会

我们每一个人都对未来充满憧憬，每个人都会想未来会做什么。我也不例外。闭上眼睛，我开始幻想十一年后的我们，同学们一起约好利用周末时间重聚初二（8）班。

随着铃声的敲响，同学们陆陆续续进了班级，大家都是有说有笑的，但和儿时不同的是，大家都变得成熟稳重了。

落座后，大家都谈论着彼此的工作和生活。班主任、陈老师、李老师和翟老师也都来了，但是不知为何他们貌似都更年轻了。原来是钟浩文的功劳，他成了理学家，研制了返老还童药可永葆青春，让老师都能停留在自己最年轻漂亮的时候。

班主任说："十一年过去了，同学们变化非常大，都快认不出来，大家不妨再做一次自我介绍吧！"

先是一个胖胖又憨厚的小胖子上来，那个小胖子说："我是王玉堆啊，现在是一名厨师。"不看不知道，一看吓一跳啊，王玉堆长大后居然壮实了那么多。接着上来的是一个瘦瘦高高的小伙子，身高看似1米9多，甚是惊人，进门时还需低着头，脸色黝黑，不知道的还以为是非洲朋友呢，原来是李培杰啊。也难怪，当时在初二时他就已经是班级最高者了。恍惚间，我们一一介绍完毕。

陈老师接着说："在这青春的岁月里，你们奋力拼搏，积极向上，便成就了现在的你们。如果你们当年不认真学习拼搏，现在就不会如此幸福。现在你们虽然离开了布吉中学，但是希望你们不要忘了一起玩耍竞争的伙伴，不要忘了曾教导过你的老师。在外工作不要忘记初心，继续努力，做一个对社会有价值的人。"

语毕，教室里响起了阵阵掌声，为老师也为自己。

初二（8）班　余炜埗

例文三：2030年同学会

时间过得飞快，一转眼已经是2030年了，大家都各自有了工作，有了新的生活。

一天的时间眨眼就过去了，下班后如往常一样去附近的小餐馆吃饭，好巧不巧地遇到了初中的死党小龙。一开始，不敢确定，走近一看，确定是她无疑了。我尖叫一声扑了过去。她被显然是我的热情吓到了，定了定神，也激动地跳起来抱着我。之后，我们便聊起了曾经的点点滴滴，想象着大家当年的青涩模样。小龙突然提议，不妨筹划一次聚会吧。说干就干，我俩分别发信息邀请大家明天见面。接下来就是等待，我还担心十年未见会不会变得陌生了呢，心里想着，明天啊明天，请你快快到来吧！太期待见到昔日那些顽皮的同学了！

丁零零，闹钟响了，哇！已经八点半了，迅速洗漱完毕动身前往指定地点，一下车直奔酒店。小龙真是有心呀，出手阔绰，还定了包间呢。我到的时候，大家都差不多到齐了。

看到大家春风满面、谈笑风生的，一看就过得很如意。当年班里最活跃的那个男生，现在已经是包工头了，这个大老板当的可是有鼻子有眼的，听说还帮底下员工付了房子首付呢，可真了不得，当年普普通通的他，真是潜力无极限啊！

观察了一会儿，有几个男生没到，自打毕业再没联系过，像是人间蒸发一样。到场的不是包工头、公司白领，就是个体老板，个个混得风生水起的。也有个别曾经成绩响当当的却在小公司当起了文员，还真是世事无常啊。

我呢，毕业之后做了老师，日复一日，年复一年，但教书育人也需要一份责任和担当，大学时毫不犹豫地选择了师范专业为的就是重温这旧时的美好。

光阴似箭，岁月如梭，青春不老，我们不散。但愿大家都能平安顺心，事事开心。难过的时候想想曾经那些没心没肺的小伙伴，一离校工作才发现学生时代的美好。幸好该做的都做了，青春也不曾留下遗憾，有的只是满满甜味儿。

初二（8）班　邱荣庆

诵读识得好少年："懂信明礼"陈元方

——《陈太丘与友期行》教学实录

深圳市龙岗区布吉中学　钟淑君

一、导入初读，明确目标

师：同学们，今天我们一起学习《〈世说新语〉二则》的《陈太丘与友期行》，之前已经学习了第一则《咏雪》对吗？

生：对。

师：好的。在《咏雪》中，我们认识了"咏絮才女"谢道韫，她将雪花比作柳絮随风飘起。今天我们将认识另一位聪慧少年——懂信明礼的陈元方。

师：请大家齐读教学目标。

投影展示（图3–18）：

> 教学目标：
>
> 1.朗读课文，疏通文意，翻译课文。
>
> 2.感受元方的"方正"之气，学习懂信、明礼、正直的品质。

图3–18

师：好，同学们声音非常洪亮，让老师的精神也为之一振。现在我们进行第一个活动"初读课文，讲述故事"，请大家自由朗读课文，等下请同学简单讲述这个小故事。自由朗读时要求读准字音，注意停顿。

投影展示（图3–19）：

> 陈太丘与友/期行，期/日中。过中/不至，太丘/舍去，去后/乃至。元方/时年七岁，门外/戏。客/问元方："尊君/在不？"答曰："待君久/不至，已去。"友人/便怒曰："非人哉！与人/期行，相委而去。"元方/曰："君与家君/期日中。日中/不至，则是/无信；对子/骂父，则是/无礼。"友人惭，下车/引之。元方/入门不顾。

图3-19

（生自由朗读，教师巡视。）

师：同学们读得很认真，有一个字需要大家注意，尊君在什么？

生："否"（fǒu）。

师：很好，这是一个通假字，要读通假后的音，刚刚有同学没注意这个问题。请把注解⑦圈起来。现在请一个同学来讲讲这个故事。

（一位学生举手起来讲故事。）

师：这位同学讲得很认真。同学们觉得故事讲得如何？

生：他是直接一句一句翻译的。

师：是，如果能够用自己话概括讲更好一点。那请一个同学再讲这个故事。

生：本文讲述了陈元方幼时批评父亲友人失约"无信""无礼"的故事，赞扬了元方聪慧、明礼，告诉我们生活中一定要做到讲信用、有礼节。

师：这个同学将故事概括得非常精练！

二、反复诵读，理解人物

师：为了熟悉这个故事，我们现在进入第二个活动——朗读。通过朗读来疏通文意，理解故事。有一句话是"书读百遍，其义自见"，我们学文言文就需要多朗读。今天我们采用比赛的形式。首先请男生和女生对读，就是男生读一句，女生读一句。

（学生按照课件的提示，分男女生读。）

师：刚刚这一次朗读，男生的优势明显，声音洪亮，整齐有力。女生的声音稍微弱了一点点。接下来，我们男生读全文一遍，女生读全文一遍，比一比，看谁读得好。给大家一分钟准备时间。

（学生准备，教师巡视。）

师：请男同学先读，给女同学更多准备时间，让女同学也学习男同学的整齐洪亮。

（男生读课文一遍。）

师：好，男生读完了，请女同学来点评。

生：男同学声音确实很响亮、整齐，还有注意读出人物对话中的感情。

师：点评得非常到位，现在咱们女同学也读出这种气势来。

（女生读课文一遍）

师：咱们女同学读完了，请男同学来点评。

生：女同学这次声音大了很多，但还不够，还可以读得更大声，还有要注意对话人物的语气。

师：非常好，比老师点评还要准确具体。谢谢。同学们读得越来越好了，对这个故事的意思也理解得越来越好了对吧？现在老师也来朗读，请咱们班一位朗读水平较好的，或者喜欢朗读的同学来和老师比赛，哪位同学来？

（学生们你看看我，我看看你，还互相推荐其他同学。很快就有一位学生起来朗读。）

师：这位同学读得很好啊，普通话标准，注意人物的语气，老师都很有压力了。

（教师朗读一遍课文，然后请学生点评。）

生：老师读得很好，注意人物对话的语气，愤怒那里读得最好。

师：谢谢，老师还有哪些要进步的地方，也请你谈谈。

（生没有想到。）

师：老师的语速还是有点快了，对不对？（生：嗯。）好的，老师多注意。谢谢！现在我们再换个形式，进行分角色朗读，分“叙述者、友人、元方”三个角色，请同学们自己选择角色。

（三位学生选好角色，进行朗读。读完请一位学生点评。）

生：整体读得很好了，就是友人发怒那里还差一点点。

师：好的，那请你为大家示范朗读这句好吗？

生：“非人哉！与人期行，相委而去。”（重音、语气、拉长把握很到位。）

（学生们不由自主地给予了掌声。）

师：趁着掌声这么热烈的气氛，我们全班再齐读这篇课文吧。

（全班齐读，整齐、洪亮、注意对话语气。）

师：谢谢同学们全身心地投入朗读。

三、抢答实词，翻译过关

师：现在请大家快速记忆课本上的9个注解，马上我们要进入下一个环节“抢答实词，翻译过关”。有不懂的字词句，在识记准备时可以提出来。

师：好，时间差不多了，等下大家看到老师出示的词，站起来说出答案就好。第一个词：“期行”。

生：约定同行。

师：很好，成语“不期而遇”的“期”也是约定的意思。今天我们说的“期”主要指“日期”，这种词叫“古今异义词”，请大家学会做古今异义词的笔记。（教师在黑板上示范。）

师：“不”的意思？

生：同“否”。

师：好，这是一个通假字，书上写出来了，但是没解释，请同学们在这个字的后面补充“表疑问”，这样才完整，考试时才会得到分数。

师：“顾”如何解？

生：回头看。

师：很好，今天有个带“顾”的成语也是这个意思，哪位同学说出来？

生：左顾右盼。

师：“左顾右盼”里的“顾”是否是“回头看”的意思？

生：不是，是“看”的意思。

师：很好，瞻前顾后里的“顾”是回头看。同学们抢答得很好，现在我们再来抢答这三个词：“尊君”“君”“家君”。

生：“尊君”是对人尊称自己父亲的。

生：不对，“尊君”是对别人父亲的谦称。

生：“尊君”是对别人父亲的尊称。

师：很好，这位同学非常准确地解释了“尊君”，同时前面两位同学也给我们引出了“敬辞”和“谦辞”。

师：“君”“家君”的意思呢？

生：“君”是有礼貌地称呼别人，“家君”是对人谦称自己父亲的。

师：好的，很正确，请同学学习课本第31页的“敬辞”和“谦辞”，然后辨识以下四组词。

投影展示（图3–20）：

辨一辨：谁姓谦？谁姓敬？

家父、舍弟：（谦辞）

令尊、令郎：（敬辞）

寒舍、拙见：（谦辞）

贤弟、贵姓：（敬辞）

图3–20

师：学习了古代对人的称呼后，我们又将学习古文的一个特殊句式——省略句。

请同学们将课件中省略的内容补充完整，以便于我们翻译课文。

投影展示（图3–21）：请补上省略的内容（友、太丘、元方、家君、君、尊君）

陈太丘与友期行，期日中。（　　）过中不至，太丘舍去，（　　）去后乃至。元方时年七岁，门外戏。客问元方：“尊君在不？”（　　）答曰：“（　　）待君久（　　）不至，（　　）已去。”友人便怒曰：“（　　）非人哉！（　　）与人期行，相委而去。”元方曰：“君与家君期日中。（　　）日中不至，则是无信；（　　）对子骂父，则是无礼。”友人惭，（　　）下车引之。元方入门不顾。

图3–21

师：好，现在请同学们根据课下实词注释，将全文翻译一遍，注意省略的成分，句子要符合现代汉语表达习惯。

（学生翻译，教师出示句子，学生回答。）

四、探究品析，学做“方正”

师：从这篇课文的翻译中，我们看到了体现本文要义的两个词——“信用”“礼貌”。《陈太丘与友期行》出自《方正》篇。方正，指人行为、品性正直，合乎道义。文中哪些地方能够体现出陈元方的“方正”？请按以下格式回答。

投影展示（图3–22）：

> 我从______读出了元方的“方正”，体现了元方______的品性。

图3–22

生：我从“日中不至，则是无信；对子骂父，则是无礼”中读出了元方的“方正”，体现了元方懂得要讲信用、讲礼貌的品性。

生：我从“待君久不至，已去”中读出了元方的“方正”，体现了元方勇敢、能大方和大人对话的品性。

生：我从“元方入门不顾”中读出了元方的“方正”，体现了元方有自己判断、刚正的品性。

师：同学们的发言特别精彩，还有很多同学也都准备好了，时间关系，这个发言到这里。现在请大家拿出笔，写一写对第二个问题的看法，好吗？

投影展示（图3–23）：

> “友人惭，下车引之。元方入门不顾”，你认为元方这样做是否失礼，为什么？（言之成理即可。用笔写一写你的看法。）

图3–23

师：好的，老师刚刚看到同学们写得很认真，也写出了自己的看法，有同学认为失礼，也有同学认为不失礼，都写出了自己的理由，只要言之成理就可以。今天这节课我们认识了“懂信明礼”的聪慧少年陈元方，希望同学们也培养自己懂信、明礼、正直的品质，做一个“方正”的人。课件中是老师布置的作业，请同学们记下来。

投影展示（图3–24）：

拓展阅读：《世说新语》中直接介绍陈元方言行的至少有八条，分布在《德行》《言语》《政事》《方正》《规箴（zhēn）》《夙慧》六门。

请同学们课外阅读《世说新语》中的名篇。（如《蒸饭成粥》《互不相师》《小时了了，大未必佳》《梁上君子》《望梅止渴》《道旁苦李》等。）

图3–24

五、课堂反思

《陈太丘与友期行》是我在华龙学校帮扶的第一节课。上课之前，我首先把这个单元的内容了解了，这个单元有三篇现代文，均属于写人记事的散文。第四篇就是文言文《〈世说新语〉二则》，这两篇文言文也是写人记事的。《〈世说新语〉二则》是初中阶段的第一篇文言文，人教版的《教师教学用书》中对这一课文言文的教学建议是：反复诵读。因此，我将诵读作为上课的重点，那么如何才能在诵读中疏通文义，理解故事呢？什么样的形式能够激起学生的朗读兴趣呢？怎样才能将朗读的层次逐步推进呢？我想到了朗读比赛的形式，包括男女生对句朗读、男女生分别齐读、老师和学生赛读、分角色朗读、全班齐读。这几种形式的朗读落实下来，学生应该能做到“书读百遍，其义自见”。

作为初中第一篇文言文，文言文的特殊句式、文言实词特殊现象肯定也要重点讲。因此，我还是想到用抢答竞赛的形式来落实，通假字、古今异义词、敬辞与谦辞、省略句等，在竞赛中让学生掌握。

本文的主旨是通过语言、动作体现元方的“方正”之气。我将这个问题设置成了言语训练题，既锻炼了学生的思维，又强化了学生的语言表达，能够顺理成章地完成教学目标，也能够较好地实现语文课的工具性和人文性的统一。

课堂结束后，华龙学校语文科组进行了集体评课。这一次上课形式是“同课异构”，还有华龙学校的谈老师在另一个班上这篇课文。语文组的老师对我本次上课给予了较高的评价，认为主要有以下几个亮点：①课堂善于对学生的发言进行及时反馈，并且鼓励性语言用得很好，有效地激发了该班学生课堂的积极性和参与性。②朗读环节设置形式多样，让学生在朗读中熟悉了课文、理解了意思，对课文的两次问答朗读引导得很好，学生读得越来越好。③文言实词抢答竞赛设置也很好，有课堂前面的积累，在这一环节课堂气氛已经达到了高潮，学生们踊跃发言的场面就是最好的证明。④设置的两个问题，一个用口语训练的方式，一个用书写训练的方式，既符合深圳中考的训练要求，又符合语文的教学规律，值得学习。

我个人认为这节课基本按照自己的教学设计完成了教学目标，课堂气氛和效率也不错。但是，最后一个环节稍微仓促，内容排列太紧凑，可以在朗读环节稍微进行压缩调整，这样会更加从容。另外，在学生举手回答问题时没有顾及全体学生，总是请左边的两组学生发言，忽略了右边学生的积极性。还有在点评学生发言以及课堂语言表达时，还不够简明扼要、丰富生动，希望继续努力进步，对学情的了解还需要更深入。

《回忆我的母亲》教学设计

深圳市龙岗区布吉中学　梁建清

第一课时

一、教学目标

（1）学习回忆录的特点。

（2）学习字词，读通课文。

（3）快速浏览课文，感知课文内容，厘清文章结构。

二、教学过程

1. 激趣置疑，导入新课

1944年4月10日，延安各界隆重举行追悼八路军总司令朱德的母亲钟太夫人大会，这是中国共产党历史上仅有的一次为党的领导人的母亲举行的公祭仪式。下午2时，延安各界代表1000多人集结在杨家岭大礼堂，中共中央、陕甘宁边区政府的领导人毛泽东、周恩来、林伯渠等，延安农民劳动英雄田二鸿，工人劳动英雄郝作明和士绅商民代表均参加了此次追悼大会。悼堂布置得庄严肃穆，灵前香烟缭绕，灵幕上高悬着“精神不朽”的大红旗。悼堂四周挂满了延安各界的挽联。

这是怎样的一位母亲，竟能让中国共产党为其举行公祭仪式？而且还是历史上仅有的一次为党的领导人的母亲举行的公祭仪式！她还养育了朱德总司令这样一位时代的伟人。今天我们学习朱德的《回忆我的母亲》，看看这是怎样的一位母亲。

设计意图：对于回忆性写人的记叙文，一般情况下，学生的兴趣不是很浓。以这样的形式导入能激起学生的兴趣，吸引学生的注意力，让学生更快、更好地进入新课的学习中。

2. 知识梳理，夯实基础

（1）作者简介。

朱德（1886—1976），字玉阶，四川仪陇人。伟大的马克思主义者和无产阶级革命家、军事家、政治家，中国人民解放军和中华人民共和国的卓越领导人，中华人民共和国十大元帅之首。朱德同志的一生是为共产主义事业奋斗的一生。他为中国革命和建设事业建立了不朽的功勋，受到全党、全军和全国各族人民的衷心爱戴。其主要著作收入《朱德选集》。

（2）写作背景介绍。

朱德的母亲于1944年逝世。朱德得知母亲逝世的消息后，怀着悲痛的心情，写了这篇叙事散文《母亲的回忆》。本文最早发表在1944年4月5日延安《解放日报》上。但是这个题目容易引起歧义，它既可以理解为母亲所回忆的往事，又可以理解为作者对母亲的回忆。于是1984年秋季中学课本将此文题目改为“回忆我的母亲”，一直沿用至今。

（3）文体常识。

回忆录，是传记的一种，用回忆的形式记叙历史事件或个人的真实生活。

回忆录主要属记叙文体裁，它把作者对被回忆者的几件能刻画人物性格、表达一个主题的材料组织起来，又加以适当的抒情和评论。

回忆录具有如下特点：①用叙述、描写的方法，追记本人或他人过去的生活经历和社会活动；②篇幅有长有短，带有文献性质；③要求写真人真事，语言简明平实。

（4）检查预习，积累字词。

① 找出文中生字词，并注音。

佃农（diàn）	祖籍（jí）	迁徙（xǐ）
溺死（nì）	妯娌（zhóu li）	勉强（qiǎng）
衙门（yá）	血溅（jiàn）	瞒着（mán）

不辍（chuò）　　　　慰勉（wèi miǎn）　　　　私塾（shú）

② 结合具体语境理解词义。

不辍劳作：不停地劳动（耕作）。

任劳任怨：一切劳苦和怨言都能经受。

宽厚仁慈：待人宽大厚道，仁爱慈善。

为富不仁：为了发财致富，没有一点儿仁慈的心肠。

节衣缩食：尽量节省。节，减省；缩，缩减。

支撑门户：勉强维持家庭。

东挪西借：文中指到处向人家借钱。

好劳动：劳动的好手。

设计意图：梳理基础知识，为学习新课打下基础。了解作者和写作背景，能更好地把握文章的中心思想。学习文体知识，能更好地理解文章的行文特点。生字注音、词语解释，能更好地理解文章内容，扫清文字障碍。

3. 初读课文，整体感知

（1）快速浏览课文，说说本文主要写了什么内容。

明确：本文主要写了作者回忆母亲勤劳的一生。

（2）小组讨论：本文叙事的线索是什么？

明确：以母亲“勤劳一生”为线索。

（3）本文的行文结构是什么？

明确：“总——分——总”的结构。

（4）说一说本文的记叙顺序。

明确：倒叙——顺叙——倒叙。

（5）初步体会文章的感情，思考全文的抒情线索。

明确：“爱”是基本感情，是贯穿全文的感情。作者怀着对母亲深深的爱，哀思母亲，敬重母亲，歌颂母亲，感谢母亲，唱出一支对母亲的深情赞歌。

设计意图：《义务教育语文课程标准（2011年版）》提出：“初中生要养成默读习惯，有一定的速度，阅读一般的现代文每分钟不少于500字。”本板块主要让学生通过快速浏览课文，初步感知文章的主要内容，并把握文章的记叙和抒情线索。

4. 再读课文，理清结构

（1）讨论交流：全文可以分成几个部分，并概括每个部分的主要内容。

第一部分：（1）总说。痛悼母亲逝世，引出对母亲的回忆。

第二部分：（2～15）叙述家庭情况，着重写母亲一生中的主要事迹，歌颂母亲的美德，感谢母亲的养育之恩。

第三部分：（16～17）写对母亲的沉痛悼念，并表达了作者以尽忠于党和人民来报答母亲深恩的崇高的思想感情。

（2）第一部分在全文中起什么作用？

明确：①点明写此文的原因："得到母亲去世的消息，我很悲痛。"

②点明感情基调："我爱我母亲。"

③点明叙事线索："勤劳一生"，引出对母亲一生事迹的回忆。

（3）第二部分如何分层？

第二部分分层，以"在家——离家——感谢母亲"作为分界点。

第1层（2～8）宽厚仁慈，勤劳简朴，坚强不屈。

第2层（9～13）支持"我"求学，同情革命，支持革命。

第3层（14、15）概括母亲对"我"的教育影响。

（4）作为全文的结尾，第16段表达了哪几层意思？

有三层意思：一是悼念母亲的离去，二是对母亲的高度评价，三是决心尽忠革命事业。

设计意图：《义务教育语文课程标准（2011年版）》提出要"积极倡导自主、合作、探究的学习方式"。本板块主要采用独立思考与小组讨论交流相结合的方式，让学生在再读课文的基础上，小组讨论交流学习，进而整体把握文章的内容。

三、板书设计

回忆我的母亲
- 悼念母亲，引出回忆　　总
- 叙述事迹，歌颂美德　　分
- 痛悼母亲，报答深恩　　总

第二课时

一、教学目标

（1）理清本文讲述了母亲的哪些事迹，分析母亲的人物形象。

（2）学习文章通过选取典型事例来表现人物性格的方法，并领会文章质朴而又富有深情的语言特点。

（3）学习朱德同志的母亲勤劳俭朴、宽厚仁慈、坚忍顽强的美德，体会作者对母亲的思念、敬爱之情。

二、教学过程

1. 梳理事件，走进人物

（1）根据上节课所学的内容，说说你对朱德母亲的第一印象是什么？

学生根据自己对文章的初读感悟来谈对文中母亲的印象，谈完请其他学生点评并补充。

（2）文章描写母亲使用什么顺序？

明确：时间顺序。

（3）跳读课文，在文中勾画表明时间的词语，并思考：这些时间母亲经历了什么事情？表现了母亲怎样的思想品质？并完成表3–1。

表3–1

时间	母亲经历的事情	表现说明母亲的思想品质
作者小时候	“好劳动”、“整日劳碌着”	
1895—1900年前后		母亲坚强不屈的性格、朴素的阶级意识
		摆脱贫困和压迫的愿望
1908年		
	离开土地就不舒服	
1924—1927年		
	过着勤劳的农妇生活	
1944年		

教师引导学生快速从文中筛选信息，并在文中画出相关的信息（表3–2）。生回答后，师点拨。

表3–2

时间	母亲经历的事情	表现说明母亲的思想品质
作者小时候	“好劳动”“整日劳碌着”	母亲勤劳俭朴、任劳任怨、宽厚仁慈
1895—1900年前后	遭遇退佃、搬家和天灾，母亲“没有灰心”，对劳苦农民的同情和对为富不仁者的反感更强	母亲坚强不屈的性格、朴素的阶级意识
1905年	节衣缩食，借债供作者读书	摆脱贫困和压迫的愿望
1908年	支持、慰勉作者参加革命	深明大义
1919年	离开土地就不舒服	继续劳动、直到最后
1924—1927年	独立支持一家人的生活	勤俭持家、深明大义
1937年	过着勤劳的农妇生活	理解党的困难，支持革命，期望革命成功
1944年	86岁高龄仍“不辍劳作”	热爱劳动

（4）观察表格，说说你发现了什么？

明确：从表中可以看出本文按时间顺序，记叙母亲一生的经历，表现母亲的优秀品质，重点突出、层次清晰、脉络分明。

设计意图：《义务教育语文课程标准（2011年版）》提出：“学生对作品中感人的情境和形象，能说出自己的体验。”让学生谈谈自己对朱德母亲的第一印象，即让学生对作品中感人的形象说出自己的体验。这样既能让学生对上节课所学的内容进行回顾，同时也能更好地过渡到本节课中来。让学生从文中筛选信息，旨在培养学生筛选、整合信息的能力，同时引导学生通过具体事例来分析人物形象。

2. 品析语言，探究写法

（1）品味语言，分析作用。

① 第4段“总是天不亮就起床”中的“总是”一词说明了什么？

明确：“总是”说明天天如此，没有例外的时候，表现了母亲的勤劳能干。

② 谈谈你对第5段中“到八九岁时就不但能挑能背，还会种地了”的理解。

明确：“不但……还……”表明“我”掌握了劳动的技能，学到了生产的知识，这些都源于母亲的言传身教，突出母亲对我个人成长的影响作用。

③ 第6段中“这类地主富人家看也不看的饭食，母亲却能做得使一家人吃起来有滋味”一句写出了什么?

明确：将“这类地主富人家看也不看的饭食”与“母亲却能做得使一家人吃起来有滋味”对比，写出了作者对地主家穷奢生活的蔑视，突出了母亲的善持家务、聪慧能干，同时也表达了对母亲的怀念之情。

④ 如何理解“母亲又给我一个强健的身体，一个勤劳的习惯，使我从来没感到过劳累”？

明确：以可感的形象“强健身体”“勤劳习惯”等表达母亲对自己的教育和影响，真切、真实、真挚。在虚实结合、实实在在的叙述中，充满了对母亲的深深敬爱和怀念之情。

⑤ 说说本文语言的特点。

点拨：本文语言最突出的特点便是语言朴实，但是更难得是它朴实中的真情实感。

文章没有华丽的辞藻和过分的渲染，但却深深地打动了读者，正所谓“朴实见真情”。作者把对母亲深深的敬爱和怀念之情渗透在对母亲的回忆之中，在字里行间的叙述中流露出一种真挚、深沉的爱。

（2）深入研读，探究方法。

① 课文选取了哪些材料来表现母亲的优秀品质?

明确：课文围绕“勤劳”精选典型事例，突出了母亲的优秀品质。例如煮饭、种田、喂猪、养蚕、纺棉花、挑水挑粪等表现了母亲的勤劳俭朴；没有打骂过我们，没有同人吵过架表现了母亲的宽厚；周济和照顾比自己更穷的亲戚表现了母亲的仁慈；在家庭遭遇不幸时不灰心表现了母亲的坚强；对“我”从事的事业的理解表现了母亲对革命的支持等等。

② 课文是怎样将众多的材料有条不紊地组织为一个整体的?

明确：课文围绕母亲“勤劳一生”这一线索，标明事件的时间并按顺序安排记叙内容。

虽然文章所记的内容时间跨度大，事件多，但脉络清晰，有条不紊。

③ 本文在记叙中适当穿插一些议论、抒情等表达方式有何作用?

明确：以记叙为主，适当穿插一些对人物、事件的议论，抒发作者的感情，这是传记体文章在表达方式运用上的特点。这些议论可以突出人物的品质，揭示事件的意义，起到画龙点睛、深化主题的作用。

④ 小结本文布局的特点。

明确：

本文的布局特点：

以时间为顺序，点面结合，既照顾全局，又突出重点。

围绕中心选材恰当。

详略得当。

夹叙夹议，叙议结合。

前后照应，过渡和衔接自然。

设计意图：通过品悟和语言分析学生可以深入文本，理解句子含义，感受文章情感，进而体会作者对母亲的敬意与怀念，同时学习本文按照一定顺序选择表现人物思想品质的写法。

3. 总结课文，拓展延伸

（1）归纳本文的主旨。

① 如何理解“这个哀痛是无法补救的”的含义？

明确：表达了作者对母亲“离我而去”的万分悲痛之情和无限热爱母亲的真挚的感情。

② 作者是怎样把对母亲的爱与对人民的爱、对革命事业的忠诚有机地结合起来写的？这给我们哪些深刻的启示？

明确：作者以设问句“用什么方法来报答母亲的深恩呢？”发人深思，将对母亲的爱引向对人民、对革命事业的热爱与忠诚，将两者有机地结合起来。爱母亲，就要尽忠于民族和人民，尽忠于党的事业，“使和母亲同样生活着的人能够过快乐的生活”。只有这样，才能报答母亲的深恩，才算爱母亲。为此，作者下定决心“能做到”，坚定信念“一定能做到”。这一段给我们的启示是：我们要继承和发扬老一辈无产阶级革命家的光荣传统，坚定意志，为实现“中国梦”而奋斗。

③ 概括本文的主旨。

点拨：文章回忆了母亲勤劳的一生，赞颂了母亲勤劳俭朴、宽厚仁慈、坚强不屈的优秀品质，叙述了母亲对自己的教育和影响，抒发了对母亲的深深怀念和无比崇敬的感情，表达了自己继续尽忠于民族和人民，尽忠于党来报答母亲的决心。

（2）拓展延伸。

① 学完这篇回忆录，我们应该向朱德同志学习哪些崇高品质呢？

明确：爱母亲，并把这种爱扩大到爱广大的劳动人民，并为之奋斗终生的崇高思想品质。

② 对比阅读。写名人与母亲之间的故事的文章还有很多，如胡适《我的母亲》、邹韬奋《我的母亲》、老舍《我的母亲》以及贾平凹《我的母亲》等。

同学们课后可以去阅读这些文章，并对比与本课的异同。

设计意图：一堂课的结尾不是画上了一个句号，而是寻求一种延伸和开放，学以致用。课文是学生学习的最好范本，在结尾之处，设计拓展对比阅读，既能增加学生对课文内容的理解，又使学生的思维向更深处发展，使学生的能力得到运用和提高。

4. 布置作业

（1）比较阅读老舍《我的母亲》和朱德《回忆我的母亲》。

（2）小作文：母亲二三事。

三、板书设计

板书设计：

回忆我的母亲
- 勤劳俭朴、宽厚仁慈：整日忙碌、节衣缩食、任劳任怨、周济穷人
- 反抗压迫、支持革命：教“我”与困难作斗争、鼓励“我”走上革命的道路 —— 尽忠于民族和人民，尽忠于中国共产党

爱母亲——交融、升华——爱党、爱人民

推荐阅读篇目：

（1）胡适《我的母亲》

（2）邹韬奋《我的母亲》

（3）老舍《我的母亲》

（4）贾平凹《我的母亲》

（5）莫言《对母亲的诉说》

作文有乾坤，亮“题”显神气

——《中考作文点题技法》作文课课堂实录

深圳市龙岗区布吉中学　唐子慧

一、点题得法，明确概念

师：同学们，我们还有两个月就要中考了，老师今天给大家上一堂中考考场作文的指导课好不好？今天主要教教大家点题的技法。（出示课件）

生：好！

师：平时咱们写记叙文，主要遇到哪些难关？

生1：没有材料。

生2：中心不明确，没有中心。

生3：记流水账。

生4：不会点题。

生5：不会审题。

师：同学们概括得很对，这些都是我们常见的问题。记叙文主要有三大难关：秀才难过审题关（审题）、巧妇难为无米之炊（选材）、谁能明明白白我的心（点题）。今天这节课，我们就主要攻克点题难关。（出示课件）

师：什么是点题呢？（概念明确，全班齐读。）点题就是在恰当的地方用简明扼要的语句点明题意，揭示文章的主旨，暗示全文的脉络层次。这种用于点题的语句，我们称之为点题之笔。（出示课件）

师：同学们说说为什么点题这么重要呢？

生1：如果作文不点题，就是一篇跑题作文。

生2：如果不点题，老师不知道你在写什么。

师：是的，没错。阅卷老师说“一篇中考作文的阅卷时间平均13秒左右”。决定得分的最大因素就是作文是否切合题意和紧扣中心。学生因扣题不紧造成的分数损失，远比语言表达和结构失误造成的损失惨重。有时候一个关键词、一句关键的话，就会救活一篇中考作文！

二、范文引路，探寻妙法

接下来，我们看一篇范文《将嘴角轻轻上扬》，画出点题句。

将嘴角轻轻上扬

轻轻将嘴角上扬，脸上便会微微地泛起淡淡的笑容。这小小的一个动作，就像是春天的樱花，在大地上纷纷绽放；就像那柔柔的清风，在水面上脉脉流淌；就像是春天里的朝阳，能照亮你的整个心房。

生活难免不如意。当我被人欺负，只能一个人躲在落寞的角落里抹眼泪时，朋友为我递来一张纸巾，那是白色的，不由想起他们常说的：“快乐是洁白的。”是这样的白色吗？轻轻打开，心不由得颤动了：映在纸巾上的，是一个笑脸，天真而又浪漫。我抬头看了看她，她冲我微微一笑，如阳光般，一下子驱走了我心中的阴霾。

我用颤抖的双手捏着一份意味着不幸的试卷，只好揣着一颗冰冷的心走在悬崖边缘，四周只有冰天雪地，我在那里绕了一次次的圆圈，突然，脚一下踩空，身子就要下坠。这时，同学拉了我一把，猛一抬头，是他们递给了我一串微笑。微微的一笑，是如此温暖。于是，我更加相信，我还可以返回成功的岸上。

是啊！微笑看似平凡，但却具有与阳光一样的魔力。只是一个简简单单的微笑，却在这一刹那像所有的花都绽放了，一切都姹紫嫣红；在这一刹那像粉妆玉砌的世界，一切都散发着冰寒的美丽动人。

朋友，当你遇到烦心事时，你可以对着镜子咧开嘴，轻轻地微笑一下，你会感到所有的烦恼都已抛到了九霄云外；当你每天沉浸在“卷海”之中时，你可以利用倒杯水的时间，对着镜子微笑一下，你会感到自己好像褪下了一层沉重的外衣；当你在舞台上为自己的表演捏了一把汗时，你可以对着台下的观众微微地笑一下，所有鼓励的目光，会让你感到从未有过的力量。

生活，是一幅多彩的图画，微笑是画中一抹亮丽的色彩。在我眼里，微笑是生活中盛开的花朵，微笑是社会里快乐的音符，微笑是沟通人心灵的纽带。

朋友，将嘴角轻轻上扬吧，快乐自己，也会感染他人。

师：请大家按顺序读出点题句出来。

生1：第一段——轻轻将嘴角上扬，脸上便会微微地泛起淡淡的笑容。

生2：第二段——映在纸巾上的，是一个笑脸，天真而又浪漫。我抬头看了看她，她冲我微微一笑，如阳光般，一下子驱走了我心中的阴霾。

生3：第三段——微微的一笑，是如此温暖。

师：非常好，同学们找得精准！第三段还有吗？

生4：这时，同学拉了我一把，猛一抬头，是他们递给了我一串微笑。

师：非常好，继续找。

生5：第四段——微笑看似平凡，但却具有与阳光一样的魔力。

生6：第五段——你可以对着镜子咧开嘴，轻轻地微笑一下……可以对着台下的观众微微地笑一下……

师：很好！继续！

生7：第六段——微笑是画中一抹亮丽的色彩。在我眼里，微笑是生活中盛开的花朵，微笑是社会里快乐的音符，微笑是沟通人心灵的纽带。

师：你朗读的声音真好听，听你的朗读是一种享受！找得好！

生8：最后一段都是。

师：非常棒！同学们火眼金睛，把本文的点题句都找出来了，你们观察一下，这些点题句出现在文章的哪些地方呢？

（生思考。）

生1：开头、结尾。

师：有什么好处？（追问）

生1：开门见山，结尾点题。

师：是的，开门见山，结尾点题能够快速抓住阅卷老师的眼球。

师：出现在开头、结尾的点题句是怎么点题的？

生2：直接点题。

生3：出现了题目的句子。

师：是的，这种点题法就叫作直接点作文题法。开头结尾一定要出现，能够一目了然，吸引阅卷老师的眼球。（出示课件）

课件：直接点作文题法。（开头、结尾务必要出现）

直接重复文章的标题，强调主题。一目了然，吸引眼球。

（学生记笔记。）

师：继续说说，还能发现什么特点？还能总结什么方法？

生1：我发现文章出现了好多“微笑”这个词。这也是在点题。

师：为什么你觉得它是点题句？

生2：因为上扬嘴角就是微笑，是一个意思。

生3：我觉得描写微笑的语句也就是在描写嘴角轻轻上扬。

生4：我还发现文章用了一些段落去描述将嘴角上扬的过程。

师：怎么描述的？

生4：（学生继续说）比如第五段作者写到自己遇到烦心事，可以对着镜子咧开嘴笑，在舞台紧张表演时，可以对台下观众笑。这些都是作者设置的微笑的情境。

师：对对！你观察得非常仔细，概括得很准确。这里确实通过设置情境来点题了。你是一个聪明的孩子！

生：我还发现文章的每一个自然段都有点题。

师：是的，通篇点题。

师：同学们说得很正确。那么，我们来总结一下。将题目换一种说法来点题，这种方式就叫作巧妙点关键词法，即大量出现与题目相关、相近的词语和句子。（出示课件）

课件：巧妙点主题法。

大量出现与题目相近、相关的词语、句子。

（学生记笔记。）

师：设置情境的这种点题，可以概括为分散点关键词法，就是把题目关键词拆分开，分别扩展成短语或者句子，形成段落，创设成一种情境。要兼顾多个关键词。

课件：分散点关键词法。

将题目关键词拆分开，分别扩展成短语或者句子。兼顾多个关键词。

三、学以致用，修改病文

师：接下来，我们用本节课学的方法来改一篇病文，进行点题技巧训练。本文内容没有问题，但是通篇却一句点题句都没有，请你修改。

1. 病文题目：童真去哪了

要求：

（1）小组通力合作，集思广益。

（2）用本课所学方法，任选其二，其中第一种方法必选，找准关键处点题。

（3）时间：8分钟。

（4）点题句力求精简，追求句式美。

（生开始作文，师巡视。）

2. 童真去哪了

冰心说过："童年，是真中的梦，梦中的真，是回忆时含泪的微笑。"

曾经，一到周末，我会带上渔网，手握水瓶，到附近池塘去捞鱼。在那，我会遇到许多志同道合的小伙伴。渔网勾起池面一层一层的涟漪，仿佛轻快的鱼儿将色彩点缀在我们心灵的画板上，一下午都被欢笑充斥，随着阳光洒向大地，越发灿烂！如今，那一方池塘早已杂草丛生，无人问津，我也不再到那去捞鱼了。

时常，停电了我会欢呼雀跃，与弟弟在黑暗中玩耍，也不必担心蒙上眼睛是否还能看得见，为一问题争执，那时，月光似乎也与我们欢快地跃动呢！漆黑中，一月两影，欢快奔腾！如今，一盏盏熄灭的灯带来的只是惊慌，我在慌乱中寻找蜡烛，逃避着只有月光的寂寞，因为作业还未完成，怎还有时间玩？

不知多少次，我会顶着炎炎烈日，到空地草坪上捉蟋蟀，那时，我时常会因自己辛苦捉来蟋蟀高兴得忘记了闷热，甚至捉一下午，定要玩得尽兴！如今，炎炎烈日下，我懒洋洋地躺在床上，享受着冷气，却再不出去玩耍。

于是又我想起冰心的话：“童年，是真中的梦，梦中的真。”这证明童年还在，它仍在深深池水下，盏盏明灯内，只只蟋蟀的跳跃中。

（生以小组为单位共同创作，师随机指导。）

（8分钟时间到。屏显。小组派代表上台读该组修改的内容。）

小组一：

（开头加点题句）童真，化作梦，化作泪，化作微笑，化作回忆。童真，去了哪里？

（第二段段末加）我的童真，埋没在那丛杂草里。

（第三段段末加）我的童真，融进了漆黑的夜里。

（第四段段末加）我的童真，散在了那片草地里。

（结尾段加）寻思着，那场梦，那份回忆，那段童真，还能去哪里呢？

师：非常好！这个小组将童真化虚为实，把这种非常抽象的概念用具体可观的画面展现出来。那么，有没有运用本节课的方法呢？我想请个同学来点评一下。

生1：这个小组用了直接点主题法和分散点关键词法，每一段都用关键词概括出来，埋在杂草里、融进漆黑的夜里、散在草地里，分别结合童真来点题。

生2：开头、结尾直接点题了，首尾呼应。

小组二：

（第二段段首加）童真，在那一方杂草丛生的池塘中消失了。

（第三段段首加）童真，在那一盏盏熄灭的灯中暗淡了。

（第三段段首加）童真，随着那一只只蟋蟀跑远了。

（结尾段加）童真，它到底去了哪里？它躲起来了，等着我们去捉迷藏。

小组三：

（开头段尾加）可现如今童真去哪了？

（第二段段末加）儿时的童真早已与曾经的鱼儿流向远方，童真流向哪了？

（第三段段末加）时间带走了欢乐，带来了惊慌，不知将童真带去何方。

（第四段段段末加）啊，童真随着成长渐渐离开，不知它去哪了？

（结尾段加）原来，童真一直在我身边，只是时光为它盖上了厚厚的灰尘，在我记忆中不易被发现罢了，其实，童真一直都在。

师：好一个不知将童真带去何方。写得真好！童真其实一直都在，只是被时光遗忘，被我们遗忘，等待着我们去发现、去探寻。这个小组又是怎么点题的？

生：这个小组也用了直接点作文题法，在每一段都有直接出现题目的语句，同时也用了巧妙点主题法，出现了与题目相关的词语和句子。

四、小试牛刀，妙笔定睛（10分钟）

师：接下来，我们再来练一个题目，刚刚是修改病文，现在我们自己写一写点题段落。

题目：唱给自己的歌。

要求：

（1）用本课所学方法，任选其二，其中第一种方法必选，列提纲，写出点题句，突出中心。

（2）时间：10分钟。

（3）点题句力求精简，追求句式美。

（屏显）

生范例1：

（中间过渡段）理想，是唱给自己的歌：你慵懒时，它呼唤你勤奋；你莽撞时，它呼唤你谨慎；你跌倒时，它呼唤你站立……

（中间过渡段）青春，是唱给自己的歌。拥有了它，便拥有了潇洒和风流；拥有了它，便拥有了灿烂和辉煌；拥有了它，便拥有了光明与希望……

生范例2：

（开头段）唱给自己的歌，让它唱走一件件悲伤的事，让它唱走心中的胆怯，让它唱走内心的焦虑和紧张。

（中间过渡段）唱给自己一首愉悦之歌，在遇见悲伤时，让它唱跑内心的悲伤，留下满满的正能量。

唱给自己一首勇气之歌，在遇见胆怯时，让它唱走心中的害怕，留下一份能与之对抗的勇气。

唱给自己一首放松之歌，在遇见紧张时，让它唱出你心中的紧张，留下一身的轻松。

（结尾段）唱给自己的歌，让它唱走胆怯、悲伤、紧张，我将更加坚强地向前走。

生范例3：

（开头段）岁月如梭，世事都如浮光掠影。但那如蝶一般翩翩起舞的音符，却依旧在我的脑海。在同样的街道，同样的时间，唱出那首唱给自己的歌。

（中间过渡段）：唱着那首歌，我心中洋溢着幸福……

唱着那首歌，心中的烦恼都灰飞烟灭……

（结尾段）唱着给自己的歌，哼出心中的故事。

生范例4：

（开头段）走在熟悉的道路上，听着耳熟能详的歌，回想起自己的故事，唱着给自己的歌。

（中间段）唱给自己的歌，唱出懵懂无知的勇敢无畏。

唱给自己的歌，唱出身经百战的如鱼得水。

（结尾段）走在全新的道路上，怀揣着不忘的初心，畅想着未来，唱给自己的歌。

五、课堂小结

师：同学们，今天这节课，大家都非常积极投入地参与到课堂中，你们不仅运用方法修改了病文，更在短短时间内写出了品质较高的点题段落，相信大家都收获满满。希望今天的这些来自实践的体会能对你们以后的写作有切实的帮助。写作功夫在课外，祝愿大家在以后的写作中巧用方法，多思多写，让写作成为生活的习惯，飞向更高远的写作天空！

填出形象　读出诗情　领会内涵

——《海燕》教学设计及课堂简录

深圳市龙岗区万科城实验学校　甘亚锋

《海燕》是一篇散文诗。本篇教学设计以“漏词填空”的方法降低文本学习难度系数，引导学生捕捉重点词语，深刻理解文本。设计灵感来源于阅读教学中的词语可不可以删除、可不可以替换等题型。三个学习片段，层层推进，“读”字贯穿始终。

一、文本第1~6自然段

1. 学习目标

分析海燕和海鸥、海鸭、企鹅的形象，理解对比、反衬手法的运用。

2. 课件展示

在乌云和大海之间，海燕像黑色的（　　），在（　　）。一会儿翅膀（　　）波浪，一会儿（　　）地（　　）乌云，它（　　）着……

海鸥在暴风雨来临之前（　　），——呻吟着，它们在大海上（　　），想把自己对暴风雨（　　），掩藏到大海深处。

海鸭也在呻吟着，——它们这些海鸭啊，享受不了生活的战斗的欢乐：轰隆隆的雷声就把它们（　　）了。

愚笨的企鹅，胆怯地把肥胖的身体（　　）在悬崖下……只有那高傲的海燕，勇敢地，自由自在地，在泛起白沫的大海上飞翔！

3. 课堂简录

师：对照文本，补充完整括号中的词语。

生：“闪电”“高傲地飞翔”“碰”“箭一般”“冲向”“叫喊”“呻吟着”“飞窜”“恐惧”“吓坏”“躲藏”

师：请同学们读读课件中第一段补充的词语，你觉得这是一只怎样的海燕？

生：勇敢。

师：大家齐读这一段，重读括号中的词语，读出海燕的勇敢。

（学生读）

师：海燕对暴风雨的态度是？

生：渴望。

师：海燕是勇敢的，对暴风雨是渴望的。其他的海鸟呢？这些海鸟给我们的印象是——

生：胆怯。

师：它们对暴风雨的态度是？

生：恐惧。

师：请同学们齐读这些段落，读出海燕的勇敢和海鸟们的胆怯。

（学生齐读）

师：通过“闪电”“高傲地飞翔”“碰”“箭一般”“冲向”“叫喊”和“呻吟着”“飞窜”“恐惧”“吓坏”“躲藏”这些词语的对比，我们能体会到海燕的勇敢和海鸟们的胆怯，这种手法就是对比、反衬。

二、文本第7～11自然段

1. 学习目标

分析描写海燕用词的不同，感知海燕更加勇敢的形象，体会海燕坚定的信念和必胜的信心。

2. 课件展示

海燕叫喊着，飞翔着，像黑色的闪电，箭一般地（　　）乌云，翅膀（　　）波浪的（　　）。

看吧，它（　　）着，像个精灵，——高傲的、黑色的暴风雨精灵，——它在（　　），它又在（　　）……它笑那些乌云，它因为欢乐而号叫！

在乌云和大海之间，海燕像黑色的闪电，在高傲地（　　）。一会儿翅膀（　　）波浪，一会儿箭一般地（　　）向乌云，它（　　）着，——就在这鸟儿勇敢的叫喊声里，乌云听出了欢乐。

3. 课堂简录

师：海燕在乌云越来越暗、越来越低时的表现是?

生：越来越勇敢。

师：从哪些地方可以看出海燕越来越勇敢?

生：在暴风雨将要来临的时候，海燕是翅膀“碰着”波浪，而这时是“掠起波浪的飞沫”。“掠起飞沫”说明海燕飞翔的速度更快、力量更强。

师：还有哪些词语相比较可以体现出海燕更加勇敢?

生：“穿过乌云”和“冲向乌云”。

生：“大笑”“号叫”和“叫喊”相比，“大笑”和“号叫”声音更大。

师：乌云越来越暗、越来越低，环境的进一步险恶也很好地烘托了海燕更加勇敢的形象。海燕在大笑，它在笑谁呢?请用原文回答。

生：它深信，乌云是遮不住太阳的，——是的，遮不住的！

师：我们齐读这句话。

（学生读）

师：这句话运用了什么修辞手法?

生：反复。

师：表明了海燕对战胜乌云的态度是?

生：深信的！

师：海燕对战胜乌云是深信不疑的，它有着坚定的信念和必胜的信心。用我们的声音表达出海燕这种坚定的信念吧！老师读“它深信，乌云是遮不住太阳的”，同学们紧跟着读“是的，遮不住的！”

（师生合作共读）

三、文本第12自然段至文末

1. 学习目标

引出文章的写作背景及象征手法，揭示文章深刻的象征内涵。

2. 课件展示

——暴风雨！暴风雨就要来啦！

这是勇敢的海燕，在怒吼的大海上，在闪电中间，高傲地飞翔；这是胜利的预言家在叫喊：

——让暴风雨来得更猛烈些吧！

3. 课堂简录

师：狂风吼叫，雷声轰响。暴风雨就要来了，海燕又有怎样的表现呢？同学们齐读文章最后3个自然段。

（学生齐读）

师：狂风吼叫，雷声轰响，环境越来越险恶，海燕依然高傲地飞翔，渴望暴风雨来得更猛烈些！作者还说海燕是预言家。海燕预言什么呢？

4. 课件展示写作背景

高尔基在1901年2月19日从故乡来到彼得堡，参加俄国作家协会为纪念农奴解放40周年而举行的特别会议，发表了抨击沙皇政府的演说。3月4日，几千名大学生和工人为抗议沙皇政府把183名大学生送去当兵，在彼得堡举行示威，遭到残酷镇压，有些人被打死，许多人受了伤。高尔基参加了这次示威，目睹了沙皇政府的暴行，极为愤慨。1901年3月12日他回到故乡后，根据当时的斗争形势和参加示威的感受，写成了“幻想曲”《春天的旋律》，《海燕》就是它的结尾，原题为“海燕之歌”。那时正是俄国革命前夕最黑暗的年代，俄国工人反抗情绪不断高涨，动摇着沙皇统治的根基。来自社会底层的高尔基触摸到刚刚开始跳动的新时代脉搏，以敏锐的艺术感悟力创造出了“海燕”这一艺术形象，来欢呼即将到来的革命风暴，鼓舞人们去迎接伟大的战斗，为无产阶级唱出了一曲充满战斗激情的颂歌。

生：预言革命风暴。

师：这种写作手法就是象征。结合各种事物在暴风雨来临前的不同表现，想想它们分别象征什么呢？

学生：海燕象征革命者……

老师：海燕象征无产阶级革命先驱，它呼唤让暴风雨来得更猛烈些！《海燕》这篇散文诗是革命者掷地有声的战斗宣言，表达了革命者自信豪迈的战斗情怀和高昂的革命乐观主义精神。这是革命者对人民群众的革命召唤，号召人民行动起来，去迎接一场伟大的“暴风雨”式的革命。

（师生共读全文，结束本节课的教学）

《桃花源记》说课稿

深圳市龙岗区布吉中学　梁建清

尊敬的各位评委老师：

大家好！我是3号选手。

今天我说课的课文就是陶渊明的《桃花源记》。下面我将从教材分析、学情分析、教学目标、教法学法、教学过程及教学反思六个方面对本课进行说明。

一、教材分析

《桃花源记》是部编版语文教材八年级下册第三单元的第一篇课文，本单元是古诗文单元，《桃花源记》是教读课文，居单元之首。

这是一篇故事性很强的艺术作品，给读者展现了一个风景奇丽秀美，人民安居乐业、丰衣足食的理想境界。

本文表达了陶渊明对美好社会的追求。反映了古代劳动人民对美好生活的向往。但是作者十分清楚地看到，在当时的条件下这样的理想是无法实现的。

二、学情分析

八年级的学生通过七年级一年的学习，已经初步了解了学习文言文的方法，学习自觉性很强，《桃花源记》这篇文言文语言浅显易懂，疏通文义绝非难事，学生能够借助注释和工具书基本疏通文意，加上教师的点拨，学生能对文章的内容有较快的理解，熟读成诵。

三、教学目标

根据教材特点，学生心理、智力发展水平，依据新课标“知、过、情”三个维度，我将本课的教学目标确定为：

（1）知识与技能：正确、流利地朗读课文，积累一部分文言常用词语，了解古今异义现象。

（2）过程与方法：熟读课文，理清课文的线索。

（3）情感态度与价值观：联系时代背景，理解作者的思想倾向和社会理想。

四、教法学法

本课我所采用的教法主要是情境教学法、朗读分析法、问题引导法、读写结合法等，并运用多媒体辅助教学。

在学法上，我贯彻的指导思想是“把学习的主动权还给学生”，采取诵读法、勾画圈点法、小组讨论法以及自主合作探究法，让学生养成良好的阅读习惯。

五、教学过程

为了完成教学目标、解决教学重点、突破教学难点，课堂教学我设计以下五个教学环节。

1. 创设情境，导入新课

（PPT播放）我国各地有好多个地方都叫“桃花源”，欣赏各地桃花源图片：庐山桃花源景区，湖南省桃源县的桃花源，安徽黟县的桃花源，广西的桃花源……（约3分钟）

所有这些“桃花源”都源于陶渊明的文章《桃花源记》，可见《桃花源记》影响之大。

设计意图：用多媒体教学手段来阐明《桃花源记》的影响，增强学生学习兴趣，激起学生对审美的感知和想象。

2. 知识梳理，夯实基础

（1）作者简介。

陶渊明（365—427），字元亮，又名潜，世称靖节先生，因宅边曾有五棵柳树，又自号“五柳先生”。

（2）写作背景介绍。

写本文时陶渊明已经五十七岁了。他拒绝同刘裕的宋政权合作，不满黑暗的政治现实，同时由于他和农民接近，理解他们追求理想的愿望，所以写了这篇记。

（3）文体常识。

记：古代的一种文体，以叙事为主，可记游，可抒情，可议论，可描写。往往通过记事、记物、写景、记人来抒发作者的感情或见解，即景抒情，托物言志。

（4）检查预习，积累字词。

① 给生字注音，如：便舍（shě）船等；

② 重点字词解释，如缘：顺着，沿着等。

设计意图：梳理基础知识，为学习新课打下基础。

3. 初读课文，整体感知

（1）反复诵读，整体感知。

① 学生听配乐朗诵，以此为示范向导，让学生进入情境。

② 学生自由读，读法自定，或朗读，或默读，甚至可以吟唱。

③ 小组内互评，看谁读得最清楚、流利。

（2）结合课本注释及工具书，疏通文义。

① 小组合作翻译课文。

② 小组派代表展示翻译。

③ 教师相机引导点拨。

设计意图：采取多元化的朗读形式，让学生初步整体感知课文，进而理解句意、文意的层次，领悟文本内涵。

4. 再读课文，理清结构

（1）小组合作，给文章划分层次。

①（第一段）武陵渔人偶然发现桃林。

②（第二、三段）渔人进入桃源，在桃源人家里做客及辞去的经过。

③（第四、五段）渔人离开桃源后，太守等人先后探访桃花源未果的情形。

（2）本文的线索是什么？

以渔人进出桃花源的行踪为线索。

（3）本文的叙事顺序是什么？

① 以时间先后为顺序来叙事。

② 发现桃林——进入桃林——离开桃林——再寻桃林。

设计意图：引导学生从整体上把握文章内容，理清作者的写作思路，培养学生的概括能力。

5. 深入研读，揭示主旨

（1）思考作者笔下的桃花源具有怎样的特点。

桃花源环境优美、资源丰富；社会和平安定，没有剥削，没有压迫，没有战乱。

桃花源人热情好客、淳朴，人与人之间关系融洽。

（2）渔人一一为具言所闻，桃源人为什么“皆叹惋”？

为桃源外的世界如此动乱、黑暗而叹惋。

为桃源外的人没有过上安定和平的生活而叹惋。

（3）作者写这篇文章的目的是什么？（文章主旨）

表现作者对理想的桃花源生活的向往和对现实动乱、黑暗生活的不满。

关键词：向往、不满。

设计意图：引导学生从整体上把握文章内容，理清作者的写作思路，培养学生的概括能力。

6. 总结课文，拓展延伸

（1）在桃花源中，作者寄托了怎样的社会理想？

作者虚构了这样一种理想社会：这里景色优美，土地肥沃，资源丰富，风俗淳朴；这里没有压迫，没有战乱，社会平等，和平安宁。

（2）我们应当怎样看待这样的理想？

这理想反映了广大人民反对剥削压迫、反对战争的愿望，也是对当时社会黑暗现实的批判，但在阶级社会中是不可能实现的。

（3）探究写法。

①以虚讽实；②虚实结合；③详略得当。

设计意图：一堂课的结尾不是画上一个句号，而是寻求一种延伸和开放，使学生的思维向更深处发展。

六、板书设计

板书设计：

《桃花源记》

↓

以渔人行踪为线索

发现桃花源：发现的时间、经过、景色、幽静美丽

进入桃花源：
- 所见 — 环境良好
- 所闻 — 与世隔绝
- 所历 — 民风淳朴
- 所感 — 和平安宁　安居乐业

离开桃花源：寻向所志……后遂无问律者　　似有，若无

一个与黑暗现实相对照的美好社会

寄托作者政治理想，反映人民愿望

设计意图：这是本节课的板书，板书简洁清晰地展现了课文结构，便于学生理解和记忆，理清文章脉络。

七、教学反思

教学反思：

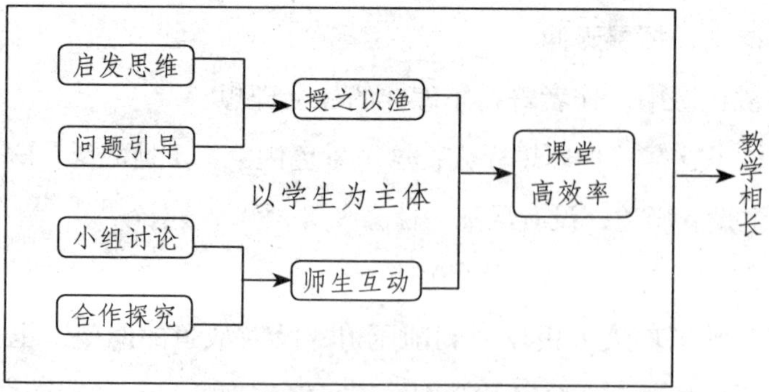

以上就是我的说课内容，谢谢各位评委老师。

《望岳》教学设计

深圳市龙岗区保安学校　王美美

一、教材分析

《望岳》是人教版语文教科书七年级下册第五单元第20课《古代诗歌五首》中的第二篇古诗。教材在课前“预习”中提示我们“围绕古诗查找相关资料，了解诗人生平及诗歌的创作背景”“有感情地诵读古诗，注意节奏和韵律，体会诗人表达的情感”；在课后的“思考与探究”中要求体会古诗结尾两句在原作中的含义以及后来衍生的意义；在课后“积累与拓展”中要求学生背诵诗歌，并用楷书默写下来。学习本课学生会对我国古代诗词名篇多了一分认识，对杜甫会有进一步的了解，同时接受诗人人道主义精神的陶染。

二、学情分析

本课教学对象是七年级的学生，虽然他们在小学接触过杜甫的诗歌，但是基本是一些模式化的固定记忆，赏析诗歌以及理解内容等能力的运用依旧欠缺。升入初中后学生存在思维活跃、乐于表现、积极主动等心理特征，但是，他们也存在着经验缺失等特点。并且线上教学对学生的专注度也是极大的考验，因为很多学生家里网络不稳定，经过几次试验，线上学习的互动环节，基本只能靠文字、因此在本文的学习中，我会多关注如何增强学生兴趣，调动学生的积极性，提高学生专注度，以完成本科教学目标，培养学生的体验感悟能力。

三、教学目标

（1）知识和与技能目标：能借助课文注解和工具书，理解古诗基本内容，正确、流利、有感情地朗读课文。

（2）过程与方法目标：通过设疑、点拨等方式感悟诗意，体会诗人情感。

（3）情感态度与价值观目标：体会诗人蕴含于诗句中的豪情壮志，从而激发青春的热情。

四、教学重难点

重点：领略泰山雄伟神奇的景色，感悟诗人蓬勃的朝气和远大的抱负。

难点：理解诗中的意境和蕴含的哲理。

五、教学过程

教学活动1：创设情境，导入古诗

教师活动：通过提问引出泰山并展示相关图片为学生创设情境，引入古诗教学。

学生活动：搜索记忆库里之前掌握的知识，思考并回答老师的问题。

设计意图：提问导入，使学生在解决问题的过程中出现新的需要，调动学生学习的积极性。

教学活动2：把握节奏，读准字音

教师活动：首先播放范读音频，之后提示重点字的读音、朗读节奏以及语调，播放学生朗读视频。

学生活动：听范读音频，标注老师提示的字音和朗读注意事项，听同伴的朗读，之后根据提示，练习配乐朗读。

设计意图：学习古诗文的关键就是诵读。学生在古诗诵读中可以有所理解并且通过诵读表达出来。

教学活动3：知人论世，走进作者

教师活动：播放杜甫的简介视频并提示学生记录自己发现的重要信息，之后介绍诗歌创作背景。

学生活动：观看杜甫生平简介视频，了解杜甫以及诗歌的创作背景，并记录重点。

设计意图：了解诗人以及写作背景，有助于对作品内容的理解，对作品意义的感悟，有助于理解诗人的创作风格。

教学活动4：注释翻译，品读情感

教师活动：带领学生一起结合注释，疏通诗歌含义，感悟其中情感。

学生活动：跟随老师，借助课下注释，一起理解诗歌含义，感悟其中情感。

设计意图：锻炼学生自己结合注释疏通古诗含义的能力，帮助学生理解诗歌大意。

教学活动5：感悟诗歌，领会主旨

教师活动：提问，让学生在线上探究交流本文主旨，教师点拨。

学生活动：自由回答，发表自己的见解，同伴间线上交流讨论。

设计意图：调动学生积极性，引发学生思维的碰撞。

教学活动6：根据提示，背诵古诗

教师活动：给出古诗提示，带领学生尝试背诵古诗。

学生活动：根据老师的提示，搜索上课的记忆，尝试当堂背诵古诗。

设计意图：既可以检查本节课的学习效果，又可以提高学生学习专注度与积极性。

教学活动7：教师总结，升华情感

教师活动：通过优美的语言激发学生内在情感，结束课程。

学生活动：聆听老师的总结，结合自己的生活，感悟并有所思考。

设计意图：由本首诗歌诗人的情感，引入当今的生活，激发学生的爱国情感。

六、作业设计

背诵古诗，并用小楷字体默写古诗，上传默写图片到钉钉，评选“小小书法家”。

七、教学反思

本节课基本上完成了预设的教学目标。上课过程中依旧有几点值得思考：①知人论世环节可以课前让大家搜索相关资料，课上进行提问检测，这样落实效果会更好些。②领会主旨环节，受网络限制，大家只能用文字交流，比较浪费时间，并且似乎有些杂乱无章，要想一个办法，看是否可以分成小组，组内代表交流。③朗诵环节，大家朗诵效果如何无法监测到。④从作业反馈来看，诗歌中的“决”与“绝”容易弄混，“曾”字错误较多，需要提示。

《伊索寓言》导读·教学设计

深圳市龙岗区布吉中学　陈　敏

播放伊索寓言《农夫和鹰》，激趣导入。

一、走近伊索，初识寓言

（1）了解伊索。

（2）初识《伊索寓言》，为学生建立一个整体的认知。

设计意图：由伊索本人的相关经历引申到《伊索寓言》，明白该书并非一时一地一人所做，是古希腊人民集体创作的结晶。

二、一睹为快，说发现，找特点

一问：看目录，读题目，说发现。

二现：情节再现。

学生活动：分小组复述或表演寓言。

设计意图：本次设计两次追问，体现寓言故事性、形象性和哲理性的特点。寓言很少写人，大都用动物和神充当主要形象。从神到人层递性地分析寓言的寓意，让平面之人逐渐立体化。让学生用复述故事的方法来锻炼自己的表达能力，深入理解寓言，提升学生的创新思维能力。

三思：寓意新解。

多思，多角度灵活理解寓言寓意——《狮子和老鼠》。

设计意图：尽信书不如无书，引导学生跳出书本上的“教训”的束缚，深入观察，多思考，如此方能洞悉背后蕴含的真理。

三、走出文本，创作寓言

（1）我是寓言家。

（2）最牛推销员。

设计意图：寓言是生活的精美浓缩，是生命的多重演奏。从课内跳到课外，走近《伊索寓言》的目的是更好地走出文本，指导生活。

04 第四篇

写出来

——梳理与提炼

例谈板块式作文构思中发散性思维的培养

深圳市龙岗区布吉中学　路桂荣

初中生在考场上面对作文题目，由于时间紧迫，往往出现打不开思路的情况，致使作文千人一面：写记叙文，许多人记述着似曾相识的内容，无法吸引阅卷老师的眼球；写议论文，往往论据陈旧老套，论证层次不够丰富，空发议论或泛泛而谈的现象比较严重，甚至为了凑够字数，同一意思反复表述，“车轱辘话”连篇。如何引导学生迈过思路遇阻这道坎呢？笔者认为教师在作文教学中要进行思维训练，尤其是构思过程中的发散性思维训练。

一篇优秀作品之所以流传久远，或者挖掘有深度，超越了芸芸众生的认识，从看似平凡的事件中挖掘出了新意；或者思维有广度，展示了作者丰富的积累；或者思想有高度，展现了作者深邃的思考，给人以启迪。这样的写作境界与作者的苦心经营密不可分，材料去粗取精、去伪存真的构思过程离不开发散性思维活动的渗入。

发散性思维有三个特性：以多量的发散为基础的流畅性、沿着不同方向去发散的变通性、突破常规去发散的独特性。对于初中生来说，我认为运用板块式构思方法训练学生的发散性思维简便易行，收效明显。

我校某次月考作文题目是“生活因……而精彩”，作文评卷时我发现绝大部分学生写的是“生活因友谊而精彩”，阅卷下来，味同嚼蜡。学生用大量的篇幅叙写了朋友之间发生的貌似相同的故事：考试时借笔、考试失利或与人发生矛盾后劝解、一块玩一块吃等琐事，还有学生借鉴《道德与法治》课本“友谊”专题内容，大谈交友的重要性、交友应注意的事项，仿佛在做报告，令人不堪卒读。针对以上存在的问题，我在讲评时从以下角度对学生进行了发散性思维的训练与指导。

一、发散思维，精选话题

作文选题的高下决定了作文的质量，确定话题是关键的一步。评讲作文时我首先让学生放开想可以选择的内容，大家七嘴八舌说了很多，我让他们随即写在黑板上，如体育（篮球、足球、乒乓球）、音乐、书法、艺术、电影、摄影、阅读、美食、电视、电脑、理想、追求、奋斗、挑战、善良、宽容、奉献、友谊、对手、思念、乐观、磨难、挫折……学生在互动中彼此启发，思维渐渐打开了，展示出了良好的流畅性，而且思维出现了变通，不停留在一个类别，越到最后学生越能想到有别于其他人的词语，如“对手”“磨难”“挫折”等。然后，我让学生从中筛选自己有话可说、想写也能写的内容，筛选过程中我启发学生最先想到的要放弃，因为容易雷同，发散之后的聚合思维是在众多可写的材料中挑出凸显个性的内容。确定话题时先放后收的过程即是发散性思维训练与指导的过程，它展示了思维的逻辑轨迹，对学生具有示范性和启发性作用。

二、板块构思，分解话题

确定话题只是写作构思的第一步，这时话题对于学生来说还只是一个笼统的内容，因此构思阶段的下一步是布局谋篇、列出提纲。基于初中生的认知特质，我给出了一些范例以便于学生模仿和操作。我首先以“生活因语文而精彩”为例，采用板块式构思形式引导学生分解话题。

1. 阅读的作品从内容上说，可以包括人、景、情、理

例1：

开头点题。

语文有数不尽的风流人物。

语文有看不尽的绝世美景。

语文有道不尽的人间真情。

结尾收束。

2. 阅读的作品从体裁上分，常见的有诗词、小说、散文等

例2：

开头点题。

语文是一首精巧的诗作，华丽的词句吸引着我。

语文是一部恢宏的著作，深刻的思想启迪着我。

语文是一篇优美的散文，纯真的感情荡涤着我。

结尾收束。

3. 从阅读的影响上来分，如果发散开来会很多

例3：

开头点题。

语文让我明白时间的珍贵。

语文让我懂得活着的意义。

语文让我学会做人的道理。

结尾收束。

当然，每一组分类里不止上述列出的三项，想的越多，表明思维的流畅性越好。鉴于作文的篇幅与作者的积累，只选取三项写足矣。通过这一系列示例，学生明白了分解话题的过程即是一次围绕话题思维发散的过程，采用不同的分类标准可以得出不同的结论。一个学生在构思过程中列出的分类标准越多，说明学生发散思维的变通性越好，那么他在行文前就有更多的选择，为产生独特的创意提供了现实可能性。

然后，我让学生尝试练习，对“生活因拼搏而精彩”“生活因追求而精彩”“生活因奉献而精彩”“生活因爱而精彩”等话题进行了发散性构思。

在训练中要引导学生认识到板块式作文主体段之间的关系通常是并列关系或递进关系，每一个板块要相对独立，不能互相牵连。

三、内容发散，筛选素材

作文框架搭好了，具体内容的选择同样离不开发散性思维。

还以“生活因语文而精彩”为例来说，我引导学生回顾自己学过的课文，根据刚才分解的话题为每一点罗列出至少三项例子。语文书里有数不尽的风流人物，精彩人物灿若星汉：这里有“江山代有才人出，各领风骚数百年”的文章大家；有“金戈铁马，气吞万里如虎”的帝王将相；有“可上九天揽月，可下五洋捉鳖”的学界泰斗……语文课本是一道精彩绝伦的人物长廊，化用教材可以写得风生水起；有看不尽的绝世美景，绮丽景色气象万千：故宫博物院的皇家威严，苏州园林的温婉秀美，桂林山水的神奇秀丽，洞庭湖水的烟波浩渺，世外桃源的祥和静谧，黄山云海的云蒸霞蔚，三峡四季的美轮美奂……语文课本还是一幅巧夺天工的山水画卷，活用教材可以写得惟妙惟肖；有道不尽的人间真情，丰富情感淋漓尽致：这里有怒发冲冠的报国志，也有窗前明月的故乡情，还有游子羁旅的离别苦。你能找到“大江东去”的豪放，也能找到“人比黄花瘦”的婉约……引用教材也可以表达得荡气回肠；中学语文课本，厚重文化源远流长：《俗世奇人》的民间绝活，《安塞腰鼓》的地域风骨，《端午的鸭蛋》的节日文化，《桥之美》的审美趣味，《核舟记》的高超技艺，《云南的歌会》的民族风情……不难看出，立足任意一个点，运用发散性思维都可以产生丰富的联想，写作何愁没有材料？

换一个角度构思，同样如此。语文是一首精巧的诗作，初中阶段，学生学过的诗作90首，这是一个丰厚的素材库，信手拈来就蔚为可观，乐观、忧愁、思乡、离别、友情、爱情、壮志、超脱……林林总总，诗歌可以说包罗万象；语文是一部恢宏的著作，不论是《西游记》还是《鲁滨孙漂流记》，不论是《孤独之旅》还是《城南旧事》，不论是《骆驼祥子》还是《童年》……一部部小说就是一部部生活百科全书，或展示了波澜壮阔的生活画卷，或娓娓道来似水流年的人生思考，给人以启迪和教诲；语文是一篇优美的散文：《背影》中的亲情感悟，《老王》中知识分子的良知，《紫藤萝瀑布》中的深沉思考，《生命、生命》中的心底呼唤……散文的世界展示了真善美，融入了情理思。

我们不妨再换一个角度继续发散，语文让我明白时间的珍贵，名言警句俯首皆是；语文让我懂得活着的意义：《邓稼先》《人生的信念》《伟大的悲剧》这些课文传达了为理想奋斗的崇高，《过零丁洋》《别云间》《梅岭三章》表达了舍生取义的抉择……语文让我学会做人的道理：读《谈生命》

明白生命有始有终，周而复始，路途中有平坦也有坎坷；读《杨修之死》知道恃才傲物是做人大忌；读《珍珠鸟》明白信赖产生和谐；读《人生寓言》中明白贪婪是不幸的根源……

教材是作文教学的源头活水，引导学生打通阅读与写作的关节，丰富的素材就会纷至沓来，作文教学也会峰回路转，柳暗花明。初中生生活视野狭窄，阅读是他们认识社会、认识人生的一个重要载体，阅读积累的广度和深度展示了学生精神成长的质量，因此教师一定要引导学生在作文中展示丰富的阅读积累，而这种技能的形成需要借助发散性思维的催化。

板块式作文构思训练开口小、方法新、指导细，有利于学生的发散性思维训练。

精选主题　丰富体验　表达真情

——生命化作文写作指导设计及反思

深圳市龙岗区布吉中学　路桂荣

一、设计思想

哲学家黄克剑说，教育是传授知识、启迪智慧、润泽生命的过程。写作是一种生命活动，写作过程是生命发展升华的过程。因此生命化作文教学应是学生生命体验的自由倾诉，情感发展的真实表达，人格修养的物质外化，教师要通过写作促进学生精神生命的成长。

（1）精选主题。课程标准基本理念指出："重视语文的熏陶感染作用，注意教学内容的价值取向。"人的生命是文化生命，写作教学要传达民族传统文化精髓，为学生生命成长打好精神的底子。中国传统文化中孝悌、谨信、博爱等思想铸就了中国知识分子"达则兼济天下，穷则独善其身"的铮铮风骨，因此生命化作文教学途径之一是从传统文化中精选主题，以课程的方式，实现民族文化的薪火相传。

（2）丰富体验。写作心理学认为：表达是人将内心深处的体验，通过语言符号等手段输出的过程。学生一方面融入生活，积累体验；另一方面开阔思维，表达心灵体验。体验可以激活学生的内心世界，因此生命化作文要体现主体的感悟性、个体的独创性、亲历的真实性。通过写作丰富学生的精神世界，提升学生的情感体验，让写作的过程成为生命净化的过程。

（3）表达真情。目前学生作文"假大空"现象源于我们的作文教学操作粗放、脱离学生实际。教学是一种情境的创造。语文教学不是以认知为主，而是以体验、感悟、熏陶为主，尤其是作文教学，教师更要通过多种手段和媒体创设情境、调动情感、增加体验，这样的写教学作就会呈现出灵动的世界。生命化作文是记录学生精神生活的载体，是展示学生心灵成长的平台，是岁月在学生心灵投射的倩影，是自由在精神世界的释放。

二、创意设计

《入则孝》诵读与作文教学整合教学设计。

三、学习目标

（1）诵读理解，汲取精华。

（2）感恩父母，诉说感动。

（3）体验亲情，表达感悟。

适用年级：初中低年级

四、课前准备

请家长为孩子写一封信，讲述养儿育女的难忘故事；教师准备《入则孝》内容导学案，出示原文及译文。

五、学习过程

1. 导入新课

师：（出示课件）2008年北京奥运会开幕式上，2008名军人击缶而歌，诵读的是什么？

生：有朋自远方来，不亦乐乎？

师：3000弟子舞动竹简，我们打开国门欢迎四海宾朋，诵读的是——

生：四海之内，皆兄弟也。

师：有谁知道这两句话出自哪里？（《论语》）

《论语》是一部语录体儒家经典著作，宋朝的开国丞相赵普就说过半部《论语》治天下。清朝秀才李毓秀根据《论语》的《学而》篇编写了一本《弟子规》。

2. 诵读理解

《入则孝》（用四张幻灯片呈现）

父母呼　应勿缓　父母命　行勿懒　父母教　须敬听　父母责　须顺承

……

丧三年　常悲咽　居处变　酒肉绝　丧尽礼　祭尽诚　事死者　如事生

（1）小组接力诵读正音。

（2）打拍子男女生轮诵。

（3）借助翻译理解意思。

（4）指名学生讲解大意。

（5）集体背诵所学内容。

3. 汲取精华

（1）假如我是父（母），我希望我的孩子记住：______因为：______。

（2）假如我是父（母），我希望删去（或修改）：______因为：______。

4. 知行合一

（1）感恩父母。

① 读读父母的殷殷期盼：读父母之信。

② 说说心中的感动瞬间：谈抚养之恩。

③ 分角色配乐朗诵汪国真的《感谢》：

让我怎样感谢你

当我走向你的时候

我原想收获一缕春风

你却给了我整个春天

……

（2）观看视频。

（过渡）：同学们，可能你曾许诺过父母，将来会给他们买多大的房子，买多好的车，也许将来你真有这个能力，但父母未必会有这份福气，请看一个短片《天堂午餐》。

（总结）：很多时候是“子欲养而亲不待”，所以尽孝应在当下。

（3）作业布置。

今天一天背会《感谢》这首诗，回去背给爸爸妈妈，并最后加一句：爸爸妈妈，我爱你们。住校生打个电话，完成这个作业。明天作文课上，以“一份特殊的作业”为题，写下你完成作业的过程、父母的反应和自己的感受。

5. 感悟表达

一份特殊的作业

初一（4）班　贾慧敏

“哈哈，没有手写的作业！”同学们激动得竟在公开课的课堂上说起了悄悄话。“我还没有说完，但咱们有一个任务，把《感谢》这首诗背给爸爸妈妈听，并加一句‘爸爸妈妈，我爱你们’。”路老师拍着桌子说，可同学们还是很兴奋，因为太简单了。可我就犯了愁，我从没向父母说过“爱”，我不敢。我有些担心地等到了放学，别的学科又都没有作业。唉！如果作业多的话，我就有理由不做了，可是，老师认为这个作业对我很重要吗？

我磨磨蹭蹭地回到家，也没心思吃饭，坐到桌前发起了呆，直到妈妈叫我去吃饭，我才胡乱地扒了几口饭。突然，我灵光一闪，立刻到屋里开始准备。

先打开电脑中的音乐，我一边背着《感谢》一边用手机录下来。

“大功告成！”我高兴地大叫起来，这样就不用站到妈妈面前背，又完成了作业。我听了一遍录音，不错！

把手机放下，让妈妈写了证明书，妈妈满腹狐疑地问我干什么，我拿起证明书边走边答：“马上你就知道！”

我用家里的电话拨通了爸爸的手机之后（爸爸当时在老家），什么也没说，就直接把录音放给爸爸听，爸爸只是说：“女儿，谢谢你！”话音刚落，话筒里就传来“嘀——嘀——”的声音，我知道爸爸挂了，也没打过去。

这时，妈妈进来拿起手机打开了刚才的录音，在歌曲的背景音乐中我那稚嫩又略带成熟的声音更加感人，我吓了一跳，当我转身看见妈妈那红红的眼眶时，我明白了老师的用意，眼泪也顺着红红的脸颊流了下来……

这一份特殊的作业，让我永生难忘，因为这份作业让我懂得了许多许多……

一位住校生宋豪铭完成作业遇到了波折……

……

于是到了晚上我就去超市里打电话，想要背诗给妈妈听。我拨通了妈妈的号码，等待着电话的另一头出现那熟悉的声音。可令我失望的是，电话的另一头传来的不是妈妈的声音，而是“对不起，您拨的电话暂时无法接通。”这时我才猛然想起，上个星期天妈妈给我洗衣服时不小心把手机掉水里了。

我刚想给爸爸打电话，但爸爸出差去了郑州，用的电话号码是外地号码，打他的电话背完这首诗至少要用两元钱的电话费。当我想起爸爸妈妈挣钱的不容易，我决定省下这两元钱，先在想象中背给父母听，等过双休日时回到家里我再背给他们听。

上完自习我想象着背给父母听，在想象中我看见父母好像年轻了许多，脸上露出了灿烂的笑容，眼角闪烁着晶莹的泪光……

郭新宇同学的作文细节生动真实，情感真挚。

……

中午回家的路上，我一直想应该怎样完成作业，才能给爸爸妈妈一个惊喜，所以我本该进第三单元，结果上到了第一单元，敲错了门，弄得我不知所措。

下午放学了，天很黑，我慢慢地走，想找出一点灵感，我走了好一会儿才走到单元门口，却一点灵感都没有找到。唉，算了，将错就错吧！我一进家门就背那首诗，我背得一点儿也不停顿，流利极了，我也不知道是怎么回事，也许是一股力量让我有勇气背了下来吧，背完之后，我大声喊了一句：“爸爸妈妈，我爱你们！”爸爸妈妈都哭了。那天晚上的晚餐时刻，是全家最幸福的时候了。如果时间能够让我随意调动，那么定格的时间，一定是那天晚上七点十六分，而且只定这一个，别的，我绝对不会再选择。因为，这是我们家最幸福的时刻。

六、教学反思

这是初一刚入学两周的学生写的作文（濮阳市初一相当于小学六年级，五四学制），之所以达到这样的效果，我认为原因有以下三点：

（1）指导有序。整个教学设计环环相扣，设计的初衷是引导学生情感逐渐升温，写作时达到“井喷”的效果。家长的信件、学生的讲述唤起了学生的生活体验，亲情在学生心中泛起涟漪；配乐朗诵升华了感恩之情，再一次强化了亲情的力量；观看《天堂午餐》视频时许多学生泪眼蒙眬，受到触动，感受到了“子欲养而亲不待”的遗憾；向父母背诵《感谢》，拉近了父母子女心灵的距离，学生心智走向成熟，写作就成了水到渠成的过程。

（2）体验丰富。体验贯穿教学的始终，课前写信创设体验情境，课中读文、诵诗、看片让学生始终浸润在亲情的氛围之中，课后的真实体验更让学生知行合一，最后的写作是表达内心真实体验的过程。虽然写的是同一个内容，但由于学生个体体验的差异所以作文呈现出鲜明的独创性。

（3）主题精当。初中的学生自我意识增强，处于心理断乳期的孩子与父母容易发生冲突，这是学生生命成长面临的现实问题，因此这个主题的选择既有现实必要性又有干预的前瞻性。

巧设作文素材　写出人物特点

深圳市龙岗区布吉中学　钟淑君

初中生以写记叙文为主，写人记事是常进行的作文训练。部编版教材七年级上册第三单元写作专题是“写人要抓住特点”，专题指出，要写好一个人物，首先要学会细心观察，抓住人物的特点。然后可以展开具体描写，不要泛泛地叙述和描写，要抓住人物区别于他人的独特之处来写。最后，要将人物放在一件件的事情中来写。因为要把人写“活”，写成“他自己”，防止千人一面，就要把人放在事件中写，写他与别人的交往，写他的个性语言、动作、行为和心理活动。

依照专题训练的要求，在上“写人要抓住特点”作文指导课时，课前学习名著中人物描写方法，课堂中通过巧设生活中的作文素材，让学生学会抓住人物特点，课后再强化写人的方法运用，写“活”身边的人。

一、他山之石：学习经典名著中的人物描写

上“写人要抓住特点”作文课前，先进行写作情况摸底，提前安排学生写了一篇关于熟悉人物的作文。学生选取了同桌、父母、老师、爷爷奶奶、好朋友等人物主题。批改中，发现很多学生都是泛泛地叙述，人物不生动具体，写的事例也非常老套陈旧。很多写妈妈的就写妈妈在孩子生病发烧时半夜送医院守着；写同桌就是“相貌平平”“提醒我上课不要讲话”“友谊天长地久”；写爷爷就写爷爷对“我”好，后来爷爷生病或者去世都来不及看最后一眼而愧疚；等等。作文中人物的独特外形、个性语言、动作、行为和

心理活动都很少有学生写到。

根据此情况，我设计了一份《经典名著人物描写摘录表》，让学生阅读经典名著，摘录名著作品中人物描写非常精彩的片段，包括外貌描写（肖像描写）、动作描写、语言描写、神态描写、心理描写五种。在两周的摘录学习时间里，学生参与比较认真，摘录的内容很有代表性。我将这些摘录的内容整理打印出来，再印发给学生学习。

这样下来，学生对人物特征的把握就有了明显的进步。紧接着，我安排了一次片段写作，要求学生就某一个班级同学的特征写一个小片段。写完后，让学生进行对比辨析，学生对人物的特征抓得较准，还能清晰地辨析和点评哪些写得好，哪些人物没有写出特点来。由此可见，学习经典名著中的人物描写方法是有用的，可以让学生对抓人物特点有基本的认识。

二、课堂风采：巧设作文素材写活人物特点

有了这些课前基础，上“写人要抓住特点”作文课就顺利许多了。首先出示三毛、孙悟空、哪吒、2019年70周年国庆空军方阵的图片，让学生“看图片，说人物”，用口语来描述他们独有的特征。接着进行“抓特点，写外貌”训练，用单元训练中文学家鲁迅和科学家爱因斯坦的肖像漫画，让学生选其中一人用文字描绘出其外貌特征。这个环节训练很顺利，多数学生完成较好。以下为课堂习作代表。

学生习作一：

（描写鲁迅）他那方正的脸上爬起了一条条代表过去岁月的皱纹，他那双眼睛透露出他对封建吃人制度的怨恨，对自由和解放的渴望，他那苍白的脸衬托着社会的黑暗。一个伟大的文学家、革命家的形象通过他的这张脸展现出来。

学生习作二：

（描写爱因斯坦）在我眼里，爱因斯坦的头发永远都是乱糟糟的，眼睛小小的，眼神中充满了一种对科学知识的渴望，一嘴蓬乱的胡子与瘦弱的脸颊，浓浓的眉毛像一个小山丘一样，一个只关心科学而不在乎自己形象的伟大科学家。

在外貌描写的基础上，接着是更加综合的人物描写训练——“写外形，展个性”，要求综合运用几种人物描写方法来写人物，包括外貌描写（肖像描写）、动作描写、语言描写、神态描写、心理描写。所写的人物还要通过其外形特点揭示鲜明的个性，即由“形”通“神”。课堂上先让学生回顾《从百草园到三味书屋》中寿镜吾先生的人物描写，并阅读梁实秋《我的一位国文老师》中对国文老师的描写文段，请学生口头描述文段中这位老师的形象和个性特征。到此环节，学生对抓人物特点，从不同角度写出人物的个性，已经有了较好的把握。

最后，在课堂上让学生观看春晚贾玲、张小斐表演的小品《真假老师》前半部分内容。要求学生注意观察小品中贾玲扮演的假妈妈这一人物，侧重看假妈妈在小品中的外形、语言、动作、神态和心理表现，再将小品中假妈妈用一段文字描写出来。学生对看小品视频兴趣浓厚，看得非常投入，笑声不断。看完后写作状态良好，动笔迅速有话可写。有不少学生当堂完成了质量较高的人物片段写作，运用多种人物描写方法写出了假妈妈这一人物的生动性和独特性。以下为学生课堂完成的写作片段。

学生习作：

你看，假妈妈上场了，只见她身穿宽大的黄色球衣，神情忐忑不安。她坐到沙发上，紧张地搓着手，生怕自己一不小心就被认出来了。当老师提出一个个问题时，假妈妈紧张得头上冒汗，说话都有一些结巴。假妈妈的回答经常让贾老师哑口无言。当老师一次次戳破，假妈妈总会紧张地问小明“这，这，怎么办？”然后搓搓手，面对老师又语无伦次。当老师用一口流利的英语问假妈妈问题时，假妈妈吓得不停地哆嗦。假妈妈那紧张的模样和奇怪的回答真是令人发笑啊！

三、生活素材：丰富写作的趣味性和外延度

课堂上，通过让学生观察熟知的人物图片、小品视频中的人物，调动学生的学习兴趣和写作积极性，学生对人物特点的把握有了更加深入的理解，课堂写作训练完成得较好。

为了让学生能够运用课堂上学到的人物写作方法，强化写人要抓住特点

的写作指导，我又让学生观看了初三一位老师为学生拔河比赛加油的视频，让学生进一步把握人物的动作、神态、细节表现，学会找准人物的特点。

最后，布置了“猜猜他（她）是谁”的作文题，让学生写班里一位熟悉的同学，要求加入适当的外貌、语言、动作、神态、心理描写，并写出人物的个性特点。在批改中也发现了不少写得生动有趣的同学形象。以下为摘选的学生习作部分内容。

学生习作：

她，大大咧咧，脸红扑扑的，蘑菇头，皮肤白，还有点婴儿肥。“蘑菇头”个子不算高也不算矮，手肥嘟嘟的，特别可爱。她看书的时候会微微皱着眉头，一副认真的样子。她为人处事大方，十分善良，面对困难很乐观，偶尔生气时手会插着腰。“蘑菇头”的语气总会带着几分温柔，她的侧颜看起来十分恬静，她的笑很治愈人，笑起来眼睛跟嘴巴一样，只剩下一条缝……

四、结语

“写人要抓住特点”这个单元作文训练，对初中生写人的记叙文作文提出了具体的要求和指导，通过课前的名著中人物描写学习，课堂中激发学生兴趣的训练，课后再强化写人方法的运用，让学生把握人物特点的写作要领。

《义务教育语文课程标准（2011年版）》在写作方面要求学生“多角度观察生活，发现生活的丰富多彩，能抓住事物特征，有自己的感受和认识，表达力求有创意”。“写人要抓住特点”的作文训练也落实了观察、发现、感受、认识、创意的写作要求。

参考文献：

[1] 中华人民共和国教育部. 义务教育语文课程标准（2011年版）[M]. 北京：北京师范大学出版社，2012.

[2] 黄厚江. 作文课的味道——听黄厚江讲作文 [M]. 上海：华东师范大学出版社，2016.

[3] 管建刚. 我的作文教学主张 [M]. 福建：福建教育出版社，2010.

一课一得，探寻语文高效课堂的钥匙

深圳市龙岗区布吉中学　陈　敏

备战数周的公开课如期而至，数易其稿，教学内容一而再，再而三地精简压缩，在长吁一口气的同时，不禁反思：一节好的作文课应该是怎样的？应该以什么样的形式呈现出来，才能洞开学生思路，找到下笔切入点呢？

本次执教的课题是七年级上册第六单元“发挥联想与想象”主题作文教学。课题貌似不难理解，也较为切合学生的心理。但准备过程却如浪里淘沙，既想厘清两者的关系，从纵向、横向及纵横交错超时空等多方面引导学生掌握好这两项技能，还想趁机提醒学生在写作中运用此手法时的注意事项，光说不练假把式，还需要结合当堂所学来练笔巩固。“这堂课你最想要呈现的重点是什么呢？”路老师的一句话点醒了我。是啊，教学内容有很多，但一堂课下来学生的接受容量有限，眉毛胡子一把抓，原想面面俱到，实则劳心劳力，收效甚微。

反观日常教学，类似的课例不在少数。那么，如何在有限的时间里提高语文的教学质量，提升学生的语文素养呢？纵观各个优质课例，老师们虽千差万别，各具特色，风格迥异，但有一点却是相同的：重点突出，一课一得。

“一课一得”是著名教育家陶行知先生提出来的启发式教育的基本要求之一，意即：一堂课学生学习上有收获，能理解一个问题，明白一个道理，掌握一种方法。简言之，就是要求教师在备课时明确一堂课内就完成一个总体的学习目标，所有的学习活动都将围绕这一个学习目标来展开，让学生在这一堂课上，真正学有所获。而这一教学理念早在20世纪60年代就提了出来，在各式教学理念强势入驻课堂的同时，它历经岁月的沉淀和实践的打磨，依然是撇去浮华的那一抹亮丽的主线条。

在教育的不断改革中，各种教育理念或教学模式如雨后春笋般进驻课堂，一浪高似一浪地冲击着我们的课堂教学，叫嚣着摒弃传统的教学方式，推陈出新。这也常常令我们新教师困惑不已：到底高效课堂应该是怎样的，秉承着怎样的理念，需要教哪些内容呢？似乎公说公有理婆说婆有理，那索性就来个大杂烩，把语文课堂变成饕餮盛宴。可是结果却不尽如人意。正如一位前辈所说："学生没了咀嚼品味的空隙，知识如浮光掠影，练习像蜻蜓点水，与理想的教学目标相差甚远。"所谓眉毛胡子一把抓，面面俱到，却一点未到。

在听课、评课之余，我们也在不断地进行反思，总觉得语文课堂过于追求热闹的氛围，但学生却收效甚微。喧闹的课堂表面上看来是积极精彩的，但细究起来的话，参与的学生仅局限于某几个学优生，多数学生只是配合出演罢了，学到的知识很是肤浅。

"一课一得"告诉我们必须做出取舍。因教学时间有限，我们必须在课堂伊始设定课文的目标和课时目标，教授的知识不在于多而在于精，将语文课堂从课堂知识点的教学到课后的练习作业联系起来，使能力知识化，知识能力化，一课一得，一练一得，得得相连。所以终稿敲定时，我仅保留了六张幻灯片，围绕"想象"这一思维形式展开教学，以主题明确、逻辑清晰、画面感强为写作要求，采用口头叙说、词语串联、续写名篇三种方法进行有针对的练笔，以期达到拓展想象力、训练表达力的目的。

同时，我们还可以分化目标，化繁为简。就初一语文教学内容而言，文笔优美的课文，就着重训练学生朗读、积累优美词句的能力，如《雨的四季》《散文诗二首》；对于构思、写作精巧的文章，则着重学习方法，如《春》《济南的冬天》；课文抒发特别情感的，则注重体会其情感，如《秋天的怀念》《再塑生命的人》；故事性较强的文章，就重点训练学生复述和归纳主旨的能力，如《皇帝的新装》《寓言四则》；人物描写传神类，则需通过重点赏析关键词句来体会人物形象和情感，如《纪念白求恩》《植树的牧羊人》。在实际的教学中，我倾向于“先学后教，当堂训练”的教学模式。导学案先行，呈现本课的学习目标，以便指导学生自学思考，明确预习的步骤、时间、内容和方法、要求和检测。通过随堂即时反馈，针对学生暴露出的学习问题和错误，教师进行重点点拨。而课前导学案也可以根据学生不同的需求创设出“愤悱”的情境，真正树立以学论教的教学观，提高课堂教学的效率。

也许有人会担忧，一课一得的教法不能面面俱到，知识会有所遗漏。其实不然，我认为一课一得的关键更在于语文技能和语文思维的训练，更在于日积月累，聚沙成塔，从而达到一而十，十而百，百而千，千而万，形成完整的知识体系，全面提高语文素养。

教育是一门有缺憾的艺术，没有完美的课堂，只有更好的课堂。在今后的教学中，我会不断努力，不断改进，做教育的有心人。最好的时光在路上，最美的自己在远方，且行且学。

浅谈部编版初中语文教材的更新与教学调整

——以鲁迅作品的教学为例

深圳市龙岗区布吉中学　唐子慧

一、部编版初中语文教材中鲁迅作品选文变化的教材研究

1. 选文改动，着眼经典性与时代性

调查研究发现，2003年人教版初中语文教材收录鲁迅作品七篇：《从百草园到三味书屋》《社戏》《阿长与〈山海经〉》《中国人失掉自信力了吗》《故乡》《藤野先生》《孔乙己》，而2016年部编版初中语文教材收录了六篇：《从百草园到三味书屋》《社戏》《阿长与〈山海经〉》《藤野先生》《故乡》《孔乙己》。

以下是2016年部编版初中语文教材中鲁迅作品收录分布情况（表4–1）。

表4–1

作品	《从百草园到三味书屋》	《阿长与〈山海经〉》	《藤野先生》	《社戏》	《故乡》	《孔乙己》
年级段	七年级上	七年级下	八年级上	八年级下	九年级上	九年级下
单元	第三单元	第三单元	第二单元	第一单元	第四单元	第二单元
单元主题	学习生活	凡人小事	生活的记忆	民风民俗	青春年少	人物画廊
体裁	回忆性散文	回忆性散文	回忆性散文	小说	小说	小说

续表

作品	《从百草园到三味书屋》	《阿长与〈山海经〉》	《藤野先生》	《社戏》	《故乡》	《孔乙己》
阅读策略	默读	熟读精思	了解回忆性散文、传记的特点	体会作者的表达方式、感受情思	树理小说情节、理解小说主题	把握小说人物形象，对作品有自己的理解，学会欣赏小说
写作	写人要抓住特点	抓住细节	学写传记	学习仿写	学习缩写	注意审题立意
综合性学习	—	—	人无信不立	—	君子自强不息	—
名著导读	《朝花夕拾》	—	—	—		—

人教版教材的不同点在于：《从百草园到三味书屋》编排在七年级下册，属于成长单元。《阿长与〈山海经〉》编排在八年级上册第二单元，属于文化艺术单元。

另外，部编版教材第一单元——杰出人物主题单元第三课还收录了萧红的《回忆鲁迅先生（节选）》，单元导读中为学生提出了“把握关键语句或段落，字斟句酌，揣摩品味其含义和表达的妙处；注意结合人物生平及其所处时代，透过细节描写，把握人物特征，理解人物的思想感情”的阅读建议。总之，部编版教材相同篇目的注释和练习既有保留，又有改进。

2. 选文难度梯度上升，循序渐进

人教版语文教材的选文一直坚持守正与出新的原则，而部编版语文教材在此基础上又提出了文质兼美、适宜教学和时代性的要求。部编版语文教材7～9年级共选择了六篇鲁迅的文章，三篇散文、三篇小说。从难易程度来看，这些文章的难度是依次递增的，《从百草园到三味书屋》和《阿长与〈山海经〉》两篇文章语言比较轻快易懂，没有鲁迅杂文中的冷峻严苛，也没有小说中复杂的人物形象和社会关系，并且文章的文学价值较高，较符合七年级学生的学习程度。《藤野先生》和《社戏》两篇文章难度略有提升，放在八年级进行学习。这时候，学生已经学过两篇鲁迅的文章，读过萧红的《回忆鲁迅先生（节选）》，对鲁迅其人、其文有一定的了解，学起来难度不会太大。最后《故乡》和《孔乙己》两篇文章放在九年级进行学习，闰土和孔乙己的形象是十分丰满和复杂的，这时候学生已经升入九年级，有了自己的人生观和世界观，可以从不同角度对文章中的人物进行分析，思考会比较深刻。

3.“三位一体”阅读模式，培养学生思维能力

人教版教材课型分为“精读”与“略读”，但仅仅只是在目录上用“*”标识略读课文，并没有具体区分精读与略读材料的差异，落实到教学实际中学生自读的时间减少，思维能力与阅读能力得不到发展。部编版教材在阅读体系上进行了创新，提出“三位一体”的阅读方法，力图改变阅读教学中精读、略读不分的现状。“三位一体”是指教读、自读加上导读。部编版教材教读课文设置了助读系统，开篇有“预习”帮助学生整体感知文章，课后有“思考探究”帮助学生深入理解课文，最后还有“积累拓展”将所学知识落实到实践层面中去。自读课文的助读系统更加具体，课文旁边有大量留白处，由“旁批”和“阅读提示”组成，学生在留白处可以随心所欲地写下自己对文章的理解和感受。这样的助读系统设计便于学生自主建构的一种学习设计，有利于培养学生独立学习和合作探究的能力，达到提升学生的语文核心素养的目的。

二、部编版初中语文教材鲁迅选文的助读系统分析

虽然两个版本教材相同篇目的文章存在着诸多共性，但对相同篇目的现当代作品的比较不是侧重于比较共通之处，而是比较其展现在不同版本教材里面的文本、注释、习题的差别，达到“同中求异”的效果。具体而言，编者理念不同致使处理教材方式不同，以及所属单元和学段不尽相同，从而导致在课文文本、注释、练习内容上有着比较大的差异，接下来将做具体阐释。

1. 编写体系不同——双线组织单元结构，重视语文素养积累和运用

人教版教材的单元设置大多以人文主题为主，兼顾文体。而部编版教材则在人文主题和语文要素间做了很好的协调，兼顾二者，采用围绕人文主题

和语文素养的双线组织阅读单元。这样安排前后具有关联性，循序渐进地呈现语文要素，适宜学生学习。

2. 单元要求不同

课后习题的编写受许多因素的制约，由上到下分别为：课程标准—编写理念—编写体例—单元要求—语文教学目标，单元要求的不同会导致课后习题的差别。

3. 单元导读分析

部编版初中语文教材的单元导读主要分为两部分：第一部分说明本单元主题，即本单元所选课文的内容是什么；第二部分主要为学生学习本单元的课文提出学习建议。《从百草园到三味书屋》的单元导读内容为："本单元课文主要是学习生活的，从中我们可以了解不同时代少年儿童的学习状况和成长经历。"第二部分内容告诉我们本单元的学习方法是"默读"，并说明了要求"不出声、不动唇、不指读、不回看，一气读完全文，以保证阅读感的完整性和一定的阅读速度""在阅读中把握基本内容"的阅读方法和注意"标题、开头、结尾以及文段中的关键语句"等阅读重点。单元导读部分，对于教师指导教学以及学生自学都有非常大的指导作用。

4. "预习"部分分析

部编版教材相对于人教版来说，预习部分做了更加清晰的预习指导。预习部分分为两个部分：一个是本文内容的延伸补充或思考问题，另一个是阅读方法的指导。例如，《阿长与〈山海经〉》的预习部分为学生提出了"阿长怎么有这么大的魅力，在鲁迅笔下被反复提及，甚至还成为文章专门描写的对象？"的问题。《藤野先生》的预习部分提出了"看看作者笔下的藤野先生是个什么样的人，他为什么'最使我感激'？"的思考问题。《社戏》的预习部分提出了"文章结尾写道：'真的，一直到现在，我实在再没有吃到那夜似的好豆，——也不再看到那夜似的好戏了。'作者为什么这样写？"的问题。这些问题比较宽泛，但却能用一个问题把整篇课文串联起来，并且有助于学生发散思维，对学生学习鲁迅的作品有很大帮助。

除此之外，部编版初中语文教材中鲁迅作品的助读系统还包括注释、插图、课后资料补充。部编版教材中鲁迅作品的插图多在两幅以上，并且从简单线条画变成了水墨画，这种变化有助于学生理解鲁迅用语言构建的人物形象、环境特点。课后资料补充部分主要补偿了“长妈妈其人”和“许寿裳谈鲁迅‘弃医从文’”等内容，这些补充资料有助于扩大学生的阅读面，对文章的学习也有补充作用。

三、部编版初中语文教材中鲁迅作品教学的调整

1. 对教师教授鲁迅作品文本解读的调整

（1）应深入文本研究。

例如，1961年人教版教材关于《孔乙己》的解读视角是：

这篇课文刻画了一个受封建文化毒害而没落的读书人典型形象。对封建社会知识分子的迂腐无能和不幸遭遇，作者是抱什么态度的？

课文里哪些话可以鲜明地表现出孔乙己的迂腐？

2018年部编版关于《孔乙己》的解读视角是：

孔乙己是个什么样的人？小说多次写众人的“笑”，他们为什么而笑？作者用“笑”来贯穿孔乙己的故事，有什么用意？

你认为，这篇小说主要写的是谁？孔乙己？我？看客？试结合小说内容，阐述你的观点。

我们发现，部编版教材的解读更加多元化，并没有直接指出孔乙己关于封建文化的残害，而是多角度、多元地让学生理解人物的形象，并且对于主人公也是开放性的解读。一千个观众有一千个哈姆雷特，这就让学生不拘泥于一种答案。在实际教学中，教师可以有意识地向学生渗透鲁迅作品的独特之处，这也有助于学生学习其他中国传统小说和外国小说。

（2）应立足于部编版教材的双线单元结构。

部编版初中语文教材采取了双线单元结构体例，双线单元结构是指教材每个单元都有相应主题，围绕主题选择相关课文，这条主题构成一条贯穿整本教材的主线，但在主题另外还有一条线，即学生语文素养培养的线。教师在备课的时候，要注意培养学生包括阅读、写作、口语交际、名著导读、综合性学习、课外古诗词阅读等方面的能力。例如，《从百草园到三味书屋》属于部编版教材七年级上册第三单元的课文，本单元还有《再塑生命的人》

《论语》等课文，教师应该围绕单元主题进行教学。除了阅读部分，还应该包括写作：写人要抓住特点，名著导读：《朝花夕拾》——消除与经典的隔膜，课外古诗词等。

2. 对教师教授鲁迅作品教学方法选择的调整

（1）知人论世。

由于鲁迅所处年代久远、复杂，学生了解难度大，所以在教授时，教师要对鲁迅作品进行知人论世式的教授，让学生了解真实的鲁迅。部编版教材选取了萧红的《回忆鲁迅先生（节选）》，这就是一个对鲁迅形象进行拓展的契机。教师可以从"知其人"和"论其世"两个方面进行，"知其人"重在讲授鲁迅其人，其品格、事迹、追求、生活经历等；"论其世"主要让学生了解鲁迅所处时代的大环境。只有这样，学生才能真正明白他的无奈，理解他的追求。

（2）主题阅读、整理拓展（表4–2）。

表4–2

主题阅读	童年的鲁迅	成长中的鲁迅	鲁迅的思考
课文	《从百草园到三味书屋》	《藤野先生》	《故乡》
	《阿长与〈山海经〉》	《社戏》	《孔乙己》

经过梳理，2016年部编版选取的六篇鲁迅文章，可以分为三个主题维度，三个主题将鲁迅的一生串起来，这样方便学生对鲁迅有一个更整体的感知。除此之外，每篇课文还可以纵向连接选择主题，如《社戏》《故乡》和《孔乙己》，这三篇作品中都有关于绍兴、鲁镇的描写，可以让学生去寻找、勾画出地点之间的背景图等，同时，一切有助于走近鲁迅、亲近鲁迅的专题练习，都可以让学生去锻炼。

（3）根据文体选择教学方法。

部编版教材中鲁迅作品主要分两类：散文和小说。散文的教学应该引导学生把握散文的语言美，体会作者的真情实感。《从百草园到三味书屋》应该让学生体会贯穿全文的欢乐，引导学生在脑海中形成儿时鲁迅活泼、生动的形象。《阿长与〈山海经〉》和《藤野先生》是鲁迅对自己童年的朋友和青年老师的回忆，在教学的时候应该侧重于让学生体会鲁迅对二人的情感，并且学习鲁迅是怎样用文字把这种情感表达出来的。小说的教学重点在于让学生在背景中了解故事，把握人物形象对社会现实的反映。《故乡》可以用对比的方法进行教学，儿时的故乡和现在的故乡的对比，儿时的人物和现在的人物的对比，现在的水生、宏儿和将来的水生、宏儿的对比等都是学生可以思考的问题。语文课程的教学过程应该是层层深入的，激发学生的思考。而《孔乙己》则可以用问题探究法，以"最后孔乙己死了吗？"为题，让学生结合文本中的内容畅所欲言，发散思维，这对学生掌握文本内容、理解主题思想有很大帮助。

4. 对学生学习鲁迅作品学习方法的调整

（1）尝试整本阅读，扩大阅读面——"1+X"模式。

例如七年级上册第三单元，教读篇目是鲁迅的《从百草园到三味书屋》，自读篇目是海伦·凯勒的《再塑生命的人》、林海音的《窃读记》，名著导读为"《朝花夕拾》：消除与经典的隔膜"，自主阅读推荐的是林海音的《城南旧事》和沈从文的《湘行散记》。而"课外古诗词诵读"选取的是李白的《峨眉山月歌》、杜甫的《江南逢李龟年》、岑参的《行军九日思长安故园》、李益的《夜上受降城闻笛》。这样就建构了"教读+自读+课外阅读"三位一体的阅读体系。名著《朝花夕拾》中收录了《猫·狗·鼠》《二十四孝图》《五猖会》《无常》《父亲的病》《琐记》《范爱农》七篇鲁迅通俗易懂的文章，比较适合学生课外阅读。八、九年级教材中并没有推荐鲁迅的作品，教师可以根据实际情况向学生推荐鲁迅的小说和比较好理解的杂文，以供学生选读。因此，学生要一改以往只学课本中一篇课文的习惯，而要最大限度地拓展自己的阅读面，部编版教材专治学生不读书。

（2）走出课堂，多种方式了解鲁迅。

学生还可以走出课堂了解鲁迅，如观看鲁迅的影视作品、话剧表演，阅读相关传记，参观鲁迅故居和博物馆纪念馆等。这些都是学生在语文课堂之外获取信息的途径，教师应该善于发现语文课程资源，提高学生的语文素养，浸润学生的心灵。

四、小结

教材改革是当下势在必行的事情，也注入了许多专家们的心血，是当下每个语文教师最愿意看到的结果。通过对部编版教材的研究，我看到了教材的科学性和时代性。深挖教材我们更能体会到部编版教材在培养学生语文核心素养方面的巧妙用心。它强化了“以人为本”“立德树人”的教学理念，突出了学生的主体性，培养了学生自主学习的能力，也确实从根本上推着学生去阅读、去读书、读好书、读整本书。

参考文献：

[1] 王本华.“义务教育语文科教师国家级培训”会上的发言：守正创新，构建“三位一体”的语文教科书编写体系［Z］. 青岛，2017-5-22.

[2] 温儒敏.“义务教育语文科教师国家级培训”会上的发言：“部编本”语文教材的编写理念、特色与使用建议［Z］. 青岛，2017-5-22.

[3] 叶圣陶. 略谈学习国文［C］. //叶圣陶. 叶圣陶语文教育论集. 北京：教育科学出版社，2015：2-3.

[4] 张志公. 语文教学论集［M］. 福州：福建教育出版社，1985：143.

[5] 朱于国.“义务教育语文科教师国家级培训”会上的发言：七年级教科书编写说明［Z］. 青岛，2017-5-23.

[6] 温儒敏. 语文课并没有“鲁迅大撤退”［N］. 新京报，2010-9-14.

[7] 崔敬涛.《孔乙己》教学设计与教学感悟［J］. 学周刊，2012（25）.

[8] 饶美红，吴丹青.《孔乙己》课堂教学实录及点评［J］. 语文建设，2012（1）：36-40.

[9] 王红. 初中语文教材中鲁迅作品阅读教学研究［D］. 上海：华东师范大学，2008.

[10] 戴燕萍. 中学鲁迅作品教学的现状及策略研究［D］. 重庆：重庆师范大学，2013.

《孙权劝学》的多重朗读

深圳市龙岗区贤义外国语学校　阳　苗

记得以前读中学时，老师教文言文往往讲究的是“字字落实、句句翻译”，师生翻译完了之后探讨一下人物形象，归纳中心思想，最后落实一下背诵默写，也就大功告成了。所以每次上文言文，同学们都会觉得很枯燥、无味。其实这种千篇一律的教材处理，不仅打消了学生上课的积极性，还削弱了课文本身所承载的信息。关于文言文的教学，有的篇目必须“字字落实”，而有的篇目侧重品味鉴赏。

《孙权劝学》是人教版教材七年级下册第三单元的最后一篇课文，选自《资治通鉴》。全文共119个字，主要以人物对话为主，对话推动了故事的情节发展，展现了人物的内心世界，刻画了人物的性格，传达了作者的思想情感。这是本文的一大特色。基于此，我设计了多重形式的朗读，用“读”来贯穿教学的始终。

一、教学目标

（1）通过朗读，疏通文言句意，掌握文言文翻译方法。

（2）通过分角色对白，品味人物语言，分析人物形象。

二、教学过程

1. 导入

屏幕显示：

《南乡子·登京口北固亭有怀》

辛弃疾

何处望神州？满眼风光北固楼。千古兴亡多少事？悠悠。不尽长江滚滚流。

年少万兜鍪，坐断东南战未休。天下英雄谁敌手？曹刘。生子当如孙仲谋。

师：“生子当如孙仲谋”是曹操赞美孙权的，那么孙权到底何德何能，竟能得到对手曹操的称赞？今天我们就一起来了解下孙权，请同学们打开课本。

2. 作者及作品介绍

屏幕显示：

《资治通鉴》是司马光主持编纂的一部编年体通史，记载了从战国到五代共1362年间的史事。

司马光，北宋政治家、史学家。

3. 一读（读准字音、停顿）

（1）教师范读课文，学生正字音、停顿。（屏幕显示全文、句读）

① 正字音。关注生僻字“卿”“涉”“孰”“遂”；关注多音字“更”；关注通假字“邪”。

② 停顿（句读）。长一点的句子，如“卿今/当涂掌事，不可/不学”；短一点的句子，如“卿言/多务，孰/若/孤”。

（2）齐读课文，检测效果

4. 二读（读懂文意）

这篇课文浅显易懂，学生基本能够结合注释翻译全文，教师没必要过于追求“字字落实，句句翻译”，放手让学生自己去翻译。如果有问题，小组内讨论共同解决，教师只做适当的点拨。

（1）自读课文，结合注释疏通文言大意，画出不懂的词语、句子。

（2）以小组为单位，个人不能解决的字词交给组内成员共同解决。

（3）组内不能解决的字词，全体师生共同解决疑难。

（4）教师引导学生明确以下词语、句子的翻译。

屏幕显示：

词语：

① 吴下阿蒙。

② 刮目相待。

句子：

① 蒙辞以军中多务。

吕蒙以……推辞。（调）

② 孤岂欲卿治经为博士邪！

……成为博士吗？（留）

③ 但当涉猎，见往事耳。

只是应当……（替）

④ 大兄何见事之晚乎！

之（删）

⑤ 肃遂拜蒙母，结友而别。

……，与吕蒙……（补）

（5）文言文翻译五字法。

屏幕显示：

留：国号、年号、地名、官名、人名、书名等，可照抄不翻译。

替：用现代词语替换古义词。

调：调整倒装句的语序，使之符合现代汉语的习惯。

删：删去没有实在意义的词。

补：补出省略句中省略的内容。

（6）齐读课文，理解文意。

5. 三读（读出语气）

（1）找出孙权、吕蒙、鲁肃的语言描写。

（2）小组讨论揣摩人物说话时的口吻和语气，学生代表朗读。

（3）请学生分角色朗读，感知人物形象点评时讨论人物性格和人物在情境下应有的语气。

孙权：既严格要求部下，又关爱部下、好学、善劝。“卿今当涂掌事，不可不学！”态度坚决果断、郑重严肃，同时又对下属充满关心、期望。“不可不学”双重否定表肯定，语气强烈要重读。“孤岂欲卿治经为博士邪！”当孙权好心好意劝说吕蒙学习时，吕蒙却以军中事务多而推迟，句末是感叹号，孙权责备、恼怒的心情溢于言表，“但当涉猎，见往事耳”，态度稍微缓和，开始语重心长地劝说吕蒙。最后“卿言多务，孰若孤？孤常读书，自以为大有所益”。孙权从自身的体会来谈，现身说法、循循善诱、态度恳切。“大有所益”语速放慢，引起人的注意。

吕蒙：能听取意见、知错就改、勤奋好学、率真坦然。“士别三日，即更刮目相待，大兄何见事之晚乎！”言辞中流露出自豪得意、自信坦然。

鲁肃：敬才、爱才。“卿今者才略，非复吴下阿蒙！”面对吕蒙这么大的变化，鲁肃既惊讶又赞许，被吕蒙的才华深深地折服，两人情投意合，最后结友而别。

6. 四读（读出情味）

（1）整体感悟、复述故事：孙权劝学—吕蒙就学—鲁肃赞学。

（2）融入文本人物角色中，齐读课文，展开背诵。

7. 布置作业（二选一）

从学生的水平出发，遵循量力性原则，布置以下两个作业，学生可以根据自身情况进行二选一。第一个题目非常贴近学生，任何学生都有话可说，有话可写。第二个题目把《孙权劝学》和之前学过的《伤仲永》联系起来，两个都是关于学习的例子，一正一反，说明后天学习的重要性，基础较好的学生可以选择第二个题目。

（1）谈谈吕蒙的变化对你有什么启示。（200字）

（2）请以“方仲永遇上吕蒙”为题，展开想象，写一篇短文。（400字）

三、教学反思

本节课教师采用范读、自由读、齐读、指名读、分角色朗读等方式进行朗读训练，让学生通过反复朗读理解文意，把握人物性格，达到以声求义、以声传情、以声品味的教学效果。

基于语文素养的听、说、读、写训练

深圳市龙岗区布吉中学　钟淑君

《义务教育语文课程标准（2011年版）》指出语文课程性质：语文课程是一门学习语言文字运用的综合性、实践性课程。“应该让学生多读多写，日积月累，在大量的语文实践中体会、把握运用语文的规律。”听、说、读、写就是语言文字运用的具体表现。在以语文素养提高为目标的前提下，如何对初中生进行语文的听、说、读、写能力的训练呢？以下是我的一些实践策略。

一、听——倾听、点评课前演讲

《义务教育语文课程标准（2011年版）》在“教学建议”中指出了提高学生口语交际能力的主要途径：第一，坚持在教学过程中培养；第二，重视在日常生活中实践。

“课前演讲”就是在语文课开始前三分钟进行，每天按学号由一位学生上台脱稿演讲，演讲结束后由另一位学生做点评，然后教师要对演讲和点评进行评析和评分。

演讲的内容设计主要源自学生平时的日常生活，包括“我的优点”“我的缺点”“你看到的最感人画面”“你参与的精彩班级活动（运动会，篮球赛、排球赛、文艺汇演等）”“社会热点事件感悟（疫情相关、食品安全、网络热点等）”“最创意的广告词解读”“我眼中的××”等。课前演讲得到了学生们的积极参与，因为演讲的主题与学生的实际生活非常接近，让学生跳出了课堂和书本，走进了生活。学生只要对身边的生活稍作观察、提炼和理解，就能够组织好演讲的内容。这样的“课前三分钟演讲”能较好地活跃课前气氛，培养了学生的观察和表达习惯，也吻合了“生活语文”的教学理念。

一节课的课前演讲可以锻炼两个学生，一个是演讲学生的写作、表达能力，另一个是点评学生的倾听、提炼、分析、表达能力。点评学生听的目标非常明确，听完要构思组织点评的语言和角度，因此要求注意力非常集中，这种训练可以有效地提高学生的倾听能力。

二、说——课前演讲、典故分享、思考辩论

“课前演讲”培养了学生的倾听和表达能力，每一位上台演讲的学生都会提前准备好自己的演讲稿，写出初稿后会反复修改，在自己定稿后会拿给老师看，老师确定达到演讲的要求后，学生就开始试着练习演讲，确保在演讲前对稿件的处理非常熟练。通过这样的几轮练习，学生的写作、改稿和口语表达能力都会得到很好的训练。

“典故分享”是我在文言文教学中经常运用的表达训练。在教文言文一些课文时，我都会让学生自己去学习和积累成语、俗语、人物典故，然后在课堂上分享给大家听。例如，学《桃花源记》时，学生会讲到田园诗人陶渊明“不为五斗米折腰”“陶公咏菊，白衣送酒”的经历；学习《醉翁亭记》时，学生讲到欧阳修之母“以荻杆画地”“二位举子不知修（羞）”的故事；学习《陈涉世家》时，学生会去查阅《史记》中的成语典故，于是课堂上有了“卧薪尝胆”“项庄舞剑，意在沛公”“鸟尽弓藏，兔死狗烹”“指鹿为马”“背水一战”“无颜见江东父老”等这些精彩的故事；学习《邹忌讽齐王纳谏》后就有了齐威王“不飞则已，一飞冲天；不鸣则已，一鸣惊人”的名言，这些故事不仅增强了学生学习文言文的兴趣，而且进一步深化了学生对主人公、对典故、对历史的认识和理解。

学生通过“典故分享”不仅积累了许多文学典故，重要的是通过资料搜集整理、课堂上分享表达，提高了讲故事能力，也锻炼了自己说话表达的能力。

在一些课文学习的基础上，我还会挑选一些比较适合辩论的问题让学生课后去交流讨论，再在此基础上把自己的观点写成作业给老师看，类似小辩论赛的形式，学生观点五彩缤纷。例如，学完《大道之行也》，学生会比较两千多年前的“大同”社会、陶渊明笔下的“世外桃源”和当今提倡的和谐社会之异同；在学习韩愈《马说》的基础上，学生会在课后去思考辩论“现实生活中，伯乐重要还是千里马重要？”在学习背诵《醉翁亭记》的基础上，学生会对这位“醉情山水、乐民之乐”的地方官形象发表自己的不同看法；在学习《我的叔叔于勒》时，学生会展开场景想象——“于勒如果发财了，会发多大的财，他会回来吗？回来之后就一定是菲利普一家热情迎接于勒的情形吗？你如何看待？”在课堂学习的基础上，课后学生们自由讨论、辨析和思考。开放式作业给学生提供了很大的发挥空间，这些问题都没有固定的答案，无论语文成绩如何，都可以发表自己的看法，这样也就提高了学生学习语文的积极性。

三、读——课文朗读与名著阅读

语文的读包括很多种，概况来说朗读和阅读是两种最基本的，也就是有声读和无声读。朗读主要通过语文早读和课文朗读来训练。在语文早读的朗读训练中，除了朗读古诗文和散文类课文外，我还会按照一定的顺序，让学生读《三字经》《弟子规》《声律启蒙》《大学》《论语》《孟子》《诗经》等经典。这样既训练了朗读能力，又融入了传统文化的学习背诵。

阅读是非常重要的训练，课本中要求和推荐的名著作品阅读是重点。为了有序、有效地推进名著阅读，一般按照教材的顺序，每个学期必须固定读完必读的两本，另外根据阅读基础加荐读的几本。例如，七年级上册必读的两本是《朝花夕拾》和《西游记》，每个学生都必须在语文老师的带领下读完。阅读整本书时一般会有班级的阅读计划、阅读小组、阅读评价表，会登记每个学生的阅读时间，检查阅读圈点批注，检查和评优阅读笔记，每周推选一次阅读之星，定期开展读书分享主题会，开展阅读专题探究活动。这样就形成了良好的阅读氛围，并确保每个学生的阅读都是真正落实的。

在学习一些课文后，也会让学生进行拓展延伸阅读，如学习了《〈世说新语〉二则》后，会让学生阅读《世说新语》中的其他名篇，如《蒸饭成粥》《互不相师》《小时了了，大未必佳》《梁上君子》《望梅止渴》《道旁苦李》等。这样就会不断丰富学生的阅读内容。

前面所说的“典故分享”也有阅读的训练，学生课外查阅积累相关典故资料，无形中促进了阅读。在语文学习中，听、说、读、写经常是融合在一起的，是相辅相成、相互促进的。

四、写——日记、周记、读书笔记

语文是富有情感、富有艺术生命力的学科，除了要培养学生观察和表达、阅读和积累、思考和创新的能力外，还需要通过一定的方式来让学生的情感得到抒发，而写日记、写周记、写读书笔记是学生练笔的好机会。

老一辈语文教育家早就说过，作文“要写出诚实的、自己的话”“对于学生来说，写作是他们精神生活的一部分。他们在作文中创造并表述真善美，鞭挞假恶丑。他们也在作文中不断审视自己，校正自己精神的航向，使自己的精神健康发展。作文是学生的精神家园，是自己的人生‘史记’。因此，在作文中说真话、抒真情，是学习做真人的一种历练”。日记为学生提供了这样的抒情舞台，日记更多是学生的心声，学生的喜怒哀乐可以较好地在日记中呈现，特别是语文教师兼班主任的，写日记、写周记是提高学生写作和构架师生沟通桥梁的好方法。

日记一般坚持由学生每天自由书写，而周记，除了自由书写之外，有时会围绕一些主题，如教师节、中秋节、母亲节、清明节等传统节日，或者校运会、篮球赛、集体研学等校园文化活动，或者认识自我、奋斗目标、自我反思、心理旅行等激励成长性的主题。这些周记不仅很好地分担了作文练笔的任务，更多为学生的心灵成长开启了一扇窗。

读书笔记则是读写融合的最佳载体，读书笔记内容一般要求包括三个板块：词句摘抄——将阅读中的好词、好句、好段摘下来，语言积累；精彩内容回顾——锻炼学生的概括能力和表达能力；我的感悟和思考——促进学生的鉴赏和思辨能力。教师会对读书笔记的进行量化评价。对读书笔记的评价建立在通过阅读要实现的语文素养目标上，包括语言建构、思维发展、理解鉴赏、情感体验、读写表达这些维度。读书笔记有效地将学生的阅读、写作结合起来，阅读中有写作，写作中促阅读，既可以促进学生阅读能力的提升，又可以培养学生的鉴赏写作能力。

结语：《义务教育语文课程标准（2011年版）》提出语文教学要“指导学生正确地理解和运用祖国语言，使他们具有基本的阅读、写作、听话、说话的能力，养成学习语文的良好习惯”“在教学过程中，开拓学生的视野，发展学生的智力，激发学生热爱祖国语文的感情，培养健康高尚的审美情趣”。本文中关于初中生听、说、读、写能力的训练，正是对以上语文教学要求的积极实践和有效探索，也能够很好地促使学生养成观察、阅读、思考、表达、写作等语文学习的好习惯，而一旦拥有了这些良好的习惯，学生学起语文来会得心应手，游刃有余，语文素养自然而然地提高了。

参考文献：

[1] 中华人民共和国教育部. 义务教育语文课程标准（2011年版）[M]. 北京：北京师范大学出版社，2012.

[2] 余映潮. 致语文教师：余映潮教育教学智慧40则 [M]. 上海：华东师范大学出版社，2013.

[3] 于漪. 于漪全集：语文教育卷 [M]. 上海：上海教育出版社，2018.

审辩式思维之读写结合

——以巴金的《家》为例

深圳市龙岗区布吉中学　梁建清

新课标提出了“整本书阅读”的概念，部编版教材也将名著阅读纳入“教读——自读——课外阅读”三位一体的阅读教学体系，使其成为语文课程的有机组成部分。

新课改已经进入全面实验阶段，新的理念、新的标准、新的教材，对每个教师都提出了新的、更高的要求。新课改给教师带来了许多新理念，带来了发展的机遇，同时也带来了巨大的挑战。“纸上得来终觉浅，绝知此事要躬行”。作为年轻教师，我在不断学习与大胆实践中触摸着新课程，感悟着新课程。

审辩式思维之读写结合，我是怎么想到要设置这样一个课程的呢？首先是基于教育教学界最火热的一个词“核心素养”。作为语文教师，“语文素养”倒是常听，但“语文核心素养”具体指什么？又如何培养学生的核心素养呢？我一直在思考这个问题。

语文课标专家将语文核心素养概括为语言建构与运用、思维发展与提升、审美鉴赏与创造、文化传承与理解四大核心素养。然而思维与语言运用是密不可分的，因此必须在提高语言运用水平的同时，培养形象思维能力、逻辑思维能力，推进思维品质的发展和提升，引导学生运用批判性思维分析文本，使学生形成批判性思考的习惯，从而拓展其思维空间，提升学生的思辨读写能力。因此，我带着学生阅读巴金的《家》，初次尝试设置一堂审辩式思维的读写结合训练的课程。以“思辨”“读写”为主要理念，设置课程问题及环节。

思维的含义非常广泛，对于语文学科而言，阅读一篇文章，复述、概括文中信息，分析文中观点和情感，都要运用到思维。思维是在文本信息、概念的基础上进行分析、综合、判断、推理等认知活动的过程。美国杜威在《我们如何思维》中提到：“对批判性思维而言，它主要指在接受文本信息、观点时，不止于理解、概括和分析，更在于思考文本在表达这一信息、观点时，所持理据是否充分、深刻、周全。”也就是说，我们阅读他人文本或自己撰述文本时，在概括他人观点或提出自己的主张之后，要审视支持这些观点和主张的理由是什么，由此推导出的结果是什么；批判性思维强调对这一推导过程进行反省式的、持续的、周全的思考，力求全面、辩证地剖析问题，得出结论。

因此，我在设置这一课时，设置了“让你印象最深刻的是哪个情节”与“如果你是作者，你会对这本书的某个情节或者人物做改动吗？为什么？”等问题。这是读完作品后第一层次的思辨。通过质疑作品中的人物或情节是否有让自己不满意的，如果有机会修改作品，是否会改动作品等，让学生大胆地去质疑、去思考、去总结。

在品析作品中的人物形象这一环节中，我设置了一个问题：“如果觉新、觉民、觉慧三兄弟穿越到现在的社会中，你觉得他们当中哪一个会发展得更好，为什么？”谁会发展得更好，这是对人物性格特点的思辨。要得出谁会发展得更好这一结论，就要综合分析三兄弟的性格，这是再深一层次的思辨。同时要思考三兄弟穿越到现在的社会中谁会发展得更好，就要结合现如今的社会到底需要怎样的人才等问题。这是更进一步的审辨，引导学生大胆去表达，畅所欲言。显然，学生对这样的问题是很感兴趣的，同时也能达到优生答得好、普通学生有话讲的目的。

在讨论作品主题这一环节中，有“家”的说文解字导入，再到小组讨论作品主题。开放性课堂，让学生在自主探究、合作交流中学习，点燃学生思维的火花。

以上这些都只是在读作品后的思辨。接下来我设置由读到写的过渡环节。首先我让学生观看电视剧《家》大结局中弟弟觉慧在哥哥觉新的支持下奔向了向往的自由片段；提示学生观看视频的过程中留意视频中人物的语言、动作、神态等，并说说视频中哪个点最打动自己，并说明理由。阅读作品是文字的解读，观看视频是多重感官的解读。这是更深层次的解读。让学生在“读视频”的过程中，学习表现人物的方法，从而过渡到写的环节。

紧接着，我让学生结合作品中的人物性格的特点，自定一个故事场景，设计一个5分钟左右的剧本。这就是初步的读写结合。

我再引导学生，告诉学生故事场景可以是当时的旧社会，也可以是现在的新时代。故事中的人物可以都是这部作品中的人物，也可以是其他相似或相反主题的作品中的人物，发挥想象，设定场景，再设置故事情节。这就需要学生综合分析作品，并结合实际进行创作。这是再深一层次的审辨式的读写结合了。

最后我引导学生注意人物的语言、动作、神态、心理、外貌等描写，同时也要注意环境描写。通过环境描写来烘托人物内心，也可以通过环境描写来推动故事情节的发展等，使学生的“写”更丰满。

阅读和写作中遇到了困惑、混乱或怀疑，这就是思维的起点，我们会借助以往的经历和他人的经验，试图解决这些问题；如果我们在阅读过程中只是接受文本信息，在写作过程中，只是简单地输出众所周知的简单信息，这种思维就是比较浅层次的。相反，阅读时出现新的情境带来了新的观念冲击，让我们感到新颖刺激或者焦虑不安、难以接受，这时我们就会重新思考过去的经验，对当下的问题主动进行探究，哪怕是暂时无法得出结论，处于一种悬置的状态，但我们的批判性思维开始活跃了——有证据证明文中观点是正确的吗？写作也是一样，当传达一种单向度的观点时，总是简单易行的，但当我们陈述一件复杂的论断时，譬如写作教学中常常遇到的关于什么是“真实写作”的问题，就很难将自己的观点表达得清晰、深刻、完善。

正是阅读和写作中存在这样的困惑，批判性思维应运而生：不轻易接受文本提供的信息，不简单表达粗糙的观点，而是努力寻找更多的证据，努力弥合观点中的疏漏，对一切已成形的文本（读）和正在创造的文本（写），保持怀疑的心态，进行持久的寻证和追问，务求使我们的认识更全面、更接近事物的本质。

在拓展环节，我让学生结合作品中人物性格的特点选一个人，给其设置一张微信、QQ、微博等个人主页的名片，要求有昵称、个性签名、最新的一条动态。这样的写，学生也是很感兴趣的。同时，还能激发学生再次打开作品去读，学生去找人物可能会设置什么样的昵称、个性签名，会发什么样的动态等。从而再深一级地达到读写结合的效果。

这环节，学生给了我非常大的惊喜。他们设置的昵称、个性签名都与作品中的人物非常吻合，而且很有个性。这是有创意的创作啊！更让我惊喜的是，学生所设置的昵称、个性签名竟能做到不雷同且贴合人物性格。还有学生在人物主页上设置头像，会画画的画画，不会画画的在网上找电视剧中的剧照打印剪下来再贴到主页上。还有学生设置空间动态或朋友圈动态时，设置了作品中的人物在下面回复，然后发帖的人再回复进行互动等，非常有意思。评论后面还有人点赞，还显示有多少人转发等。真是惊喜至极！！

设置作业这一模块，我设置了让学生给《家》中的一个人物写一封信。学生也很感兴趣。他们喜欢挑战新思路、新写法。这样的写是开放性的。学生可以想象自己穿越到作品中去，也可以想象作品中的人物穿越到自己身边与自己进行交流等，把自己的感动、遗憾、惋惜、愤怒等情绪都可以表达出来，进行穿越时空界限的零距离的交流。写信过程中还可以再翻开作品，去找可以交流的点，然后再表露心声。

过去阅读教学更多的是训练学生理解和阐释文本内涵，最多是分析文本主旨和鉴赏文本的表现手法及语言特点；很少对文本的观点与材料是否一致，观点是否有足够的理据支撑等进行反思，对训练学生的批判性思维和质疑精神关注不够。

阅读中的高层次思维活动，应该更多地关注思维过程，从严密、准确、有力、充分等角度训练思维，在阅读和写作过程中培养学生的反省和批判意识，从反面促进学生养成缜密、深刻的思维品质。

所谓思辨写作，就是针对复杂甚至矛盾的事物或事件，能采取一种周全的态度阐释和应对。总之，语文是一门综合性很强的学科，与我们的现实生活紧密相关，因此也是一门最具生机活力的学科。开放性语文教学顺应时代发展的要求，为学生智能发展提供了更广阔的天地，但同时也给新时期的语文教学提出了新的要求。只要我们遵循语文教学的规律，围绕语文学科的特质，充分挖掘开发性课堂教学的内涵，并发挥其紧密联系社会步伐的优势，相信新课改一定会为语文教学开创出一片崭新的天地。

乘着课改的春风，我思索着、感悟着，和我的学生在生活中学习语文，在语文中感受生活。我要在课程改革实践中不断反思，在反思中不断追寻、创造，与学生同成长、共快乐。

关于《普通高中语文课程标准（实验）》中“教科书编写建议”板块的思考

深圳市龙岗区保安学校　王美美

课程标准是根据课程计划以纲要的形式编写的有关学科教学内容的指导性文件，它具体规定了学科的教学目的、任务、内容、范围、体系、教学进度和教学方法的基本要求，是选择具体教材和编写教科书的主要依据。语文教科书是根据课程标准编制的直接用于教和学的书籍与工具，是语文教学活动得以施行的重要载体，是教育内容的集中体现，是联系学生与教师的纽带。语文课程标准的要求影响语文教科书编写的方向，因此对于《普通高中语文课程标准（实验）》中“教科书编写建议”板块的建议应该在准确地体现语文学科的特点的基础上，紧跟时代的步伐不断完善，以求达到更好的指导效果。

世界性的语文课程改革每十年就有一次大的变化，这种大变化促进了各国语文课程标准理念的大变化。靳健教授在《后现代文化视界的语文课程与教学论》一书中提出国外语文课程标准理念变化的主要倾向包括：由精英教育向大众教育变化，面向全体学生，努力追求高质量的语文教育水平。被动学习向主动探究变化，促进学生良好个性的发展。文学熏陶与言语运用的结合，体现为两级向整合的发展。知识记忆向实践行为的变化，突出了实践中的研究性学习要求。学科学习向综合学习的变化，突出了语言学习必须与不同领域的内容相结合。传统方法与现代技术的结合，提高了语文学习的效率。终结评价向过程评价的变化，促进了课程标准评价体系的全面实施。通过比较可以发现《普通高中语文课程标准（实验）》中对教科书编写的建议基本符合国外课程标准理念变化的大趋势，但在某些方面仍有所欠缺，作为教科书编写的重要参考标准，此板块仍有继续完善的空间。

一、学科学习向综合学习变化的要求应该体现在教科书编写建议中

《美国加利福尼亚州公立学校英语课程标准》加州标准序言指出："在选择必读的文学和提供信息的作品以及布置作文时，地方教育董事会，学校和教师应该利用每一个机会把读写和其他核心课程联系起来，包括历史、社会学、数学和科学。学生通过读写，探索他们自己的存在与他人存在的关系。"

德国语文课程标准则从五至十一年级分年级详细列出"跨学科主题学习内容"。例如，九年级主题包括古希腊文化艺术、青年文化、科技和社会变化、观察与造型艺术、音乐舞蹈等。十年级主题包括德国犹太人、家庭教育和两性教育、对事物发展过程的观察、分析和动态模拟、我们只有一个世界、报纸等。

《普通高中语文课程标准（实验）》在教科书编写建议中没有体现学科学习向综合学习变化的要求，这使得普通高中语文课程标准实验教科书必修五册的内容在即使添加了一些体现时代特色的篇目之后依旧主题匮乏。必修教科书的内容分"阅读鉴赏""表达交流""梳理探究""名著导读"四个部分。纵观五册教科书的"表达交流"部分：

第一册：心音共鸣——写触动心灵的人和事、园丁赞歌——记叙要选好角度、人性光辉——写人要凸显个性、黄河九曲——写事要有点波澜。

第二册：亲近自然——写景要抓住特征、直面挫折——学习描写、美的发现——学习抒情、想象世界——学习虚构。

第三册：多思善想——学习选取立论的角度、学会宽容——学习选择和使用论据、善待生命——学习论证、爱的奉献——学习议论中的记叙。

第四册：解读时间——学习横向展开议论、发现幸福——学习纵向展开议论、确立自信——学习反驳、善于思变——学习辩证分析。

第五册：缘事析理——学习写得深刻、讴歌亲情——学习写得充实、锤炼思想——学习写得有文采、注重创新——学习写得新颖。

我们发现首先教材仍然侧重于记叙、描写、议论、说明等表达方式与体裁的讲解说明，与上述国外的主题相比显得单一、枯燥、呆板、老套，在激发学生兴趣方面有很大的欠缺。

二、传统方法与现代技术的结合应不仅局限于教师教学

《普通高中语文课程标准（实验）》提出教科书要重视现代信息技术的运用表达不完善。加拿大安大略省英语课程标准提出：“要掌握利用相关技术搜集和分析信息技术的技能。”美国马萨诸塞州2000年课标中，规定学生要进行母体分析和媒体制作。美国密苏里州《语言教育课程草案》里的九大指导原则里的第八条是“语言学习可以通过引进先进技术而得到加强”。美国加州课程标准自三年级开始就在“写作”目标里提出了“研究与技术”的要求。

很明显，对于传统方法与现代技术的结合在课程标准中仅用“教科书要重视现代信息技术的运用”一句话表达是不完善的，现代信息技术与教科书结合不仅仅指教师在教学过程中运用教育信息技术，在科学技术无所不在的今天，还应该包括将学生对信息技术的掌握渗透进语文学习中。

以上就是我将《普通高中语文课程标准（实验）》中的“教科书编写建议”板块与国外语文课程标准理念变化的主要倾向进行对比分析之后，提出的自己的一些思考。在全球化的今天，我国的课程改革应该跟随世界的步伐，从各国汲取精华以求进步，语文课程标准应该符合时代的特征，更好地指导语文教科书的编制，进而提高语文教学的质量。

参考文献：

[1] 靳健. 后现代文化视界的语文课程与教学论 [M]. 兰州：甘肃教育出版社，2006.

[2] 中华人民共和国教育部. 普通高中语文课程标准（实验）[M]. 北京：人民教育出版社，2003.

[3] 王荣生. 语文科课程论基础 [M]. 上海：上海教育出版社，2003.

[4] 张华. 课程与教学论 [M]. 上海：上海教育出版社，2000.

[5] 曹明海. 谈高中语文新课标的教材观 [J]. 语文建设，2003（8）：10-12.

基于选文类型的散文文体教学内容确定

深圳市龙岗区保安学校　王美美

五四文学革命的热潮，使得鲁迅、周作人、冰心、矛盾、徐志摩等一批作家与散文结下不解之缘，创作出一篇篇独具个人特色的散文作品，不仅丰富了中国的文学宝库，也充实了文选型语文教材。1963年的中小学语文教学大纲以国家文件的名义明确规定语文教材“课文以散文为主”，“散文可占课文总数的80%左右”。至今散文依旧是语文教学的主导文类，如何教好散文便自然成为语文教学的重要议题，关于散文“教什么”和“怎么教”的讨论备受关注，而因为教学方法的选择要依据教学内容来确定，散文阅读教学内容的确定便成为重中之重。

一、选文类型下的散文阅读教学内容

王荣生教授经过对中外语文教材的比较和研究之后，认为“语文教材里的选文，大致上可以鉴别出四种类型，即定篇、例文、样本、和用件”。四种选文的功能与学习任务各不相同，“定篇”的功能在于彻底、清晰、明确地领会作品，从而学习经典的丰厚内涵；“例文”的功能是使知识得以感性地显现，学习其生动显现的关于诗文和诗文读写的知识；“样本”在于学习其阅读过程中形成的读写“方法”；“用件”的目的主要是提供信息、介绍资料，使学生获知所讲的事物。对四种类型的把握，为教师选择教学内容提供了向导。

“如果有意将某一篇课文处置成‘定篇’，那么在教学中就要按‘定篇’的本性，通过材料的增补、丰富多彩的教学设计，使学生彻底、清晰、明确地领会作品。而如果自觉地处理成‘例文’，那么教学中就没有必要对选文做字、词、句、篇、语、修、逻、常的面面俱到的分析，应该把师生的注意力集中到‘例’的局部，而目光则投射在被‘例’着的那个‘什么’，引导学生扎扎实实地学会听、说、读、写的知识、技能、策略、态度。”我们以人教版高中语文必修教材第二册《故都的秋》为例：将其按“定篇”进行教学，教师应该提供大量文化、文学等专门研究者对该作品的权威解说，使学生彻底、清晰、明确地领会作品，做到朱自清指出的“了解和欣赏（理解和领悟）”即可。将其按“例文”进行教学，其目的就是使学生学习既定的知识，也许是关于写景状物的知识、也许是关于语言修辞的知识，而课文只是知识的印证举例。将其按“样本”处理，教学内容侧重于解决学生在理解、鉴赏此文时碰到的或应该碰到的问题，在解决过程中使学生学到读文、作文的方法。如果将它设置为“用件”的话，可以借此讨论“故乡”“秋天”等主题，在讨论活动中扩展，进行相应或相关的听说读写训练和学习。

二、文体类型下的散文阅读教学内容

在对“文体”的概念界定中，童庆炳先生提出古代文论中的“体”包括体裁、语体、风格三个层面的含义。这三者之间的关系是：一方面，一定的体裁要求一定的语体；另一方面，一定的语体需要经过具有创作个性的作家的运用，渗入个性、人格的特征，并达到极致，才能发展为风格。因此文体应该包括体裁、语体、风格三要素。

散文文体概念的界定正如郁达夫指出的，它的定义方式不是规则性的，而是排他性的，很难以一种既定的标准或准则去规范它，而这种观点也得到了周作人、王统照、鲁迅等人的认可。而正因为如此，作家们在写作上有了更加自由的灵感空间去进行叙事、抒情和议论。虽然无法准确地定义和规范散文，王荣生教授仍然发现了通常意义的“散文”具有两种特性，即有外在的可以言说对象的文章特性和高度个人化的言说对象和言说方式的文学特性。同时王荣生教授指出散文教学要建立学生和“这一篇”散文的链接，实质是建立学生的经验与作者的语文经验和人生经验的链接。

王荣生教授概括目前散文教学的三个问题：一是散文教学不符合散文体式。把散文教成小说，教成说明文、议论文，都是不顾文章体式的表现。二是散文教学不考虑当下阅读文本的具体特性。把“这一篇”散文教得像“这一类”散文，或将所有的散文教成同一类散文。三是不注重散文中蕴含的情感而去关注散文中所涉及的事物。王荣生教授还指出了散文阅读教学的主要问题：一是从散文“个人化的言说对象”跑到“外在的言说对象”，二是从散文“独特的情感认知”跑到概念化、抽象化的“思想”“精神”。而这些问题产生的根源即忽视散文教学中的文体教学，忽视“这一篇”散文的体裁、语体、风格。

针对目前散文教学缺乏文体教学的现状，学者们经过努力探索出两条基本的教学思路。一是韩向东的“文体—教学”，论文首先辨析了散文的文体特征，然后指出散文这一文学体裁在整体上应该教什么，最后确定具体种类散文的教学内容。二是郑桂华的“辨体—识人—断文—教学点的选择”，首先认识散文的文体特征，其次了解作家的散文特点，然后分析某一篇散文的特点，最后是“教学点的选择”。两种思路实质上都是先认识散文的文体特征，再认识某一类或某一篇散文的文体特征，最后确定具体的教学内容。两条思路均有利于改善目前散文教学的现状。

散文教学的困境是中小学教师的普遍困境，明确散文的选文类型首先从宏观上确定了散文的教学内容，在此基础上把握散文文体特征，确定具体的教学内容，可以指导一线教师准确地确定散文阅读教学内容，进行有效语文教学。

参考文献：

[1] 王荣生. 语文科课程论基础 [M]. 上海：上海教育出版社，2005.

[2] 童庆炳. 文学理论新编 [M]. 3版. 北京：北京师范大学出版社，2010.

[3] 王荣生. 散文教学内容确定的基本路径 [J]. 中学语文教学，2011 (1)：47.

[4] 王荣生. 中小学散文教学的问题及改善努力 [J]. 课程·教材·教法，2011（9）：66.

[5] 韩向东. 散文“教学内容”应如何定位 [J]. 语文学习，2008（1）：97.

[6] 郑桂华. 散文教学内容开发的路径与原则——以《听听那冷雨》为例 [J]. 语文学习，2008（5）：143.

05 第五篇

说出来

——分享与传播

中考作文备考策略

——好故事成就好作文

深圳市龙岗区布吉中学 路桂荣

各位老师：

大家好！感谢张怡春老师提供的平台，让我有机会和大家交流中考作文备考这个话题。25日接到任务，26日班主任开学演练，之后开学，受疫情影响，班主任工作较多，白天静不下心来准备，本打算五一假期来做，但计划赶不上变化，假期上课，由于准备不足，疏漏在所难免。另外我的观点是基于我的教学对象的学情，不可能放之四海而皆准，做法和观点也难免具有局限性，因此今天的交流，希望得到大家的指正。

作文是语文教学的老大难，40分钟时间如果面面俱到，可能会大而无当。为了切入口小一些，我拟了个题目“好故事成就好作文”。

王崧舟老师说：“语文教学无非是两件事，一件事是由言到意，这是阅读的过程，读者通过语言文字与作者走向视界融合；另一件事是由意到言，这是写作，作者把自己内在体验转化为外在的语言文字。”但是言和意不是直来直去的，需要借助象。什么是象？我认为就是承载作者内在体验的故事，象凝聚着作者的生活体验和阅读体验。从某种意义上来说，学生写作文就是讲故事，这些故事要蕴含着情感，渗透着哲理。

学生作文的通病是“泛”，拿住题目泛泛而谈，讲了许多正确的废话。例如，______真不容易，许多学生写（学习）真不容易，通篇絮絮叨叨，不会用一个具体故事来诠释不容易。

目前距离中考还有两个多月时间，学生作文面临的最大困惑是“写什么”的问题。常言说“巧妇难为无米之炊”，我认为中考作文备考的关键是备素材。如果我们在备考过程中重注素材积累，相当于厨师备好了食材或半成品，考场作文就相当于现场点菜，手到擒来。

那么我们怎么备素材呢？我认为不妨从以下三个方面着手：①内视自我，讲好个人故事。②立足教材，讲好历史故事。③关注时事，讲好时代故事。

一、内视自我，讲好个人故事

我们来看2015—2019年深圳中考作文题，大家会发现每个题目都有“我”；再看2019年全国九省作文题，也有“我”或暗含着“我”的视角。

这些题目都可以讲“我与自我”“我与自然”“我与家庭”“我与社会”的故事。

如何讲好个人故事呢？

1. 多方位体验生活，丰富个人经历

人的经历是一笔财富，司汤达说：“活过、爱过、写过。”王君老师在她的《向泰坦尼克号学写作文》中说：“活好你自己这一个，自然会写出好作文。”

每个学生都是一个独特的存在，我们要引导学生发掘属于自己的独特的个人故事。例如2014年，我辅导的学生经过层层海选，冲到了央视第二届汉字听写大会的舞台，对参赛学生来说这是一份弥足珍贵的体验。

例如寒暑假我会给学生布置一些实践体验作业。

2018年暑假我班詹富健，三天时间骑行400公里，写了2000字的美篇。

2. 多角度设计题目，挖掘个人故事

“我的家庭充满______”可以挖掘家庭故事。家庭中有亲情，也有不幸。正如列夫·托尔斯泰所说：“幸福的家庭都是相似的，不幸的家庭各有各的不幸。”我们要引导学生直面家庭的不幸。“自古英雄多磨难”，苦难也许还会转化为一笔人生的财富。作文中可以表现不幸但是彰显的应该是作者对不幸的正确认知。《寒门难出贵子》中刘媛媛说：“命运给你一个比别人低的起点是想告诉你，让你用你的一生去奋斗出一个绝地反击的故事！”

校园是个小社会，学生每天有一半的时间在这里度过。校园是他们写作的源头活水，这里充满同伴、师生、成长、梦想等林林总总的故事，我们不妨拟一些题目挖掘学生们的独特校园故事。

无数的写作实践告诉我们："好作文是改出来。"因此大家不要幻想你的题目学生第一次写一定能写出好故事，这里还需要老师不断的点拨、启发和引导。

3. 多频次修改作文，讲好个人故事

例如"______真不容易"，收上来一看，泛泛而谈之作比比皆是。写学习不容易的很多，也有三篇作文有可圈可点之处，于是作为典型案例在讲评课上呈现。一篇是《活着真不容易》，一个十三四岁的孩子写这个题目有点险，她写了三个场景：①2008年汶川地震，结论是我们与天对抗；②2008年奥运会，结论是我们仍然坚强；③90多岁的外公战胜疾病，结论是与死神赛跑。这种境界的作文不是阅历浅薄的学生所能驾驭的，我读过之后告诉他们我们只是欣赏就可以。一篇是《一路走来真不容易》，该学生讲了初一时候我带领学校的汉字听写选手参加深圳市汉字精英邀请赛挑战深圳名校初三学长的经历。读完之后我说想想你有没有类似的经历，学过钢琴、舞蹈、古筝、绘画？参加过比赛？挑战过自我？经历过挫折？一篇是《道歉真不容易》，运用心理描写，展现了向母亲道歉微妙而细腻的过程。改错是一个困难的心理考验，你有没有尝试过戒掉网瘾、拖延、马虎等不良习惯的经历？

经过一番点拨，学生第二次重写，有很大变化。

写好的这些故事对于"______真不容易"这个题目是成品，其实换个题目它可以作为半成品运用，如"为______点赞"，可以写"为自己点赞"，大部分故事都可以用。无非是换换开头结尾，在故事中注意点题。

"行万里路，读万卷书"可以促进精神的成长，文艺青年经常说："身体和灵魂必须有一个在路上。"行万里路是经历，读万卷书是阅读，讲故事我们不仅可以讲亲身经历的故事，也可以讲读书故事。虽然中考的题目故事中有"我"，不过这个"我"可以是"本我"，也可以是"非我"，可以是历史人物，也可以是某种精神的载体。例如，2019年深圳中考题目"因为有我……”，“本我”写自我经历，考查生活积累；“非我”可以是改变过人类命运的伟人，也可以是某种精神，如团结、拼搏、挑战，这种写法考查的是学生的阅读积累。作文指导多一个角度，学生在考场就多一种选择的可能。“本我”和“非我”无高下之分，但是可以避免千篇一律的审美疲劳。

下面我们来谈谈如何写好阅读故事。

二、立足教材，讲好历史故事

语文教材是一道精彩绝伦的人物长廊，风流人物灿若星汉：这里有“江山代有才人出，各领风骚数百年”的文章大家；有“金戈铁马，气吞万里如虎”的帝王将相；有“可上九天揽月，可下五洋捉鳖”的学界泰斗，有“混迹民间，身怀绝技”的俗世奇人……有人的地方一定有故事。

“生活因______而精彩”这个题目，如果横线上填上阅读，就比学生写“因友谊而精彩”更有新意，因为学生眼中的友谊无非是在一块儿吃吃喝喝，而写阅读，语文教材的故事取之不尽用之不竭，写起来就左右逢源，而且可以展现学生的阅读深度和广度，展示学生的阅读积累。例如，可以写阅读让我领略了精英的风采，阅读让我懂得活着的意义，阅读让我学会做人的道理。

其实作文教学玩转教材可以教作文。作家的生命信息流淌在自己的经典作品中，他们的思想、情感、生命活力在文学中得以延宕、再生。对于那些渐去渐远的作家，我们对他们的感知更多的是通过作品。因此针对一个作家群文阅读，我们可以写“我眼中的______”，如“我眼中的毛泽东”，讲完《沁园春·雪》之后，我以此为契机，上了一节作文课。

三、关注时事，讲好时代故事

请看案例《中国脊梁》。

（这节课是2月19日上的，两节连堂。第一节是主要是作文指导然后学生现场写作和当堂讲评。）

1. 导入

2020年春节，一场突如其来的疫情打乱了所有中国人的节奏。1月23日武汉封城，每天攀升的新增确诊数字让人心忧，但是在险情面前，有一群人却逆流而上，负重前行，今天让我们去认识这些中国脊梁。

鲁迅曾说：自古以来，我们就有埋头苦干的人，有拼命硬干的人，有舍身求法的人，有为民请命的人……这就是中国人的脊梁！

在这些最美逆行者的不懈努力下，湖北以外新增确诊病例实现了14连降。

（1）走近钟南山。

观看《非典克星——钟南山》。

总结：如今84岁的老院士再次挂帅出征，他坐餐车前往武汉的照片刷红网络。请看老作家陈先义写的诗歌《致敬钟南山》。

朗诵《致敬钟南山》。

还有一位专家也在网上刷屏，这位73岁老人脸上的压痕让我们心疼，疫情肆虐是她建议武汉封城。

（2）介绍李兰娟院士。

总结：84岁的钟南山院士，73岁的李兰娟院士，还有许多不为我们所知的专家在和疫情赛跑，攻克医学难题，拯救生命。如今在这场没有硝烟的战场上，还有数以万计的医务工作者用血肉之躯超负荷工作，救死扶伤，为我们筑起了阻断病毒的屏障。请看视频。

（3）医务工作者。

① 观看视频《白衣天使，人间大爱》。

② 展示照片：岂曰无衣，与子同袍。各地医务工作者纷纷驰援武汉。

林则徐说：“苟利国家生死以，岂因祸福避趋之。”中国人有乘风破浪的豪情，有不到长城非好汉的气魄，更有重整江山再造日月的雄心！武汉挺住，中国加油！

疫情之下，更有无数的建设者不休不眠地建设医院，请看视频。

（4）中国速度。

① 观看视频《雷神山医院建设12天竣工》。雷神山医院12天建设竣工，展示了中国速度，是爱，点燃了中国速度。

②《爱点燃中国速度》。

总结：试问哪个大国能做到？一个号召，春节全民不出门！振臂一呼，成千上万医务人员奔赴同一座城市！一声动员，几天建一所医院！国家决策让我们避开了一场巨大的浩劫。

“一方有难，八方支援”是中华民族的优良传统，难忘那些捐资捐物的身影。（出示各界捐助图片）

（5）众志成城。

出示各界捐助图片。

血浓于水，海外华人也在行动。

观看视频《海外华人心系祖国》。

（6）写作指导。

① 可以写一个人，如钟南山。从视频中我们看到了敢医敢言的钟南山、舍身研究的钟南山、不惧权威的钟南山、勇于纠错的钟南山、拼命硬干的钟南山、实事求是的钟南山，也可以写你新的发现。

② 可以写一群人，如以钟南山、李兰娟为代表的专家，广大的医护人员，建设者（建医院的、春节复工的），国内外捐献者……这个省略号中还有警察、前线记者等，相信大家最近通过电视、网络看到了很多资料，都可以作为素材来写。

三个团队在PK，那么谁是今天作文的——

神笔手（速度最快）回复W，布中同学拍照私发给我。

卷面王（书写最优）。

小作家（质量最佳）。

展示优秀习作。课堂最后15分钟，我讲评学生发给我的作文，主要是发掘优点，给学生提供正面的案例。学生的表现超乎我的想象，课堂上读学生的作文，几次忍不住哽咽。

2. 总结方法

（1）捕捉热点：专业眼光，生命意识。新闻事件每天不同，作为语文教师要有专业眼光，发掘新闻事件背后的教育价值，从学生生命成长的角度，为学生寻找精神“钙片”。

（2）搜集资讯：发散思维，多方涉猎。我们要持续关注一个新闻事件，不论是电视还是微信朋友圈，只要看到有价值的视频、文本就及时收藏。例如，《白衣天使，人间大爱》《雷神山医院建设12天竣工》《爱点燃中国速度》是电视上看到的，就在网上搜寻下载视频；《海外华人心系祖国》视频和诗歌《致敬钟南山》是在微信朋友圈看到的，随即收藏；《非典克星——钟南山》是网络上搜到的。这些素材不是一次积累完成的，语文教师要做一个有心人，我是在积累材料的过程上渐渐产生了开发这节课的想法。上课和写作是一样的，必须材料先行。

（3）确定主题：一线串珠，立体构思。所有资料都箭指靶心——中国脊梁，引导学生从不同角度感知中国脊梁的精神。

（4）设计文题：调动情感，输出信息。文题是纲，材料是目，纲举才能目张。文题设计要能激发学生的写作冲动，同时能够让学生充分使用课堂上积累到的素材。当然学生的积累是有差异的，关注时事的学生可以写自己熟悉的超越课堂的素材，积累不足学生利用课堂的材料也能有话可说。

北宋大儒张载说："为天地立心，为生民立命，为往圣继绝学，为万世开太平！"这振聋发聩的横渠四句，彰显了中国知识分子的人生境界，被天下学子奉为圭臬，传诵千年，成为后世读书人毕生追求的目标。

责任担当是中国学生核心素养的要素之一，国家主流媒体中蕴含着丰富的课程资源，因此作文教学必须"风声雨声读书声，声声入耳。国事家事天下事，事事关心"。捕捉时事热点，讲好时代故事，既解决了写什么的问题，也培养了学生关注人类命运的社会参与意识，学作文就是学做人。

写作文就是讲故事，如果我们在中考备考阶段引导学生积累故事，就是为中考作文准备素材和半成品。"文似看山不喜平"，什么是好故事？人无我有，人有我新，人新我优。

最后送给大家一句话：考场上作文只要有故事，就不会出事故。作文教学要努力促进学生成为一个有故事的人。

一部外史说儒林　从此全椒属敏轩

——《儒林外史》整本书阅读技法探究

深圳市龙岗区布吉中学　陈　敏

人们常说爱情是永恒的主题，其实，如何对待富贵也是永恒的主题，只是比起爱情来，这个主题更复杂，也更难集中表现。《儒林外史》却选择了这更难的主题。功名富贵无凭据，费尽心情，总把流光误。“一部外史说儒林，从此全椒属敏轩。”《儒林外史》成就了全椒“千年儒乡”的美名。今天我们一起走近《儒林外史》，去认识“儒林”众人，体会吴敬梓的情怀。

明确学情：本课是部编版教材九年级下册第三单元后的一篇导读。《儒林外史》是我国古典讽刺文学的典范作品。通过《范进中举》的学习，学生对《儒林外史》有了初步的了解，但学生对阅读整本名著的兴趣并不大，也缺少阅读讽刺作品的方法。

本次分享由以下三个回目组成：第一回归类法破解儒林之谜；第二回讽刺笔写尽儒士百态；第三回趣任务思辨儒生正道。

第一回：归类法破解儒林之谜

本环节设计的目的在于给学生提供学习支点，化繁就简。

《儒林外史》人物众多、头绪众多、阶层众多、关系众多、故事众多，其出场人物不下一百个，往往是读了后面，忘记前面。儒生形象，多如牛毛；儒林人物，林林总总，不好把握，学生容易陷入繁乱而不解的状态。鲁迅说：“虽云长篇，颇同短制。”对“儒林”这个题材来说，连环短篇结构，不仅能集中笔墨细致地刻画重要人物，更能充分展现封建社会科举制度下不同士人的生存情况。《儒林外史》只有五十六回，吴敬梓老先生笔墨的节省、空间的浓缩、时间的跳跃，令人叹为观止，其笔力不亚于曹雪芹。可正是这个节省与老练，难坏了我们这些后来的读者。

那么课前我就先引导学生阅读整本书的回目，目的在于找到阅读突破口，发现书中这些人、这些事都与科举有关，可以说从不同角度演绎了一场场、一幕幕科举的故事。我以“科举”为支点，引领学生撬动整本书的内容。我给定阅读的回目，让学生有的放矢地去读。这也为深度阅读整本书做了前期铺垫。

鉴于故事烦琐、人物众多，我在设计此课时，采用人物及地点分类的方式，在本课中设置了“一位贤人”“两位举人”“三次盛会”“四大奇人”四个板块来快速进入整本书。

首先，开篇说楔子敷陈大义，借名流隐括全文，即我们说的一贤人王冕学长。王学长不慕名利，修身养性，提升自我，是被作者褒奖的中流砥柱之人。

其次，落魄士子以周进、范进为主，这两位举人在科举的路上，上演了一幕幕令人过目难忘的经典场景，他们最后都走入仕途，而且官越做越大。

其次，“假名士”，这一类人，我拎出书中的三次“诗酒盛会”，第十二回湖州莺脰湖高士集会，第十八回杭州西湖斗方诗会，第三十回南京莫愁湖“定梨园榜”，其中一些所谓的“名士”在八股取士的樊笼里，攀龙附凤、欺世盗名、追求功名富贵的滑稽丑态一一呈现。

最后，“豪杰真儒”，我以第五十五回的四大奇人为切入点，这样反过来汇聚书中的真名士，一类是有才学，无意仕途；一类是有才学，不得重用；一类是有才学，追求自由。通过对这几类人物的认识，看到一丝曙光。

据回目厘清吴敬梓老先生的创作主线，也找到了阅读整本书的抓手，并以此开展相应的阅读任务。以下是我们的阅读规划表（表5–1），分三部分以周为单位推进，并在此基础上以人物活动地点为单位给学生建立人物的框架体系。所以，根据回目厘清人物活动环境是迅速把握小说基本框架的重要路径。

表5-1

<table>
<tr><th colspan="5">《儒林外史》阅读规划表</th></tr>
<tr><td colspan="5">姓名：　　预计阅读周期：四周</td></tr>
<tr><td>日期</td><td>阅读章节（计划）</td><td>阅读内容</td><td>内容情节（概括）</td><td>周末小结</td></tr>
<tr><td>第一周</td><td>（一至三十回）写科举制度的文人图谱</td><td rowspan="3">（备注：通读全书，适当地做好批注与摘抄，对自己感兴趣的篇目做好标记）</td><td rowspan="3">（备注：通读结束后填写）</td><td>（批注、摘抄、提问题）</td></tr>
<tr><td>第二周</td><td>（三十一至四十六）主要写作者设想的理想人物</td><td>（品读细节、分类整理）</td></tr>
<tr><td>第三周</td><td>（四十七至五十五回）描写那帮维持文运的“星君”消散之后，几个市井奇人的出场</td><td>（写本书读后感）</td></tr>
<tr><td>第四周</td><td>（备注：挑选精读篇目以及感兴趣篇目进行第二次阅读）</td><td colspan="2">（备注：有感悟的地方做好批注，边阅读边思考，体会科举制度带给读书人的浸染和腐蚀）</td><td>（续写故事）</td></tr>
<tr><td colspan="5">备注：吴敬梓的《儒林外史》，不仅是清中叶唯一一部长篇儒林小说，而且是我国古代文学史上最杰出的长篇讽刺小说，标志着我国古代讽刺小说艺术发展的新阶段。本书内容驳杂，人物形象众多，但是书中这些人、这些事都与科举有关，可以说从不同角度演绎了一场场、一幕幕科举的故事。大家以人物为纲，有的放矢地去阅读。</td></tr>
</table>

在此基础上来谈一谈对人物的最初印象。可以先不深入，就让学生说说直观的感受。针对《儒林外史》中的众多人物，你最欣赏谁？你最反感谁？最无耻之人、最丑陋之人、最贪婪之人、最迂腐之人、最虚伪之人、最纯厚之人、最侠义之人、最明智之人、最风雅之人、最淡泊之人……可以给出学生一系列的直观抓手，让他们在较快时间之内把握人物初感，建立人物初印象。

我们可以按照种类、等级或性质等给《儒林外史》的人物分别归类。归类人物，可以将无规律的阅读变为有规律的阅读，可以将无序转为有序，可以将无意识转化为有意识。对《儒林外史》来说，我们可以闲斋老人的序言为纲从以下几个方面对人物进行归类：正面的真名士形象：王冕（第一回）、杜少卿（第三十一、三十二、三十三、三十四、三十五、

三十六、三十七、四十、四十一、四十三、四十四、四十六回）、庄绍光（第三十四、三十五、三十六、三十七、四十一、四十六回）、虞博士（第三十六、三十七、四十六回）、迟衡山（第三十三、三十四、三十七回）。

热衷于科举的读书人形象：周进（第十三、十四、十五、三十三、三十四、三十七回）、范进（第十三、十四、十五、三十三、三十四、三十七回）、马纯上（第十三、十四、十五、三十三、三十四、三十七回）、鲁编修（第四、六、十八回）；

乡绅形象：严贡生（第四、六、十八回）、严监生（第五回）、张乡绅（第三、四回）。

灵魂卑劣的读书人形象：梅玖（第十五、十六、十七、十八、十九、二十回）、匡超人（第十五、十六、十七、十八、十九、二十回）、牛浦（第二十一、二十二、二十三回）、王惠（第二、八回）。

形形色色的假名士形象：蘧公孙（第二十九、三十、三十一回）、杜慎卿（第二十九、三十、三十一回）、杨执中（第九、十一回）、权勿用（第十一、十二回）、景兰江（第二十九、三十、三十七回）、娄三和娄四（第二十九、三十、三十七回）、季苇萧（第二十九、三十、三十七回）、季恬逸（第三十、三十三、三十七回）。

侠士以及社会奇人形象：张铁臂（第十二、十三回）、凤鸣岐（第五十、五十一回）、鲍文卿（第二十四、二十五、二十六回）、肖云仙（第三十九、四十回）、郭铁笔（第二十二、二十九、三十、三十三、三十七回）。

市井四大奇人（第五十五回）：季遐年（写字）、王太（围棋）、盖宽（画画）、荆元（弹琴）。

《儒林外史》里的长者形象：胡屠户（第三、四回）、牛老儿、卜老爹（第二十一、二十二回）、王冕母、匡太公、娄焕文。

女性形象：鲁小姐（第十、十一回）、沈琼枝（第四十、四十一回）、王三小姐（第四十八回）。

兄弟形象：余特和余持兄弟（第四十四、四十五回）、严贡生和严监生（第四、五、六回）、王德和王仁（第五、六回）。

总之归类法是阅读整本书可行、高效的一种方式。整本书阅读以它为抓手，就可以撬动整本书的经脉，同时也为学生提供了一个清晰的阅读回目。那么有了这么一个抓手，学生如何掌握刻画人物的精髓呢?

第二回：讽刺笔写尽儒士百态

《儒林外史》被推崇为古代讽刺小说的发端，胡适称赞这本小说“精工提炼”，并为它写了不少的读后感，后来又有了英、法、德、俄等多种译本，一直从中国火到了全世界。我觉得这不得不归功于本书运用最成功的手法——讽刺。

《儒林外史》有四种讽刺手法，分别是漫画式讽刺、对比式讽刺、夸张式讽刺、矛盾式讽刺。本回目在于引导学生观察周进、范进、匡超人、严监生、严贡生这几个重要人物刻画，学习吴敬梓先生是如何运用讽刺手法来否定批判的，体会讽刺手法的艺术效果，并将其运用到写作当中。

拎出这些内容后，如何有效实施教学呢?

第三回：趣任务思辨儒生正道

该设计的目的在于以活动推进课程，以活动驱动阅读与思考。

本回目我设计了以下四个环节：

（1）一设计名片感人物。2021年是吴敬梓320年诞辰，为了更好地纪念先哲，我班举行了一系列《儒林外史》的阅读活动，为人物设计名片，就是其中一项。请学生仔细阅读《儒林外史》的第一回和第五十五回，为王冕、季遐年、王太、盖宽、荆元设计名片。

（2）触动我心识人物。吴敬梓先生以节省的笔墨、老练的表达在短短的两个回目里，成功塑造了多个人物形象，在这些人物当中，你最欣赏哪个人物?最欣赏人物的哪些侧面?

（3）寻觅知音听回想。请你为王冕在儒林人物中寻觅知音，你认为他穿越到书中的话，会找谁做知己呢?并以此讨论吴敬梓最偏爱谁，开展“儒林之最”的评选活动。这个设计意在引导学生用凝练的笔法高度概括主人公的一生。此前，我给学生出示了2020年感动中国人物的颁奖词，引导学生以此格式来创作。

（4）联读人物辨初心。市井四大奇人出现，这四个人知情知趣，心境淡泊，为所欲为，蔑视权贵。当“那南京的名士都已渐渐销磨尽了”的时候，奇人却出现在市井中间。儒林中一片狼藉，而井市中则有闪光的人格。为什么在市井中反倒能保持人格的独立与心灵的自由呢？这个设计旨在引导学生从灵魂深处感知初心的重要性，从而引出我们的终极拷问：儒林众生大多出自寒门，学而仕则优，跻身豪门贵族，朝为田舍郎，暮登天子堂，成了读书的终极目标，而今的我们又是为何读书呢，对于没有含着金汤匙出生的大多数人而言，面对“寒门再难出贵子”的断言你又有何种想法呢？接下来让学生深入文章中，来抒发自己的情愫。

阅读整本书不是终点，我们要在此基础上培养学生群文阅读的思维和能力。课后为学生推荐自主阅读书目：被誉为“新儒林外史”的《围城》和长篇游记体讽刺小说《格列佛游记》。

本次分享以归类法打通宏观架构，梳理名著的脉络结构；微聚焦识别讽刺手法，观细节析人物变化；抓住名著之精髓，巧设计练笔促思辨。希望采用合适的路径将解读转化为教学设计，做好名著的“经纪人”。

秉持公心指时弊，机锋所向在士林

——《儒林外史》名著阅读教学策略

深圳市龙岗区布吉中学　钟淑君

《义务教育语文课程标准（2011年版）》提出：“要重视培养学生广泛的阅读兴趣，扩大阅读面，增加阅读量，提高阅读品位。提倡少做题，多读书，好读书，读好书，读整本的书。”目前，整本书阅读活动在语文界以各种形式如火如荼地开展，全国各地的中考语文也注重对名著阅读的考查。

那么，如何做到课程标准所提出的“学生应具有独立的阅读能力，会运用多种阅读方法，初步理解鉴赏文学作品，注重情感体验，有较丰富的积累，形成良好的语感，促进语文素养的整体提高”呢？这就要求教师引导学生正确地进行阅读，让学生把握基本的阅读方法，激发阅读的兴趣，不断地参与和探索阅读活动，最终实现越读越爱读的目标。以下是我个人的一些浅薄的做法，和大家一起交流探讨。

在《儒林外史》的阅读教学策略方面，我的做法主要有：课前注重激发兴趣，制定阅读计划；阅读中以任务为驱动，注重落实；课后以主题探究为切入，加强作品内涵理解，提升学生的阅读、表达、写作和鉴赏能力。

一、读前指导：激发兴趣，制定计划

九年级上册学完《范进中举》后，以此篇课文为引子，引导学生开始阅读《儒林外史》，计划一个月左右的时间读完。在阅读之前先进行这部名著的基本知识和文化背景导读，让学生熟悉相关内容，克服惧怕读古典长篇章

回小说的心理，激发阅读兴趣。

1. 由名著故事引入：严监生两茎灯草故事、范进中举的故事

观看视频，这两则故事是学生小学和初中学过的课文。

2. 文学常识赛一赛：科举制度、讽刺小说（由学生整理分享）

（1）科举制度：从隋唐到清代，有一千三百多年历史，分为乡试、会试、殿试三级。乡试考中的称举人，俗称孝廉，第一名称解元。会试由礼部主持，考中称贡士，第一名称会元。殿试由皇帝亲自主持，一甲三名，分别为状元、榜眼、探花。中进士称金榜题名（黄纸书写）。

（2）讽刺小说：小说的一种，是用嘲讽的表现手法揭露生活中消极落后和腐朽反动的事物。在艺术表现上，这类小说充分调动各种讽刺艺术手段，用夸张、巧合、漫画式描写等手法突出被描写对象本身的矛盾、可笑或畸形的特征，形成强烈对比。达到警诫教育或暴露、鞭挞、抨击的目的。

3. 了解作者——没落的名望之后吴敬梓（由学生整理分享）

吴敬梓（1701—1754），字敏轩，号粒民，晚号“文木老人”，安徽全椒人，清代小说家，我国讽刺小说的开山鼻祖。出身望族，从小博览群书。23岁考取秀才，父亲病逝，家道衰弱。28岁，他应科举时，遭到侮辱，愤懑离开故土。35岁，被荐举入京廷试，“坚以疾笃辞”，从此不再参加科举考试，开始创作《儒林外史》。

4. 感知全书内容：“秉持公心，指摘时弊，机锋所向，尤在士林”

鲁迅《中国小说史略》指出：“迨吴敬梓《儒林外史》出，乃秉持公心，指摘时弊，机锋所向，尤在士林。其文又戚而能谐，婉而多讽，于是说部中乃始有足称讽刺之书。”

《儒林外史》是我国一部著名的古典长篇讽刺小说，主要描写封建社会后期知识分子及官绅的活动和精神面貌，成功塑造了生活在封建末期和科举制度下的封建文人群像，反映了封建社会末期腐朽黑暗的社会现实，批判了八股科举制度对一代儒林士人的摧残。这些故事都是以真人真事为原型塑造的。

5. 认识文学地位——中国古代讽刺文学的典范

《儒林外史》对各类人士在“功名富贵”面前的不同表现进行了写实

主义描绘。作者采用高超的讽刺手法，使其成为中国古典讽刺文学的上乘之作。鲁迅先生认为直到《儒林外史》出现，我国古代才有了真正的讽刺小说，它也是中国古代最优秀的讽刺小说。

6. 每日阅读计划

推荐阅读版本：人民文学出版社，《儒林外史》。

阅读计划：《儒林外史》共56回，计划一个月读完，每天阅读两个章回，阅读时分小组开展评价活动，会有相应的阅读任务指导以及阅读评价表（表5–2）。

表5–2

《儒林外史》第（ ）周阅读评价表							
组号	组长	姓名	阅读时间记录	阅读批注检查	阅读笔记完成	阅读笔记等级	阅读之星推荐
第1小组							
第2小组							
第3小组							

续 表

《儒林外史》第（　　）周阅读评价表							
组号	组长	姓名	阅读时间记录	阅读批注检查	阅读笔记完成	阅读笔记等级	阅读之星推荐
第4小组							
第5小组							
第6小组							
第7小组							
第8小组							
第9小组							

阅读小组：全班共分9个阅读小组，每个小组约5人，1名组长。组长负责填写阅读评价表、登记阅读时间、检查阅读圈点批注、阅读笔记的检查和评优（教师评），阅读之星的推荐（每周推选一次，每组2人）、读书分享主题会的主持。

这样就形成了阅读四部曲：可行的阅读计划——良好的阅读习惯——浓厚的阅读氛围——丰富的交流活动。

二、落实过程：通读检测，任务驱动

1. 阅读任务指导表

阅读任务是指导学生自主阅读的重要工具。教师对作品进行内容上的切分，制定“阅读任务指导表”（表5-3），分章节列举《儒林外史》整本书的阅读指导内容，每个部分的阅读范围、阅读任务和重点能力指向，引导学生提取阅读要点，整合阅读信息，把握在阅读过程中要注意的重点问题。

表5-3

《儒林外史》阅读任务指导表		
内容 章回	阅读任务	重点能力指向
一至二回	1. 用鱼骨思维导图画出王冕一生的主要事件。 2. 概述周进被梅玖、王举人嘲弄的事件	思考：淡泊名利的王冕为什么要放在第一回？
三至四回	1. 范进中举前后所受待遇的对比。 2. 张静斋和禁牛肉事件的关联是什么？	范进中举是喜剧还是悲剧？
五至六回	1. 概述严监生立偏房事件、两茎灯草事件。 2. 概述严贡生讹猪事件、云片糕事件、霸占房子事件	严监生（吝啬鬼）、严贡生（无恶不作）的人物形象和性格特征
七至八回	1. 周进嘱咐范进到山东关注谁？ 2. 概述蘧公孙代管枕箱事件	王惠人物形象分析
九至十回	1. 杨执中因何事被抓进监狱？被谁救出？ 2. 概述蘧公孙入赘鲁家，婚席闹剧	你如何评价娄家两位公子？
十一至十二回	1. 鲁编修为何不满蘧公孙？ 2. 莺脰湖名士大宴有哪些人参加？	思考：权勿用是“经天纬地之才”吗？

续 表

《儒林外史》阅读任务指导表		
内容 章回	阅读任务	重点能力指向
十三至 十四回	1. 蘧公孙在哪两件大事上得到马二先生的帮助？ 2. 赏析第十四回所写的西湖美景	请品析马二先生“有意气、有肝胆”的性格特征
十五至 十六回	1. 洪憨仙炼银子事件。 2. 用树型思维导图画出匡超人回家孝亲所做的事情	请根据内容评价此时的匡超人
十七至 十八回	1. 匡超人父亲送葬的时候为什么满庄的人都来吊唁送丧？ 2. 匡超人是如何逃过“盐捕分府”的抓捕的？	结合背景分析事件
十九至 二十回	1. 潘三到底因为什么被抓？ 2. 匡超人为什么对老师撒谎，说自己尚未娶妻？	思考探究问题的原因和结果

2. 阅读笔记量化评价表

检查学生阅读的落实情况，阅读笔记是一种有效的举措。这里的阅读笔记并不是对整本书阅读而言，而是针对相应阅读部分所写的阅读体会或感悟。

阅读笔记包括三个板块：

词句摘抄：将阅读中的好词、好句、好段摘下来，语言积累。

精彩内容回顾：锻炼学生的概括能力和表达能力。

我的感悟和思考：提高学生的鉴赏和思辨能力。

阅读笔记的量化检查主要借助下面评价表格完成（表5–4）。对阅读笔记的评价建立在通过阅读要实现的语文素养目标上，包括语言建构、思维发展、理解鉴赏、情感体验、读写表达这些维度。再结合深圳中考的作文评价标准，从主题、内容、结构、思想、文采、字迹方面出发，分为一（A）、二（B）、三（C）、四（D）、五（E）等级。这样的评价标准，可以有效地将学生的阅读、写作结合起来，阅读中有写作，写作中促阅读，既可以促进学生阅读能力的提升，又可以培养学生的鉴赏创新能力。

表5-4

阅读笔记评价标准表					
等级 内容	一等（A） （39～45分）	二等（B） （33～38分）	三等（C） （26～32分）	四等（D） （20～25分）	五等（E） （20以下）
阅读内容 （12分）	理解阅读内容，内容充实	熟悉阅读内容，内容较充实	基本了解阅读内容	基本了解一点阅读内容	不了解阅读内容
思维水平 （15分）	中心突出， 结构严谨， 思想深刻	中心明确， 结构完整， 思想较深刻	中心基本明确，结构松散，略显深刻	中心不太明确，结构较乱	没有中心， 结构不完整
审美能力 （15分）	有文采， 有创新	较有文采， 较有创新	略有文采， 略有创新	语言不通顺， 无创新	语言极不通顺，毫无创新
书写 （3分）	字迹工整，卷面整洁、美观	字迹较工整，卷面较整洁、美观	字迹清楚， 不美观	字迹较潦草， 少许涂改	字迹潦草难辨，涂改很多

3. 精彩故事汇

“精彩故事汇”是学生在阅读《儒林外史》过程中读、写、讲、思结合的又一实践。在阅读接近尾声的时候，我会让每位学生在《儒林外史》中挑选一个或两个故事，参照深圳中考作文标准写下来，600字左右，要有故事有感悟。写好后自己改第一遍，然后组内交换进行第二遍修改，组内挑选一篇优秀的故事，大家一起提意见，最后润色定稿，代表本组参加班级的“《儒林外史》精彩故事汇”活动。这一活动以阅读为基础，以提升思维、鉴赏、思想为目的，先写后讲，读、写、讲、思融合，促进学生语文素养的全面提高。

学生讲述的精彩故事主要有：①王冕学画的故事；②严贡生的云片糕事件；③严监生的两茎灯草事件；④范进中举发疯；⑤蘧冼夫代管枕箱；⑥洪憨仙炼银子；⑦匡超人孝敬父亲；⑧牛浦郎偷诗集；⑨杜少卿慷慨施舍；⑩“四大奇人”的故事。

三、专题探究：把握内涵，提升能力

《儒林外史》代表中国古代最优秀的讽刺小说，它的讽刺艺术非常值得揣摩。除了通过人物的语言、动作、神态、心理来表现讽刺艺术，作品中的美食也是打开其讽刺艺术大门的一把钥匙。因此，我设计《儒林外史》中的饮食和小说讽刺艺术探究专题活动。专题探究活动内容如下：

“舌尖上”的《儒林外史》

——《儒林外史》中的饮食和小说讽刺艺术探究

深圳市龙岗区布吉中学　钟淑君

（一）教学目的

（1）以《儒林外史》中的饮食为切入点，进行作品内容、人物的梳理和串联。

（2）通过作品中呈现的饮食内容，理解小说内涵，体会讽刺艺术的运用。

（3）领会中国饮食文化的特色和魅力，形成自己的认识和对民族文化的认同。

（二）活动准备

（1）每个小组按顺序分别整理出6章回的饮食内容。

（2）各组从讽刺艺术的角度对饮食内容进行鉴赏，写好发言稿，派代表发言分享。

（3）提前了解中国饮食文化相关知识，选一个角度，准备课堂发言。

（三）活动过程

（1）活动一：分组展示各组所找的饮食内容。

《儒林外史》中的食物林林总总，无以计数。每组负责整理6章回中的饮食，然后在全班展示出来。

（2）活动二：谈《儒林外史》中的饮食与小说讽刺艺术。

《儒林外史》中的饮食描写内容丰富、色彩斑斓，不仅仅是色香味的集中营，更是通过这些饮食和饮食中的人物活动展现了当时的社会风气和人物面貌。其中所蕴含的讽刺艺术和意味值得品味，各小组就印象深刻的饮食内容表现讽刺艺术的语段或篇章进行分享交流。

（3）活动三：畅谈中国饮食文化。

各组分享交流准备好的中国饮食文化材料，课后完成小论文“中国饮食文化之我见”。各组所选的饮食文化主题包括：

第一组：中国饮食文化特色。

第二组：中国菜肴的命名。

第三组：中国烹饪艺术。

第四组：两个美食传说故事——东坡肉、过桥米线。

第五组：中国春节饮食文化。

第六组：粤菜——天下美食，尽在广东。

（四）活动总结

这节“舌尖上”的《儒林外史》探究活动课，它的意义不仅仅在于让学生感受五光十色的美食佳肴，更是为了让大家在语文课上汲取前人的智慧结晶，理解小说内涵，体会讽刺艺术，并通过了解中国的饮食文化，让中国饮食文化积淀千年的馨香弥漫在每一个人的生命最深处，形成良好的民族文化认同感。

结语：以上《儒林外史》名著阅读教学过程中，我侧重给予学生适当的阅读方法指导，鼓励学生积极参与表达与写作，提供阅读探究方向和范例，期待学生在参与中体会到阅读的意义。

名著（整本书）阅读的指导，犹如攀登一座座险峻的山峰，费时费力，但只有努力攀登到山顶的人才能真正体会到山峰的雄奇和壮美，希望我们都能早日领会“一览众山小”的景观！

品味《简·爱》 追忆时光

——《简·爱》和《那些回不去的年少时光》比较阅读

深圳市龙岗区布吉中学 钟小玲

《简·爱》是部编版教材本九年级下册的名著阅读篇目，而《那些回不去的年少时光》这本书属于课外阅读书目，是我和我的学生们一起阅读的一本书。下面我就这两本书与大家一起分享。

一、真正的阅读

真正的阅读是什么呢？借用百度百科的一句话：“唯有激活了所有的感官感受，愿意尊重地视书籍为一个独立且丰美的世界，让文字记录的意义随时幻化为听觉、嗅觉、味觉、触觉，而且投注以悲欣痛喜，依照书的讯息调整我们的世界关照与生命理解，我们才真正‘阅读’了一本书。”我最喜欢的美国女演员Helen Hayes（1900—1993）曾说：“你从父母那里学到爱、学到笑、学到怎样走路，可是一打开书本，你发现你有了翅膀。”阅读，最接近教育的本质；阅读，让生命更润泽。

二、课外阅读的定位

台湾教材《雅量》中这样说——我一直坚信：学习是为了让生活更圆融和谐。一旦书本成为独立王国，和生活切割，甚至只沦为考试的附庸，教学的终极目标就不容易达到了。学生咀嚼生命的滋味，开发情义，一旦这些学习过程在生命中扎根，教育就能突破校园，无处不在。

三、新课标要求

《义务教育语文课程标准（2011年版）》有如下要求："学习语文必须注重读书，注重积累和语感培养，注重品味、感受和体验，注重语言文字运用的实践。""培养学生广泛的阅读兴趣，扩大阅读面，增加阅读量，提倡少做题，多读书，好读书，读好书，读整本的书。"

目前我们的阅读对象主要包括单篇阅读、书册阅读、专题阅读。《简·爱》和《那些回不去的年少时光》这两本就属于整本书的阅读，也就是我们说的书册阅读。

1.《简·爱》教学实施流程

《简·爱》教学实施流程图（图5–1）：

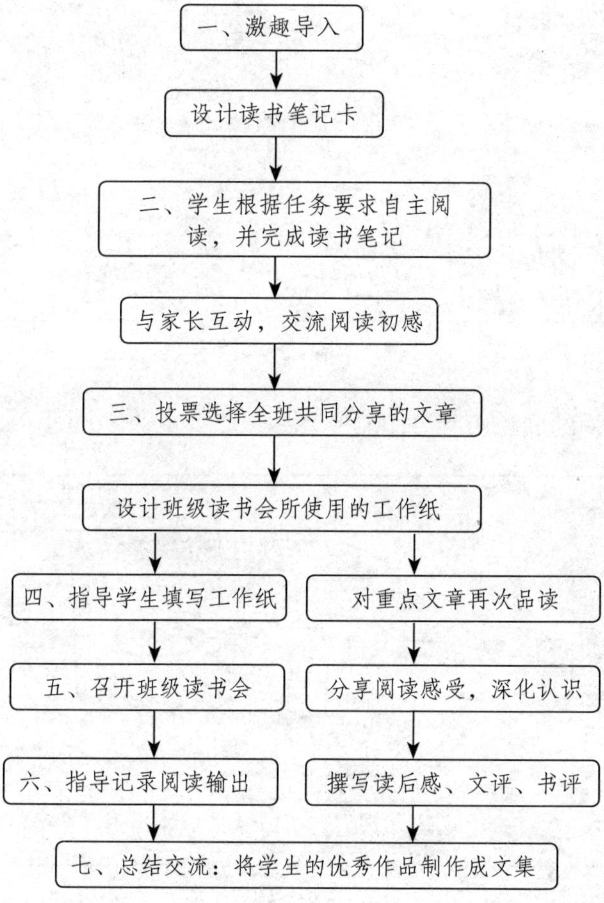

图5–1

2.《简·爱》小论文分享

《简·爱》小论文分享（小组长：刘宝仪）：

简·爱养成自尊自爱、坚强不屈的逆袭之路（徐湘）

论简·爱的爱情遭遇（刘宝仪）

论简·爱和英格拉姆的爱情观（曾赟怡）

论简·爱的成长与性格（钟翔宇）

透过《简·爱》，浅议西欧社会风气（刘邹然）

3.《简·爱》思维导图展示（小组长：何汶蓉）

（1）简·爱的社会关系（图5–2）。

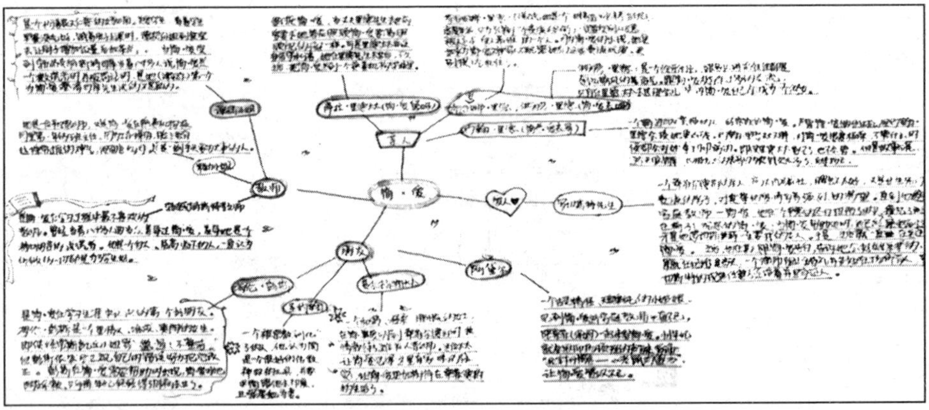

图5–2

（2）简·爱的成长历程（图5–3~图5–7）。

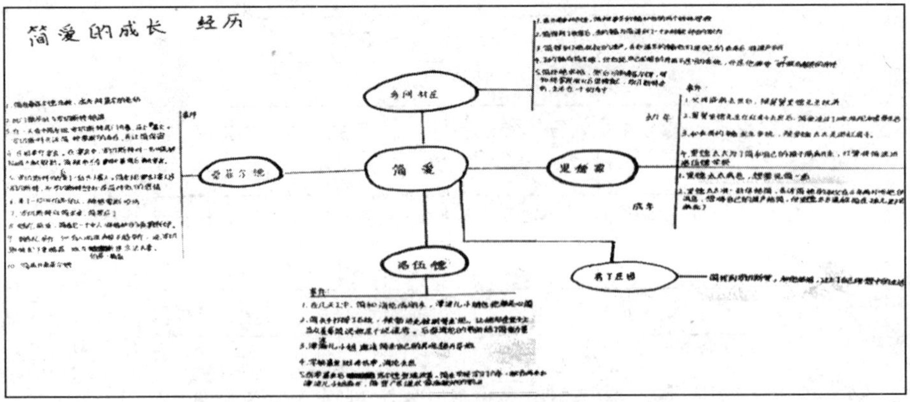

图5–3

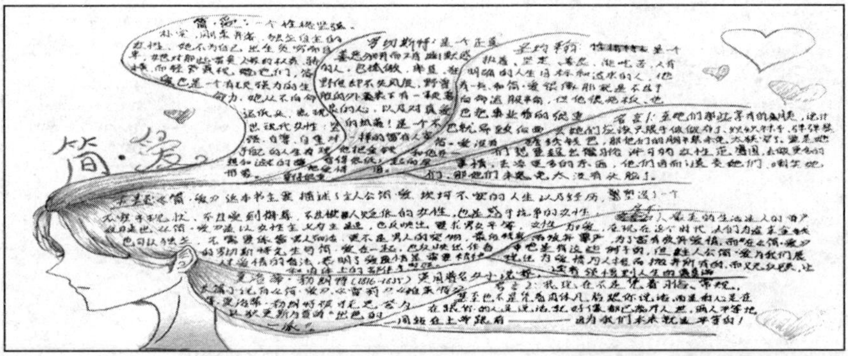

图5–4

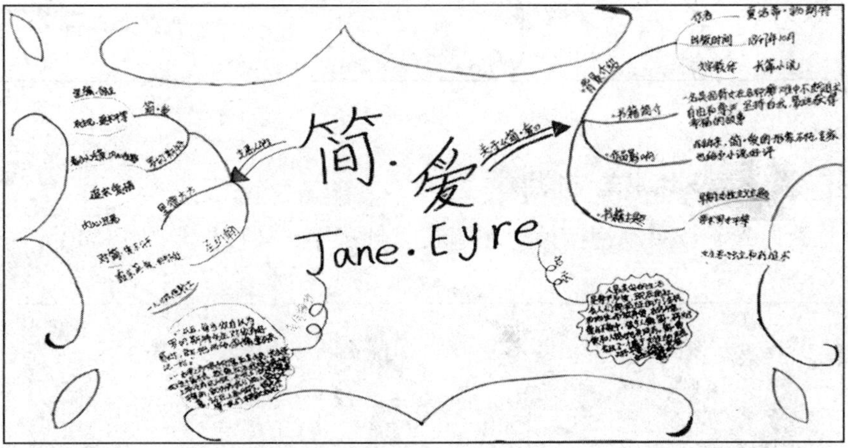

图5–5

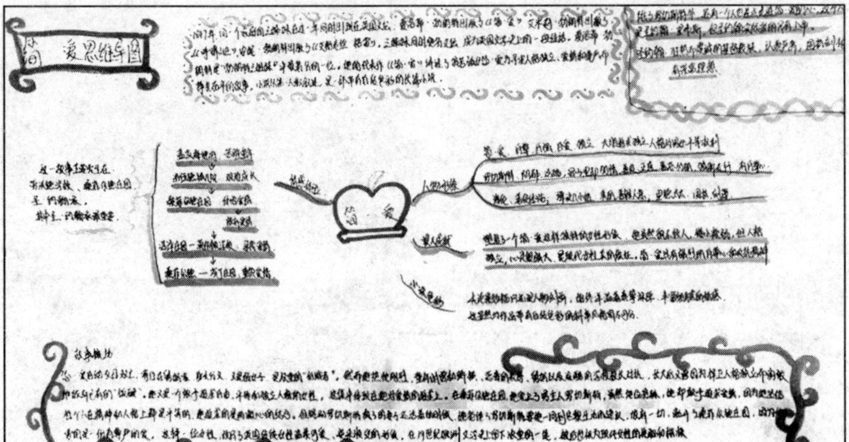

图5–6

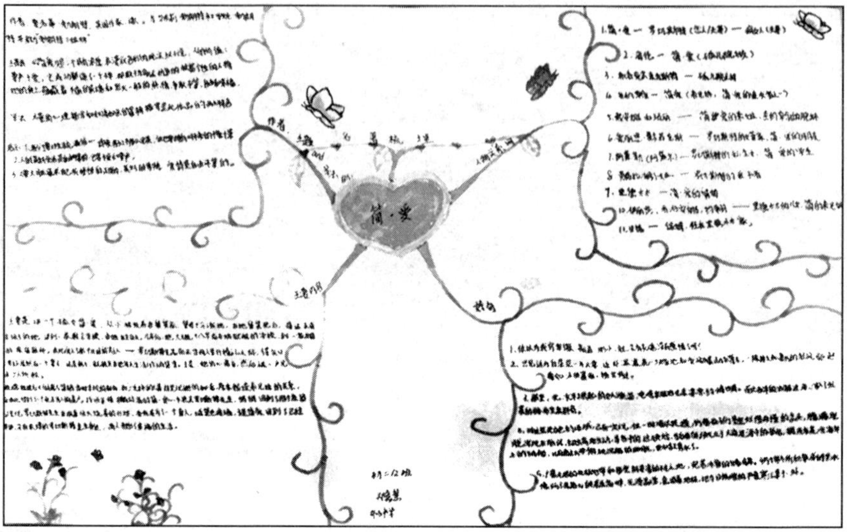

图5-7

4.《简·爱》读书笔记摘抄

《简·爱》读书笔记摘抄（小组长：钟翔宇）（图5-8、图5-9）：

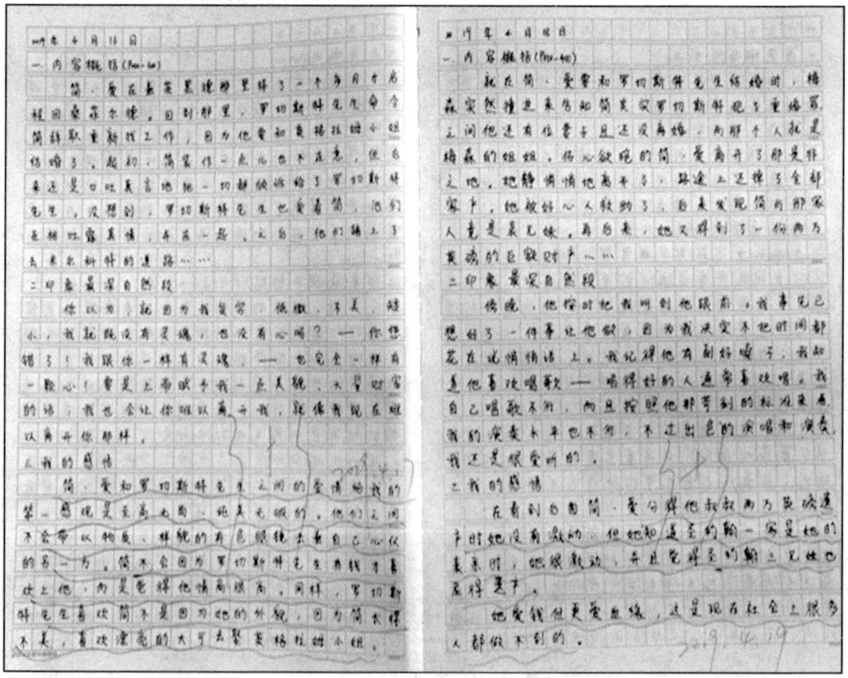

2019年4月11日

一、内容概括

简·爱在盖茨黑德府里待了一个多月才启程回桑菲尔德，回到那里，罗切斯特先生命令简辞职重新找工作，因为他要和英格拉姆小姐结婚了。起初，简觉得一点儿也不在意，但后来还是口吐真言把她一切都倾诉给了罗切斯特先生。没想到，罗切斯特先生也爱着简，他们表明了真情，并在一起，之后，他们踏上了走向未来新婚的道路……

二、印象最深的段

你以为，就因为我贫穷、低微、不美、矮小，我就既没有灵魂，也没有心吗？——你想错了！我跟你一样有灵魂，——也完全一样有一颗心！要是上帝赋予我一点美貌，大量财富的话，我也会让你难以离开我，就像我现在难以离开你那样。

三、我的感情

简·爱和罗切斯特先生之间的爱情给我的第一感觉是至高无尚、纯美无暇的，他们之间不会带以物质、样貌的有色眼镜去看自己心仪的另一方。简不会因为罗切斯特先生有钱才喜欢上他，而是觉得他情商很高，同样，罗切斯特先生喜欢简不是因为她的外貌，因为简长得不美，喜欢漂亮的大可去娶英格拉姆小姐。

2019年4月18日

一、内容概括

就在简·爱要和罗切斯特先生结婚时，梅森突然站出来告知简其实罗切斯特先生早已结婚，他还有个妻子且还没离婚，而那个人就是梅森的姐姐，伤心欲绝的简·爱离开了那是非之地，她静悄悄地离开了，路途上还掉了全部家产，她被好心人救助了，后来发现简的那家人竟是表兄妹，再后来，她又得到了一份两万英镑的巨额财产……

二、印象最深的段

傍晚，他按时把我叫到他跟前，我事先已想好了一件事让他做，因为我决定不把时间都花在谈情情话上。我记得他有副好嗓子，我知道他喜欢唱歌——唱得好的人通常喜欢唱。我自己唱歌不行，而且按照他那苛刻的标准来看，我的演奏水平也不行，不过出色的演唱和演奏我还是很爱听的。

三、我的感情

在看到白面简·爱分得她叔叔两万英镑遗产时她没有激动，但她知道至的唯一家是她的表兄时，她很激动，并且觉得它的唯一兄妹也应得遗产。

她爱钱但更爱血缘，这是现在社会上很多人都做不到的。

图5-8

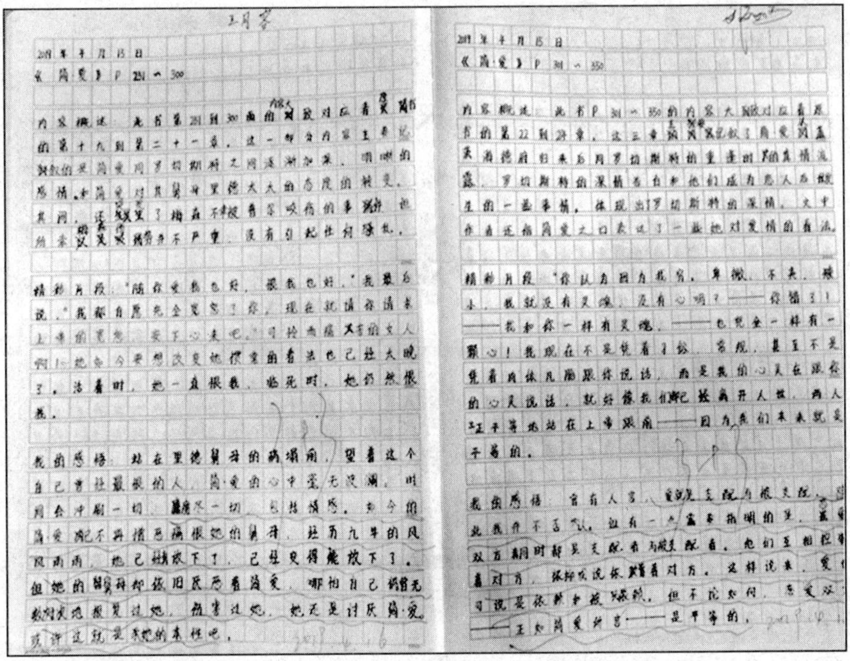

图5-9

5.《简·爱》阅读批注

《简·爱》阅读批注（小组长：郭炜城）（图5-10）：

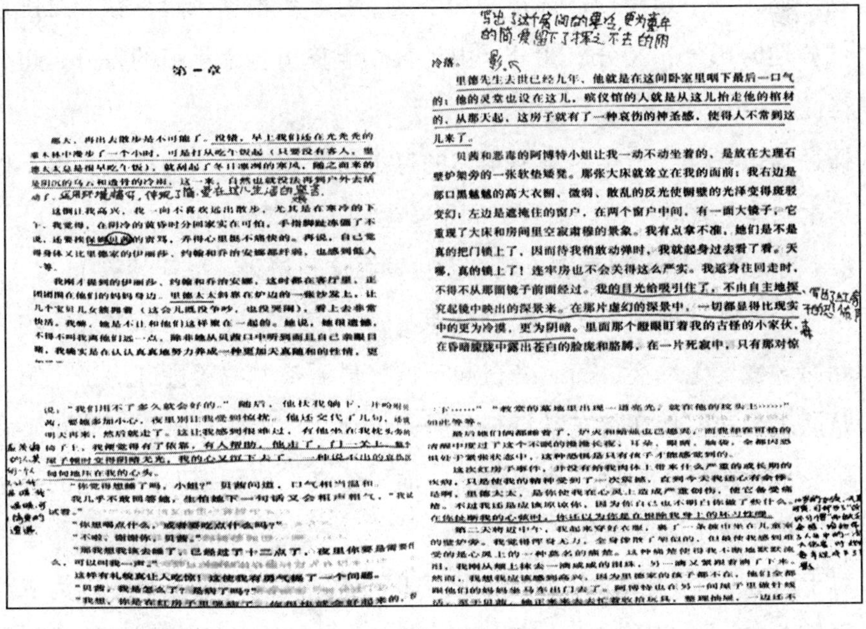

图5-10

6.《简·爱》书签分享

《简·爱》书签分享（小组长：陈桐桐）（图5-11）：

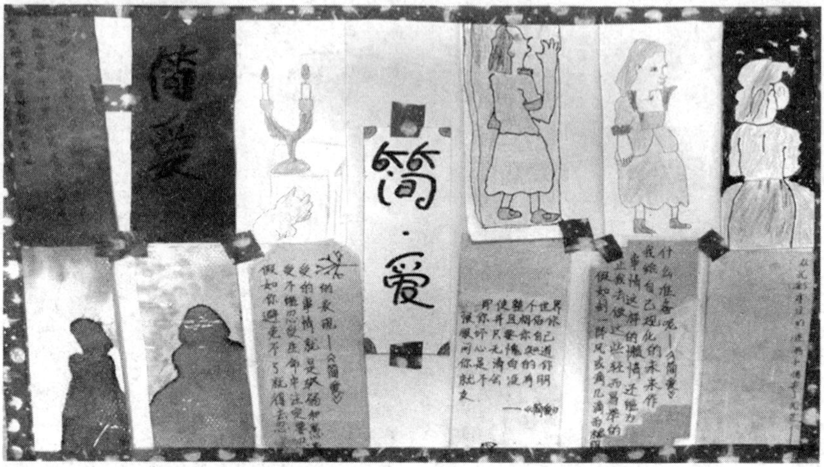

图5-11

7.《简·爱》知识竞赛

这个知识竞赛由全班学生一起参与。我们会把学生分为几个大组，同时将知识竞赛题目分为必答题、抢答题和风险题。必答题20题，每小题10分；抢答题20题，每小题10分；选答题20小题，每小题根据风险系数和难度系数的高低分别为10分、20分、30分。由计分小组算出各个小组的得分，得分高的获得优胜小组。

通过知识竞赛，学生对于整本书的每个情节都做到了如指掌。这不仅激发了学生阅读名著的兴趣，而且巩固了学生的名著阅读知识。

8.《简·爱》课本剧表演（表演者：罗源佳、曾融、夏熙岭等）

学生们一共选取了三个片段进行课本剧表演。第一个片断是表哥约·翰里德和简·爱发生冲突，简·爱奋起反抗，最后被舅妈关进红房子。第二个片段是简·爱和罗切斯特正举行婚礼时，伯莎·梅森的弟弟出面阻止婚礼进行。第三个片段是罗切斯特残疾以后，简·爱义无反顾地回到了他的身边，最后他们幸福地生活在一起。

对于以上三个片段的表演，学生们印象最深刻的是第二个。因为夏熙岭同学男扮女装，扮演伯莎这个疯女人的角色。他把疯女人愤怒的情感拿捏得非常到位，演得十分逼真。最后班长对本次读书会活动做了小结。（附班长小结：此次课本剧表演，我们从《简·爱》中选取了三个片段，毕竟是第一次，若有不足，请多谅解！我们在不断排练中突破自我、完善细节，也从中学会了团结合作，明白了付出的含义。不是所有人都能在舞台上收放自如、镇定自若。所以，不管这次的表演是否专业，我身后的这群演员都是最棒的。因为他们有勇气站上这个舞台，就已经迈出了成功的第一步。通过这次活动，我们班的同学更加团结，更加热爱阅读，这就是我们最大的收获！）

图5–12

表演完毕后，全体小组长、小演员们齐聚一堂，拍照留影（图5–12）。看着孩子们天真烂漫的笑容，我不禁感到真正的阅读就是要这样走进孩子们的心中，让他们在阅读中体会到快乐，让他们在阅读中找到自信。

《简·爱》这本书向我们诠释了一个真谛："人不因为美丽而可爱，却因为可爱而美丽，人的价值等于尊严加爱。"这是一部经典爱情小说。对于青春期的孩子而言，他们正处于情感的萌动期，所以这时候，我带领孩子们一起阅读了《那些回不去的年少时光》。读完之后，我引导孩子们对两本书进行多角度的比较阅读。

（1）《简·爱》《那些回不去的年少时光》比较阅读之思维导图（小组长：杜浩敏）（图5–13、图5–14）：

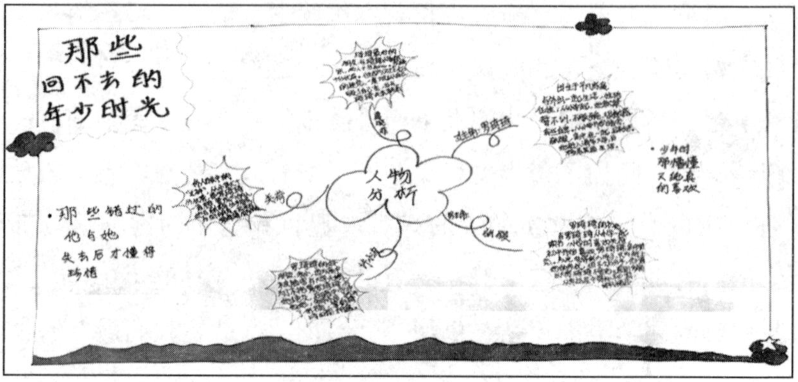

图5–13

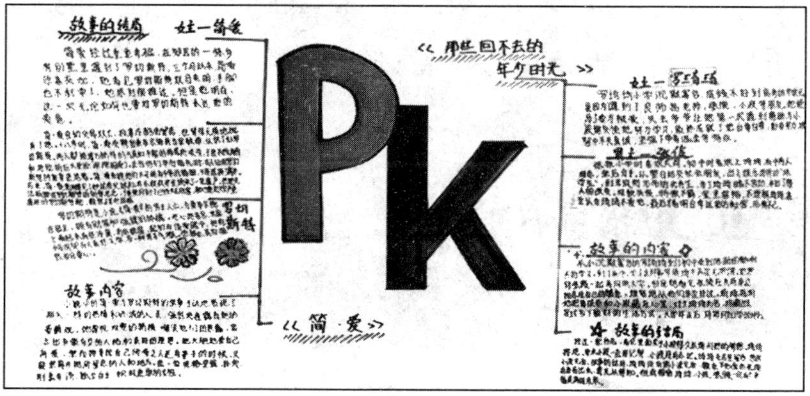

图5–14

（2）《简·爱》《那些回不去的年少时光》比较阅读之小论文（小组长：吴佳仪）（图5–15）：

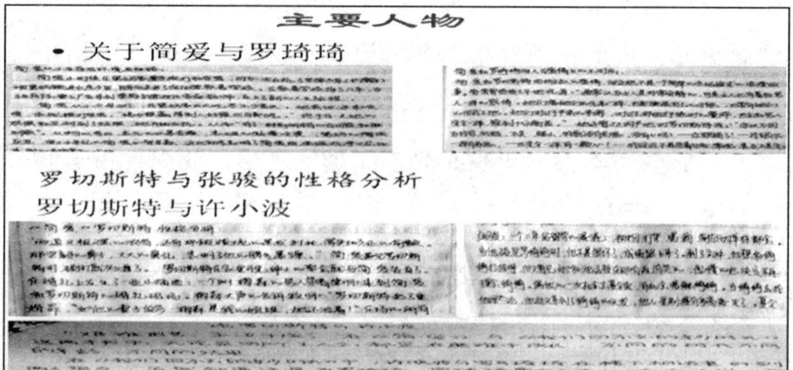

图5–15

（3）《简·爱》《那些回不去的年少时光》比较阅读之主题（小组长：刘邹然）（图5–16）：

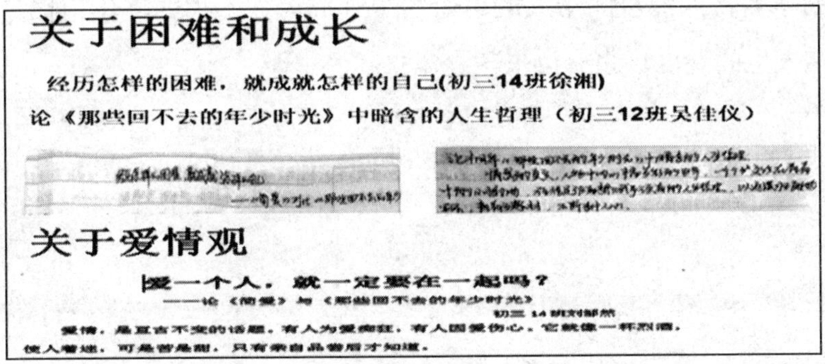

关于困难和成长

经历怎样的困难，就成就怎样的自己(初三14班徐湘)

论《那些回不去的年少时光》中暗含的人生哲理（初三12班吴佳仪）

关于爱情观

爱一个人，就一定要在一起吗？

图5–16

（4）《简·爱》《那些回不去年少时光》比较阅读之读后感（小组长：徐湘）（图5–17）。

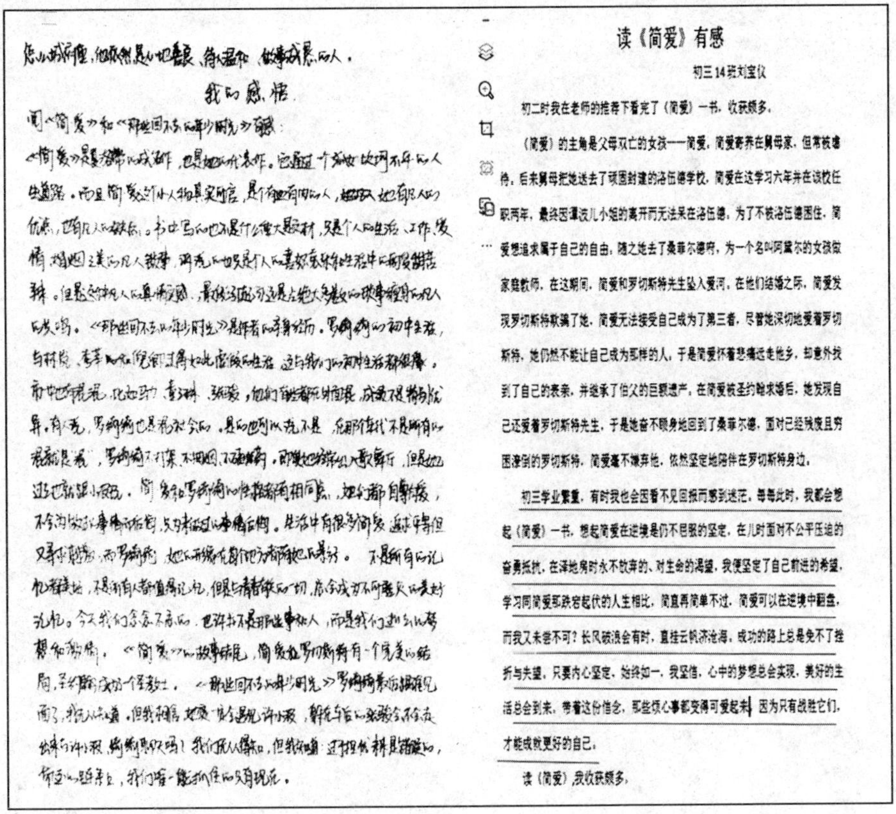

我的感悟

阅《简爱》和《那些回不去的年少时光》有感：

读《简爱》有感

初三14班刘宝仪

初二时我在老师的推荐下看完了《简爱》一书，收获颇多。

《简爱》的主角是父母双亡的女孩——简爱，简爱寄养在舅母家，但常被虐待，后来舅母把她送去了顽固封建的洛伍德学校，简爱在这学习六年并在该校任职两年，最终因谭波儿小姐的离开而无法呆在洛伍德，为了不被洛伍德困住，简爱想追求属于自己的自由，随之她去了桑菲尔德府，为一个名叫阿黛尔的女孩做家庭教师，在这期间，简爱和罗切斯特先生坠入爱河，在他们结婚之际，简爱发现罗切斯特欺骗了她，简爱无法接受自己成为了第三者，尽管她深切地爱着罗切斯特，她仍然不能让自己成为那样的人，于是简爱怀着悲痛远走他乡，却意外找到了自己的表亲，并继承了伯父的巨额遗产，在简爱被圣约翰求婚后，她发现自己还爱着罗切斯特先生，于是她奋不顾身地回到了桑菲尔德，面对已经残废且穷困潦倒的罗切斯特，简爱毫不嫌弃他，依然坚定地陪伴在罗切斯特身边。

初三学业繁重，有时我也会因看不见回报而感到迷茫，每每此时，我都会想起《简爱》一书，想起简爱在逆境是仍不屈服的坚定，在儿时面对不公平压迫的奋勇抵抗，在泽地房时永不放弃的、对生命的渴望，我便坚定了自己前进的希望，学习同简爱那跌宕起伏的人生相比，简直再简单不过，简爱可以在逆境中翻盘，而我又未尝不可？长风破浪会有时，直挂云帆济沧海，成功的路上总是免不了挫折与失望，只要内心坚定，始终如一，我坚信，心中的梦想总会实现，美好的生活总会到来，带着这份信念，那些烦心事都变得可爱起来，因为只有战胜它们，才能成就更好的自己。

读《简爱》,我收获颇多。

图5–17

对初中生而言，丰富厚重的“阅读史”可以为学生濡染潜隐的人格底色，奠定其人生发展的根基，涵养其平静而生动的气韵。青少年时代借助阅读形成的学养将深深浸润于人的生命之中，成为抹不掉的文化记忆。读书的厚度决定人生的高度！腹有诗书气自华！

播下阅读的种子，静听花开的声音

——语文核心素养下的课外阅读策略

深圳市龙岗区布吉中学　梁建清

一、课外阅读现状

“得语文者得天下，得阅读者得语文。”可见阅读对学生的重要性。但目前中学生还没真正认识到阅读的重要性，在中学实行并推广课外阅读遇到了瓶颈。

首先，学生认为课外阅读是“课外”的，等于可有可无。其次，现在学生课业负担繁重，光完成学校老师布置的作业已经花费了大量的课余时间，还有相当大一部分学生有课外补习，能用来阅读的时间少之又少。再次，学生课外阅读的兴趣不浓厚，阅读活动开展受限。最后，学生缺乏良好的氛围和正确的指导，往往出现“三分钟热度”的现象。

二、语文核心素养下的课外阅读

语文核心素养包括“语言建构与运用、思维发展与提升、审美鉴赏与创造、文化传承与理解”四个维度，也就是说在语文阅读中要落实语言、思维、审美、文化四个维度的训练。

三、阅读策略

（一）课前激趣，以点带面

1. 以讲促读

（1）教师讲精彩情节或阅读心得体会，激发学生的阅读欲望。

教师可以在课上跟学生分享自己阅读某部名著中的精彩情节或者自己阅读后的心得体会，以此来激发学生的阅读兴趣。

例如，我跟学生分享阅读巴金的《家》这部作品的心得体会时，我说我已经是第三次阅读巴金的《家》了，我每读一次，感受都跟前一次不同。我第一次读《家》是在读初中的时候，那时候我最喜欢的人物是高觉慧，我喜欢他的敢想敢做，喜欢他的勇敢前卫，喜欢他的叛逆率真。第二次读《家》是我读大学的时候，那时候的我更欣赏高觉民。我觉得他更好地综合了觉慧和觉新身上的优点，他没有觉慧那样带刺的叛逆，也没有觉新那样迂腐的善良。第三次读《家》是我工作几年之后了，这时候读《家》，我便重新审视作品中觉新这一可怜的人物形象了。我认为他明明也可以像弟弟那样叛逆任性的，但他因为责任而选择隐忍。我从他身上看到的更多的是一个要肩负起一个家庭的重担的“成年人”的无奈。有时候甚至我会觉得自己身上也有着觉新的影子……

这样，学生听完我分享的读书心得后，对这部作品有了较高的兴趣。他们也好奇自己读这部作品会是怎样的一种感受……

（2）学生课前三分钟演讲。

在每节课前让学生进行课前三分钟演讲也是一个很好的激趣的方法。学生演讲的过程其实就是在“荐书”。

在让学生演讲前先告诉学生演讲的要求，给学生准备的时间，然后按学号排队。

课前演讲包括以下几点内容：

① 作者简介（简要介绍）。

② 作品主要内容。

③ 印象最深的一个情节。

④ 推荐语。

⑤ 最喜欢的/最不喜欢的一个人物。

⑥ 提一个最有价值的问题等。

学生演讲的作品可以是课本的必读名著，也可以是课外的其他作品。课内必读名著有《海底两万里》《简·爱》，课外其他作品有《活着》《人间滋味》《瓦尔登湖》《静静的顿河》《麦田里的守望者》《青铜葵花》等。

2. 以看促读

播放一些精彩情节的视频让学生观看，以此激发学生阅读原著的兴趣。

（二）读中启思，审辩阅读

1. 以画促读

（1）画思维导图。

思维导图的结构可以有以下几种形式：

① 全包围结构（作者、主题、人物、情节、写法、启示等多种元素）。

学生阅读一部作品后，把作品中关于作者简介、作品主题、主要人物、主要情节、特色写法、感悟启示等重要信息用思维导图的形式罗列出来，这样梳理一遍，对作品的理解就会更全面、更深刻（图5–18）。

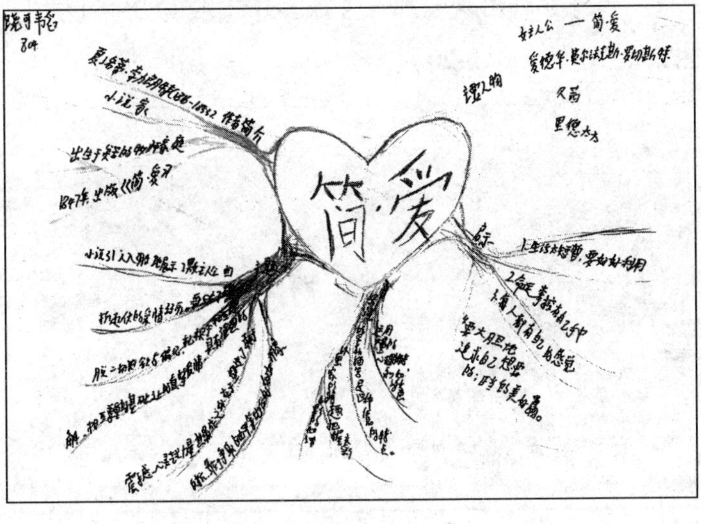

图5–18

② 半包围结构（人物、情节、写法等选其一）。

如果全包围结构涉及的内容太多的话，也可以选择其中一部分来画思维导图，如单单罗列作品中的主要人物、主要情节或者写作手法等其一都行。

主要是让学生通过画思维导图，对作品的相关内容有初步的感知，这样便于学生更深入地了解作者的写作意图（图5–19）。

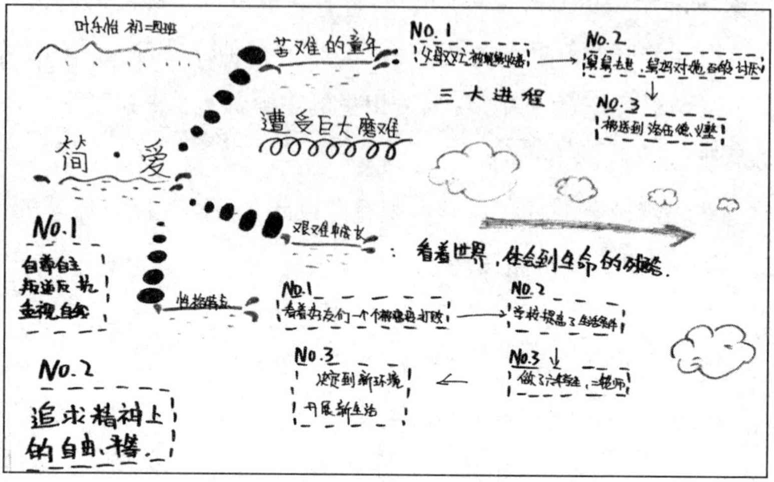

图5–19

③ 以人物带情节。

都说事不离人，一部作品离不开人物，从主要人物入手，把主要人物身上发生的重要事件罗列出来，那么连成多条主线就更能让学生快速梳理情节，从而把握作品主旨（图5–20）。

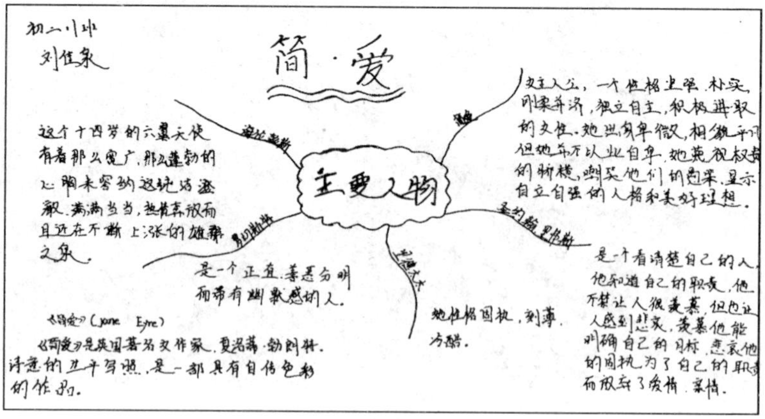

图5–20

④ 以地点带情节。

有些作品是按故事发生的地点的先后顺序组织情节的。学生把主要地点罗列出来，再补该地点上发生的相关情节，就能系统地把握作品内容。例如

《简·爱》这部作品，把简·爱从小时候到长大后所到过的地方罗列出来，然后再导出她所遇到的人和事，这样条理更清晰。再如《海底两万里》，把尼摩船长的航程路线列出来，然后再导细节，这样更系统、更有条理（图5–21）。

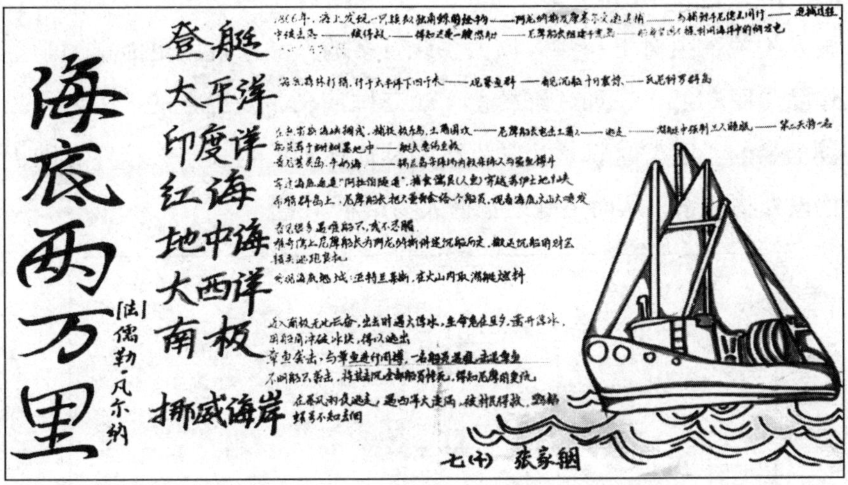

图5–21

⑤ 以情节推人物。

先把主要的情节列出来，然后细化人物活动，分析人物形象等（图5–22）。

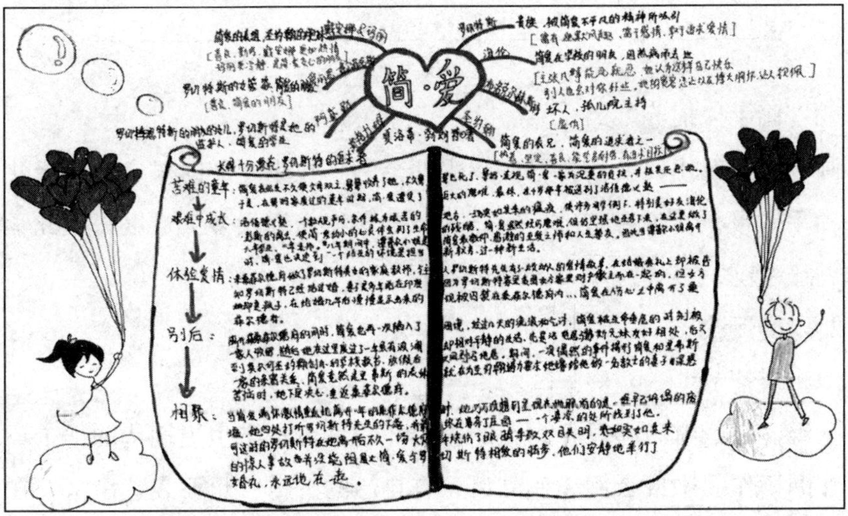

图5–22

（2）画情节发展图。

画情节发展图类似于上面所说的以情节推人物。两者的区别是，前者是思维导图，有多条枝干；情节发展图可以是直线型的，类似于“贪吃蛇”那样，一点一点前进，一点一点地梳理延长。

（3）画人物关系图。

画人物关系图对于一些人物关系线较多的作品来说就更能帮助学生整体把握作品（图5-23），如《红楼梦》《三国演义》及巴金的《家》。我带学生阅读巴金的《家》时就是让学生边阅读边梳理人物关系，这样有助于学生快速把握人物关系，从而更好地把握人物形象。

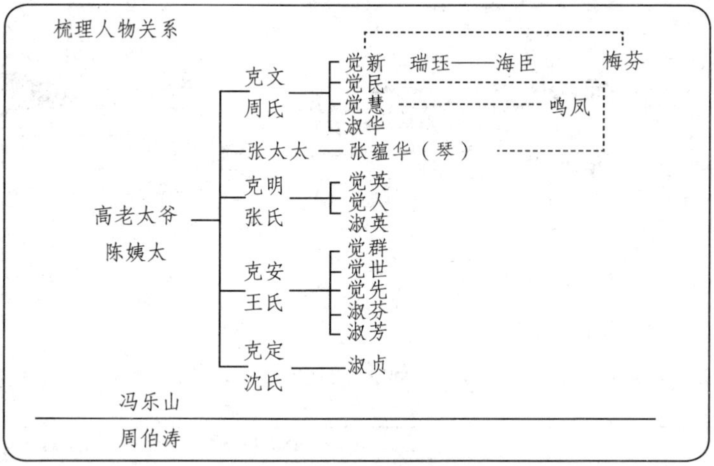

图5-23

（4）画手抄报等。

画手抄报就比较灵活，很多学生都会画。在小学的时候老师也会让他们画各种手抄报，学生有基础，所以这对于学生来说没多大难度，因此学生对此也更感兴趣。

2. 以辩促读

（1）辩情节。

“辩”是最能激起思想火花的一个环节，也是学生更期待的一个环节。学生在阅读作品中或者阅读作品后，有自己的感悟，想要表达出来。在表达时，因为各自的观点不一，就会有思维的碰撞，学生在“辩”中进行思想交流，这也是一个较好的收获与成长的过程。

例如，在巴金的《家》这部作品中我会设置这样的问题："如果你是作者，你会对这本书的某个情节或者人物做改动吗？为什么？"学生对于这样的问题，会更乐于发表自己的意见，因为学生已经把"被动"变成"主动"了。

（2）辩人物。

同样是巴金的《家》这部作品，在分析人物形象时，我会注入现代元素。例如，我会把问题设置为："如果觉新、觉民、觉慧三兄弟穿越到现在的社会中，你觉得他们当中哪一个会发展得更好，为什么？"学生在发表自己看法的过程中，其实也分析了人物形象。这比从作品中一一挑细节来分析要好得多。

（3）辩主题。

从作品中提取几个关键问题让学生去辨析。例如，"都说一个人的性格的形成离不开遗传因素和环境因素，那三兄弟这两个因素相差应该不远才对，为什么他们的性格会有那么大的区别，特别是大哥觉新和小弟觉慧？"学生在辩论的过程中，作品的主题就会越来越清晰了。

3. 以写促读

（1）设计主页、名片。

设计主页和名片也是学生感兴趣的一项任务。我会让学生结合作品中的人物性格特点，选一个人，给其设置一张微信、QQ、微博等个人主页的名片，要求要有昵称、个性签名、最新的一条动态等（图5–24、图5–25）。

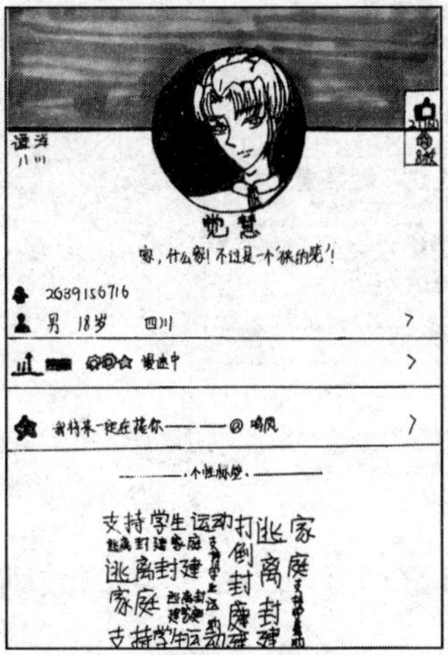

图5–24

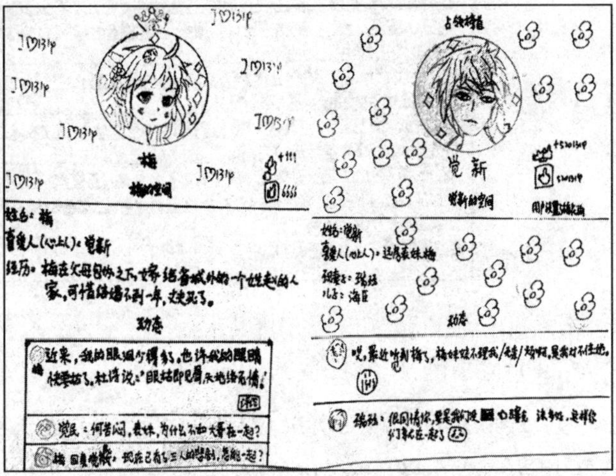

图5–25

（2）穿越写信。

给《家》中的一个人物写一封信，把你在阅读过程中最想说的话告诉他们。学生有感而发，会更乐于去写。

（3）故事新编（写剧本）。

结合作品中人物性格的特点，设定一个故事场景，设计一个5分钟左右的剧本（图5–26）。这个场景可以是作品中的那个年代，也可以是现代，人物可以全是作品中的人物，也可以让其他作品中的人物相互穿越，设置可以让现实中的人物穿越时空的场景，直接与作品中的人物“面对面”。

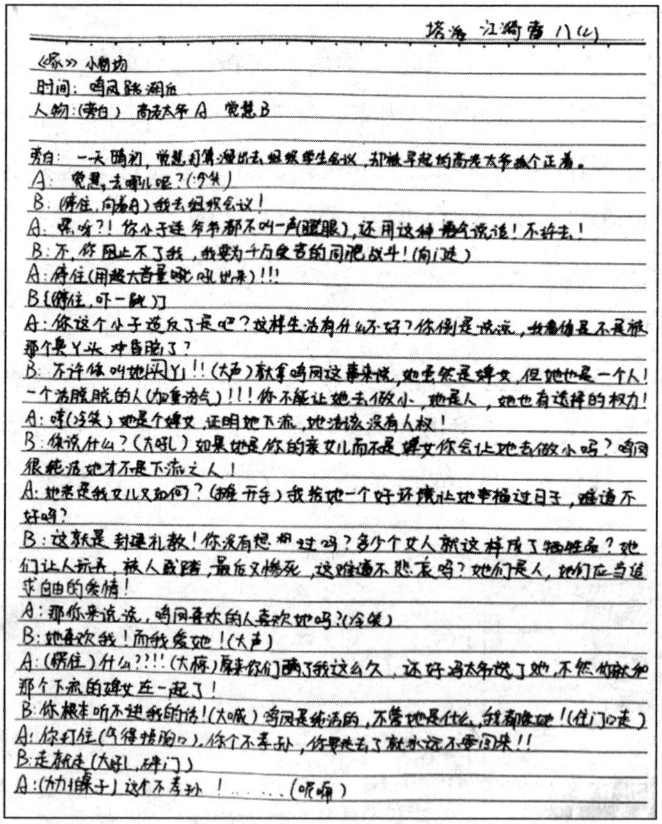
塔浦 江漪蕾 八(2)

《家》小剧场

时间：鸣凤跳湖后

人物：（旁白） 高老太爷A 觉慧B

旁白：一天晌初，觉慧打算溜出去组织学生会议，却被早起的高老太爷撞个正着。

A：觉慧，去哪儿呢？（少气）

B：（停住，向着A）我去组织会议！

A：混呀？！你小子连爷爷都不叫一声（瞪眼），还用这种语气说话！不许去！

B：不，你阻止不了我，我要为千万受苦的同胞战斗！（向门走）

A：停住（用超大音量吼叫出来）！！！

B：（停住，吓一跳）

A：你这个小子造反了是吧？这样生活有什么不好？你倒是说说，我看你是不是被那个臭丫头冲昏脑了？

B：不许你叫她臭丫头！！（大声）就拿鸣凤这事来说，她虽然是婢女，但她也是一个人！一个活脱脱的人（加重语气）！！！你不能让她去做小，她是人，她也有选择的权力！

A：哼（冷笑）她是个婢女，证明她下流，她活该没有人权！

B：你说什么？（大吼）如果她是你的亲女儿而不是婢女你会让她去做小吗？鸣凤很纯洁她才不是下流之人！

A：她要是我女儿又如何？（摊开手）我给她一个好环境让她幸福过日子，难道不好吗？

B：这就是封建礼教！你没有想过吗？多少个女人就这样成了牺牲品？她们让人玩弄，被人践踏，最后又惨死，这难道不悲哀吗？她们是人，她们应当追求自由的爱情！

A：那你来说说，鸣凤喜欢的人喜欢她吗？（冷笑）

B：她喜欢我！而我爱她！（大声）

A：（愣住）什么？？！！（大惊）原来你们瞒了我这么久，还好冯太爷选了她，不然你就和那个下流的婢女在一起了！

B：你根本听不进我的话！（大喊）鸣凤是纯洁的，不管她是什么，我都爱她！（往门口走）

A：你站住（气得捂胸口），你个不孝孙，你要走了就永远不要回来！！

B：走就走（大吼，摔门）

A：（加捂胸子）这个不孝孙！……（呢喃）

图5–26

（4）写小论文。

以上环节的交流与沉淀可以引导学生把这些感悟形成小论文，可以鼓励学生在学校公众号、校园文学社等地方发表（图5–27、图5–28）。

①论权力的好坏程度 ——浅析《家》中的瑞珏与觉新	②从大宅院的没落看封建制度的衰亡 ——浅析巴金《家》封建制度的危害
③论不被认可的爱情是否要争取 ——浅析《家》中的爱情	④论高家三兄弟穿越到现代，谁发展地更好——《家》论文
⑤封建制度的腐朽与新思想的火花 ——论巴金的《家》	⑥新旧文化制度的碰撞 ——浅析《家》中矛盾来源
⑦浅析《家》中的封建思想文化	⑧浅析《家》中封建环境对人物的影响

图5–27

①简述我眼中的觉慧和觉新	②巴金《家》与社会潜规则的影子
③论觉新的怯懦与觉慧的激进	④论《家》中钱梅芬、瑞珏、嗷凤三位女性的悲剧命运
⑤论《家》中的人物穿越到现代成功的可能——浅析《家》中的人物与现代职业	⑥《家》中的爱情主线——没有硝烟的战争
⑦《家》中觉民的人物分析	

图5–28

以上是部分学生写的小论文的题目。从学生小论文的题目来看，学生在阅读交流的过程中确实有了较大的收获。例如，前面有个环节是辩三兄弟穿越到现代谁会发展得更好，就有学生把这写成小论文了。论题为“论《家》中的人物穿越到现代成功的可能——浅析《家》中人物与现代职业”。

（三）读后交流，展示成果

1. 以演促读

（1）演讲比赛。

学生阅读某部作品后也可以开展演讲比赛，如以年级为单位，开展“科幻作品”演讲比赛的活动。通过演讲可以让更多学生了解该作品，从而激发学生阅读该作品的欲望。

（2）课本剧大赛（图5–29）。

图5–29

课本剧大赛是最有趣的，学生也爱参加。例如，阅读完《简·爱》这部作品，可以以年级为单位开展课本剧比赛的活动。学生把自己对作品中人物的理解通过表演的形式展示出来。

2. 其他活动促读

（1）知识竞赛。

（2）读书报告会。

（3）晒书会。

（4）读书交流会。

这些活动都可以在阅读过程中或者阅读后开展。

四、种子萌芽，静待花开

1. 爱读乐读

文体、篇幅不限。

学生读的作品不仅可以是教材推荐的必读名著，也可以是课外的其他有益的书籍，只要学生愿意翻看作品，或多或少都会有收获。

2. 由读到写

（1）写诗、写随笔。

（2）写通讯稿等。

学生的读是输入，写是输出。学生爱读，才有后面的爱写，从写所读作品的感悟拓展到其他方面的写作等。只要是写，都鼓励学生大胆去尝试。有些学生因为阅读的作品较多，常常有很多奇妙的灵感，他们就喜欢把这些写出来，然后拿去投稿。由读到写，我觉得这是学生阅读的最好的升华。

阅读的种子在学生心中悄悄萌芽，然后茁壮成长。

3. 教学相长

在带领学生读写的过程，不仅学生成长了，教师也有很大的收获。教师把学生的作品整理成册，这是非常宝贵的精神财富。教师再将学生作品整理成论文，也是对教师教育教学方面一个较好的反思及总结。这样，教师也是在不断地成长的，从而达到“教学相长”的效果。

在学生与教师的心中播下阅读的种子，静听花开的声音。

作文选材如选美

——初中生作文素材积累与选择

深圳市龙岗区保安学校　王美美

作文教学在语文教学中占有举足轻重的地位，面对一篇作文题目，经常需要经历的写作过程包括：审题、立意、选材、构思、写作。有一首打油诗是这样写的："一见题目就摇头，摊开稿纸咬笔头；冥思苦想皱眉头，三个小时没开头；东拼西凑无厘头，成绩下发吃苦头；你也愁，我也愁，恰似苦旅无尽头。"这首诗道尽了学生面对作文时的心境。但是"白发三千丈，缘愁似个长""抽刀断水水更流，聚举杯消愁愁更愁"，光是愁是没有用的，我们还是要想办法解决问题。

而要解决问题我们首先要想一下，这个问题是什么呢？有的老师说，学生不知道写什么，有的老师说，学生不知道怎么写，还有的老师说学生就是不感兴趣，不想写。我们来看一下这张图片。通过图片可以看出"写什么"这是学习作文写作中很重要的一个环节，于是便有了我们这次讲座的主题：作文如何选材（图5–30）。

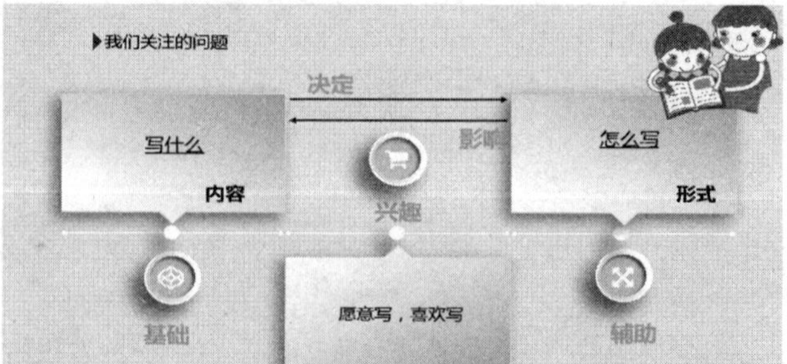

图5–30

所谓作文选材如选美，大家应该有看过一部电影叫《穿普拉达的女王》。人靠衣装，佛靠金装。女主从衣着老土的职场菜鸟到时尚的职场新秀，离不开无数套得体优雅的衣装的包裹。

美味佳肴须用材料来烹饪，锦衣绣服须用材料来制作，亭台楼阁须用材料来建造，同样，佳作华章须用材料来构建。没有材料写文章，正如“巧妇难为无米之炊”。古人云，“夫立言之要在于有物”，而这“物”就是写文章所用的材料。所以，占有充分的材料是写作的首要工作。

“占有充分的材料”是什么意思呢？就是平时老师经常说的“积累素材”。大家肯定会说，我也经常让学生积累素材，可是学生还是不知道怎么积累啊。下面我就是与大家分享我是如何教学生积累素材的。

工欲善其事必先利其器，说到积累，学生要准备一个漂亮的积累本子，来储存我们积累的素材。

一、多种渠道，积累素材

接下来开始我们的积累，我们可以从哪些方面去有意识地发现与积累呢？我们一个一个来看。

1. 留心身边的亲历小微

所谓“小微”，是指小人物、小事情、小物件、“微”场面、“微”特写、“微”镜头。因是“亲历”，所以内容真实，感悟能接地气；因是“小微”，故能集中笔墨，以小见大。如果能够将身边亲身经历的那些小事写出真情，讲出真理，引发阅卷老师的共鸣，那可真谓上等之选。我会告诉学生从两个生活场景中寻找“微”：首选为家庭生活，其次为学校生活。

杨绛先生在92岁高龄的时候，用简单质朴的笔调为我们带来不朽名作《我们仨》，回忆了她和女儿钱瑗、先生钱锺书的往昔岁月，悲怆而温暖，真诚而感人。《城南旧事》是林海音以其7～13岁的生活为背景创作的，之所以能够感动许多读者，关键就在于写实的表达以及其中恰到火候的真诚与温度。邹韬奋先生在《我的母亲》一文中回忆了自己早逝的母亲在幼年时代带给自己的温暖和关爱。其中父亲打手心，母亲一边垂泪的场景让许多人印象深刻，他用自己的亲身经历讲述了中国传统母亲的共性——爱在心中，有口难开。其实，现在的许多中考题目也引导学生回归家庭生活，讲真话、抒真情。下面是一篇学生的作文“微”事范例：

表

曾经，母亲是家中记性最好的人。

她总记得炖汤时按时关火，用高压锅蒸饭时能精准地掐好时间。她自己似乎就是一块表，一块精准无误的表。不知从何时起，她的忘性越来越大，炒菜放了两次盐，煲饭忘了按“启动”，炖汤过了火候。母亲这块表终于耐不过时间的考验，逐渐失灵了。

起初，我不以为意，随着学习压力的增大，学习时间的紧迫，有一天，心情烦躁的我终于暴发了：我竟然当面毫不留情地指责她做事不上心。母亲默不作声，眼里却多了些我看不懂的东西。

翌日，母亲的手腕上，多了一块表。

表盘很大，几乎覆盖了母亲瘦弱的手腕，显得极其别扭，指针醒目，刻度清晰。我纳闷，母亲明明可以用手机看时间，为何要买一块大表？

那天，母亲在厨房忙活着。念已临近中考，她想炖鸡汤，给我补点营养。高压锅发出的“嗞嗞”声令我心烦意乱，我走向厨房，准备把门关上。正巧看见母亲站在炉灶边，左手腕搭在右手手心，目不转睛地盯着表。爬满皱纹的眼眶下，隐约透着血丝的眼睛里，她的瞳孔在随着指针，一圈一圈地转动着。她似乎很爱惜那块表，像守护宝藏一样，专心致志地盯着表盘。我走近前去，听到她像个孩子般，一秒一秒地数着秒数，生怕一走神，又忘了及时关火。闷热的厨房里，母亲的额头上挂满了汗珠，可她完全没有察觉到。我轻声唤了她几声，她竟浑然不知。我既觉得好笑，又满是心酸。母亲啊，您为了让我吃上合口的饭菜，竟然专门买块表，守在灶前，计算着时间。我忽然哽咽住，一个音节都发不出来。

汤炖好了。厨房里氤氲着鸡汤的香味。我建议母亲用手机设置闹钟，她只是疲惫地笑笑，说：“那样多麻烦啊，我亲自守着，比较放心。”我扭头就走。我怕眼泪不受控制，夺眶而出。

是不是所有的母亲，都不惜用最笨、最“土”的办法，只为了满足孩子？我没有理由不再去理解母亲。剥开她层层坚硬的外壳，我洞悉到了她那颗为我甘愿牺牲一切的心。

指针还在嘀嗒走着。于我，母亲不是涓涓细流，更不是一米阳光、一盏明灯。她是一块表，表盘上转动着的，是沉甸甸的爱。

廖梓森　龙岗区保安学校2016届初三毕业生

另外一个重要的资源库就是学校生活了。学校是学生受教育的地方，在这里，他们遇到了孜孜不倦的老师，遇到了质朴可爱、性格各异的同学，每一位老师、每一个同学就是一本本取之不尽，用之不竭的作文素材之书。师生关系、同学情谊、快乐成长都可以成为作文的主题。鲁迅先生在《从百草园到三味书屋》中就向我们讲述了一位可亲可敬、知识渊博的寿镜吾先生，还为我们展现了那个时代私塾孩子的学习生活，虽枯燥单调，却也不乏些许趣味。魏巍的《我的老师》中也有一位美丽、活泼、令人怀念的蔡芸芝老师，这篇文章让读者领略了养蜂、念诗等和蔡老师在一起的欢乐时光。

生活本身是平淡的，但我们并不能因此就麻木地对待周边的人和事。每个人的生活都随着时间一分一秒的消逝而推进，但无论怎样的生活，我们都应该对它有自己的态度和感受，尝试着对每天都发生的事情多一些思考，或善于去发现生活中的小变化。在日复一日的学习生活中学会思考生活，真切地去感受生活，做个对生活有态度、内心丰盈的人。只有真真切切地被生活中的人或事所“触动”，才能在作文中真正地流露出真情实感。

2. 挖掘古今长河里的名人名事积累素材

一方面，历史名人典故也是我们取之不尽，用之不竭的又一素材资源。选中其一，找一个合适的角度，结合自己独特的思考，也能让人耳目一新。2013年青岛市中考话题作文“告别”，有名考生拟题“告别不是悲伤”，用三个小标题这样展开：“文成入蕃——告别不是悲伤，是和平的彩桥”“勾践离国——告别不是悲伤，是坚毅的奋起”“屈原投江——告别不是悲伤，是感人的忠心”。作者所引历史名人虽为人所共知，但却融入了新时代的思考，让人赞叹不已。

另一方面，当代名人的新鲜材料或许更能吸引眼球。2016年怀化市中考半命题作文题目“我依然……”，有名考生以“我依然选择真实”为题写议论文，作者把选材眼光投向世界级足球明星——罗纳尔多。当罗纳尔多还是一名普通的球员时，他觉得自己的龅牙很丑。训练时，总会下意识地把嘴紧闭，这样他不能大口呼吸，精力也不集中，不能充分发挥潜力。细心的教练发现了这个问题，便跟他谈话，鼓励罗纳尔多张开嘴，忘掉自己的龅牙，之后他的潜力充分发挥，成为一名足球明星。文章写道："他的气质、球技、风格和进取精神使他的球迷夸他的牙齿很'酷'。由此可见，虚假会使外表的美变丑，内在的美能使外在的'丑'变美。所以选择真实就是选择美。"看，这是多么切合论题的论据！

纷繁多变的时代大事也是写作的源头活水，中学生只有紧跟时代步伐，汲取时代信息中的营养，才能不断激发出对生活的新鲜感受，写出时代感强的鲜活文章。作文选材如果紧跟时代步伐，唱响时代主旋律，就一定能吸引阅卷老师的视线，获得高分。2008年四川成都中考作文"震撼心灵的"，一名考生以当年的汶川地震为素材，描绘举国上下众志成城抗击灾难的感人故事，特别提到年过七旬的温家宝总理亲赴抗震前线的画面，震撼人心。家国大事是个很宽广的世界，但是只要选好点、踩准线，同样可以精品层出。

所以在平时的生活中，可以尝试对某个古今人物或者历史事件进行写作，让学生去探索与发现那些曾经感动自己的细节。

3. 探索自然世界的妙趣理事

这里的"自然世界"既包括有生命的植物，也可以是山峦、溪水、春雨等自然景物，还可以是矫健的雄鹰、温驯的山羊等动物。从寒冬里如烈火般绽放的木棉花到出淤泥而不染的荷花，再到乌鸦反哺、羚羊跪乳，大自然也以她的姿态向我们展现着生活的奥秘，这些都需要我们去探索与发现。宗璞的《紫藤萝瀑布》就是一篇代表作。我们一起再看一篇范文：

向阳而生

将要升起的太阳还在山那边长久地徘徊，守候了一夜的葵花静静地等待着，等待着刺破苍穹的第一缕阳光。

母亲从外地带回一株向日葵。其实，这还只是一盆湿润的泥土，花盆极其朴素，只有单一的浅棕色。母亲爱赏花草，不舍得丢弃它也无暇顾及它。放眼望去，斑斓花海中正绽放着白玉兰，散发着扑鼻的清香惹人怜爱，暗无天日的向日葵在百花丛中显得格格不入。

那时的我在错综复杂的几何世界里，跌跌撞撞地迷失了方向，如同向日葵的种子，那股向上的动力被厚厚的泥土压抑着，动弹不得。

转身步入冬季，玉兰、牡丹相继凋零，五彩缤纷的欢喜也被凛冽的寒风刮走。母亲不忍花枝受冻，一盆盆地往屋里挪，晃进晃出，小心翼翼地放下盆栽，轻抚折断的枝条，眼神中流露着惋惜。瑟瑟发抖的枝叶蜷缩在暖炉边，舒缓着不堪的身姿。我好奇地走进阳台，遍地都是些墨绿色的败叶，空气也顺着常青藤爬上了绿梢，低头时，角落里的一点新绿吸引了我的目光，我俯身注视着它与众不同的嫩芽儿，微弱的斑斑阳光落在它幼小的叶芽上，仿佛拉着它向上攀缘。呼啸的冷风中，我听见向日葵生长的雀跃。在这个季节，唯有冬梅傲骨，然不曾想一株稚嫩的绿芽竟追寻着太阳，渴望生命的光辉。

春回大地，万物复苏。母亲开始为玉兰、牡丹修理枝干，扶起它们垂涎的翠叶。又命令我把牡丹放在最靠近阳光雨露的花架上，任由它吸收日月精华。花花绿绿间又见那株不起眼的向日葵，这次，它也拥有了修长的枝茎，在名花丛中不争不抢，努力触碰阳光。

那一刻，我紧握着手中的笔，坚定不移地向充满希冀的远方前进。

突如其来的风雨打破了一场花的盛宴。玉兰在风雨交加中折伤了新抽出的花枝，牡丹的硕大花苞在冰冷的地上奄奄一息。母亲轻叹了一声，喃喃地数落着变幻莫测的天气。当光芒万丈褪去后。我惊喜地发现了耸立在角落里的向日葵，风雨洗礼后的它愈加坚强。数日后，向日葵终于把它明黄色的脑袋探出阳台，面对阳光灿烂的世界微笑。

那时，我的心中仿佛也种下了一株向日葵，不折不挠地在风雨摧残下生长。

后来，我习惯性地在居室内种植向日葵，想着也许有一天我会遭遇成长的辗转，但向日葵却会与我清淡相守，情深意长，在许多个黑夜无依的日子里，告诉我：扬起笑脸，面朝阳光。

吴漫妮　保龙岗区安学校2019届初三毕业生

以上就是我们平时积累素材可以着手的角度与方向，2012年10月20日，在瑞典首都斯德哥尔摩的金色音乐大厅，莫言成了第一个获得诺贝尔文学奖的中国作家。在他饱含深情的发言中，有一段话令人难忘，我们一起来看一下这段视频（播放莫言演讲）。少年时期的莫言做梦也想不到有朝一日这些东西会成为他的写作素材，一代文学巨匠在人生辉煌时刻的重要发言似乎在向人们叙述着一条真理：写作材料其实都来源于自己的生活。我们所有考场作文的材料储备都来自平时的积累。所以平时的积累至关重要。

二、比较思考，选择素材

当学生有很多的素材可以用了，上考场后面对一个作文题目，究竟应该如何筛选素材呢？应该遵循哪些原则呢？这些原则又究竟如何才能让学生理解掌握呢？蒋奇红老师有一节这样的课，值得大家借鉴。

课上，蒋老师定了一个主题“那一次，我很感动”，然后分别出示了六个材料：

（1）听说村里有个孩子患了绝症，需要巨额医疗费，原本并不富裕的他拿出了自己所有的积蓄，变卖了自己的房子给那个孩子治病，甚至还去卖血。那个孩子的病好了，他却倒下了。

（2）她平时很节俭，很少买零食吃。同学们觉得她挺抠门的，送她一个外号“铁公鸡”。一次在给山区穷困孩子捐款的时候，她毫不犹豫地拿出了自己储蓄罐里所有的零花钱，全班数她捐得最多。

（3）当汶川地震发生后，全国各地的武警官兵和医疗救援队以及志愿者，不顾自己的安危，火速前往灾区。全国人民的目光都聚焦在这里，纷纷向灾区捐款捐物，献出自己的爱心。那情景感动了我。

（4）妈妈伏在电脑桌旁，她太累了。我悄悄走过去，无意间身体碰了一下鼠标，屏幕突然亮起来，看到那内容时，我惊呆了，那竟是妈妈为我精心制作的一张饮食计划表。我心里不由得一震，轻轻替她盖上了毯子。

（5）今天是我生日，我放学后回到家，桌上已经摆上了丰盛的晚餐，旁边是爸妈给我准备好的生日礼物和插好了蜡烛的蛋糕，看着他们辛辛苦苦准备好的这一切，我很感动。

（6）我感冒去医院，老医生给我开了一种副作用小、价格也实惠的药。我和妈妈都不敢相信这么点钱就能看好病。他诚恳地告诫我们不要动不动就打点滴、吃昂贵的药，那样会降低自身的免疫力。我被老医生真诚的态度和高尚的医德感动了。

两两对比，让学生讨论选择哪个故事更能打动你。那么，通过两两对比讨论学生明白了选材要遵循“真实典型”“小处入手”“力求新颖”的原则。之后再次出示材料（表5–5）：

表5–5

序号	故事	原因
1	下雨了，老师把伞留给了我，自己冒雨回家	小事，直实但是题材不新颖
2	马航MH370飞机失联了，无数个鲜活的生命不知去向	表现出来的主题不是感动
3	放学路上车胎破了，修车大叔帮我修好了车。我到家想起书包忘在修车摊了，回到那儿时天已经黑了，大叔还没收摊，在路边焦急地张望，等我	真实典型，小处入手，题材新颖，切合主题
4	公交车上我给老人让座，众人投来赞许的目光	小事真实，但不够新颖，并且不是我感动，是老人感动。不符合主题
5	奶奶大老远来看我。我忙于学习，没有陪她，看着她带来的一篮鸡蛋和她离开时在风中步履蹒跚的背影，我想了很多……	小处着手，真实典型，题材也很新颖，但是除了感动，更多的是感到内疚。不符合主题

学生讨论对比所有材料之后，明白了所有的材料都必须“紧扣题旨”的原则。学生在自己的对比讨论与选择中切实领悟到了选材要遵循的四个原则：真实典型、小处落笔、力求新颖、紧扣中心。这是非常值得借鉴的一堂课，知网上有课堂实录可供参考。

写作文三分在于技巧，七分在于选材。“问渠那得清如许？为有源头活水来。”选材是写好作文至关重要的一步，而一切素材都来源于生活。我们要引导学生明白，我们的生活丰富多彩，有很多值得回忆和记录的。作文的材料储备来自平时的积累，只有在日常的生活、学习、阅读的过程中注意积累，做有心人，才能储备素材，为建立作文的“资料库”打下坚实的基础。这样在看到题目时，相关的材料就会立刻呈现于脑际，再将材料归类梳理，根据题意分清主次，立意后决定取舍，最终形成材料丰富、情感恰切的好文章。